Contents

Acknowledgements

The author and publishers wish to thank the following for permission to reproduce copyright material:

Bordas for the extract from *La Composition française en 3ième et au B.E.P.C.* by Jean Thoraval, Paris, 1968; Hachette Littérature Générale for the extract from *Les Carnets du Major Thompson* by Pierre Daninos; Hachette (Editor) for the extracts from *Passe-Partout*, no. 7 April 1976 and no. 7 April 1971; *Paris Match* for the extract from 'Le temps est le sujet . . .' by Yvette Laurent, 28th July 1979, and for the article 'Comment s'en tirer au mieux avec le service militaire?', 14th March 1973; Éditions Musicales 57 for the words of the song 'L'Orage' by George Brassens; Intersong Paris for the words of the song 'La Mauvaise Réputation' by George Brassens; *France-Soir* for the articles 'Quatre victimes dans le Midi . . .', 10th August 1978, and 'Evitez les bouchons', 9th July 1982; *Le Matin* for the article 'Incendies de forêt: et maintenant l'arrière pays niçois' by Michel Franca, 8th August 1979; Éditions Denoël for the extracts from *Ça n'a pas de sens* by Raymond Devos; Éditions du Seuil for the extract from *La Communale* (adapted) by Jean L'Hôte, 1958, and for the extract from *Jeux de l'esprit et divertissements mathématiques* by Jean-Pierre Alem, 1975; *Le Figaro* for the articles 'Alcool au volant: les nouvelles règles', 11th December 1983, 'Un repos bien mérité', 'Télé-ennui', 16th April 1982, 'Les derniers instants d'une vedette de l'opéra', 'Femmes au foyer, femmes au travail: . . . un faux dilemme', 30th March 1978, and for the extract from the article 'Dialogue avec nos lecteurs', 16th April 1982; Les Éditions Métropolitaines for the words of the song 'Gare de Lyon' by Barbara; *Le Monde* for the articles 'Une machine à voyages' by Jacques Michel, 8th March 1974, 'Vacances à vendre' by J. F. Simon, 30th June 1973, 'La bataille des 209 jours' by B. Le Gendre, 4th March 1977 (adapted) and for the article 'La parole est dans l'escalier' (adapted) by Éveline Laurent, 6th October 1974; *Elle* for the article 'Vous prenez l'avion . . .', p. 87 no. 1956, 11th July 1983; Éditions de Misère (28 rue du Petit Musc, 75004 Paris) for the words of the song 'L'Auto-Stop' by Maxime le Forestier (music by Don Burke), 1975 and for the words of the song 'Comme un Arbre' by Catherine and Maxime le Forestier (music by Maxime le Forestier), 1973; *Scala* for the articles 'Destructeurs d'Emplois', no. 3, 1981, 'Fans ou fanatiques?', no. 5 1980 and 'L'énergie atomique: bénédiction ou malédiction?' no. 11 1981 (abridged); Éditions Bernard Grasset for the extract from *Les enfants terribles* by Jean Cocteau and for the extracts from *Les petits enfants du siècle* by Christiane Rochefort; *La Pure Vérité* for the article 'Pourquoi cette recherche frénetique du plaisir?' by William F. Dankenbring, April 1973; *Tendances* for the article 'La presse et son public' by Edmond Marc, no. 26, June 1967; *Ça m'intéresse* for the article 'Dix conseils pour bien débuter', no. 29, July 1983; *Ici Paris* for the article 'Pour avoir un teint de pêche, ne mangez pas d'oranges' by Gilbert Fouzon, 27th July–27th August 1983; *Marie-Claire* for the article 'En famille, les plaisirs des parcours-santé' by Jean-Michel Dhal (abridged and adapted), no. 359 July 1982; Éditions Rideau Rouge for the words of the songs 'Dimanche à Orly' and 'Il s'en va mon garçon' by Pierre Delanoë (music by Gilbert Bécaud), 1963; Productions Musicales Alleluia (Gérard Meys—10 rue Saint-Florentin, 75001, Paris) for the words of the songs 'La montagne' and 'Tu verras tu seras bien' by Jean Ferrat, 1964 and 1980; *L'Express* for the articles 'Le bréviaire du promeneur', 3rd–9th October 1977 and 'Sélection clandestine', 11th–17th September 1978; Louis Aragon for the song 'Que serais-je sans toi'; Hodder and Stoughton for the extract from *Mon oncle* by Claude Carrière, 1971; Éditions Gallimard for 'L'accent grave', an extract from *Paroles* by Jacques Prévert, and for the extract from 'Ève' by Charles Péguy; Éditions Musicales Charles Aznavour (SA France) for the words of the song 'Mon frère' by Maxime le Forestier; Scottish Certificate of Education Examination Board for 'L'hiver, cette année-là', Scottish Certificate of Education paper 1963; *Okapi* for the robot cartoon; *Top* No. 462 for 'Êtes-vous responsable?', No. 389, 1.5.66; No. 390, 8.5.66;

The author and publishers would like to thank the following for permission to reproduce copyright photographs, cartoons and other artwork:

Documentation Française
The National Meteorological Library
The J. Allan Cash Photolibrary
Rapho-Agence de Presse
Intermonde-Presse
Ministère de l'Économie et des Finances Budget
Christiane Charillon
Topham Picture Library
Reportages J. et M. Ribière
French Government Tourist Office

Paul Almasy
SNCF French Railways
Canadair
Comité Européen des Assurances
Comité français d'éducation pour la santé
George Pichard
Club Méditerranée
René Hovivan
Gama Presse (Frank Spooner Pictures)
Comité interministériel de la sécurité routière

Christiane Charillon
France-Soir
Comité National contre le Tabagisme
Scala
Centre d'information civique

It has not been possible in all cases to trace copyright-holders; the publishers would be glad to hear from any such unacknowledged copyright-holders.

Introduction

My aim in writing *Higher French* has been to provide pupils with up-to-date material that they will find both stimulating and varied. Although specifically designed to cover the requirements of the Scottish 'H' grade syllabus, this book will prove an integral part of any advanced language class. It contains a wide selection of authentic modern French texts covering a range of twelve topics. Integrated with the texts are exercises designed to practise various skills. Each unit contains exercises for oral/aural practice, essay work and other writing tasks, as well as role-playing exercises. While some of the exercises test basic grammar points and are included for revision, others deal with more advanced work related to the use of various tenses and knowledge of verb constructions. Students may look up any points of which they are not sure in the Grammar Summary and Verb Tables at the end of the book.

The reading comprehension passages vary in length and difficulty. It is assumed that students will have the use of a good dictionary. I hope students find the texts informative and interesting and derive pleasure as well as linguistic benefit from studying them. A selection of the reading comprehension passages has been recorded to offer teachers an alternative way of presenting the material. The recorded texts are indicated by the symbol 📼

With the exception of a few passages designed to offer practice in French-English translation and which are taken from literary sources, the majority of extracts are newspaper or magazine articles. Poems and transcriptions of songs have been included to add variety and, more important perhaps, to provide starting points for discussion on personal, domestic, social and political issues.

The listening comprehension exercises are available on reel-to-reel tape or cassette. Transcripts of these passages, answers to the questions based on them and a key to reading comprehension passages and to various other exercises are all contained in the *Teacher's Book*. This also includes suggestions on how to exploit some of the documents and other material reproduced in the *Pupils' Book* which do not have specific exercises based on them.

I am indebted to the many copyright holders for permission to quote from their works. I am especially grateful to my colleague, Miss Mary Phillip, who read the original draft of the manuscript, to other colleagues for contributions they have made and also to the editorial staff of Heinemann Educational Books whose constructive criticism has played an important part in determining the content of the course.

Edinburgh, 1984

Points arising in the units

1 Les jeunes

📼 **Comprehension**

'COPAINS, CAMARADES, AMIS . . .'

'Le temps des copains', ce titre d'un feuilleton télévisé montre et sanctionne la vogue d'un mot qui nous vient de très loin à travers le temps. En effet, un garçon parle plus souvent aujourd'hui de ses 'copains' que de ses camarades ou de ses amis. Mais ces termes revêtent-ils tous le même sens?

1

Nous savons ce qu'est le 'copain' au Moyen Age: comme le 'compagnon', il est l'homme avec lequel on partage le pain. Ce geste symbolique consacre un lien puissant, un pacte d'amitié.

Mais nous avons oublié depuis longtemps l'ancienne valeur de ce mot qui, aujourd'hui, est considéré comme familier, presque argotique. Tâchons cependant de voir ce qu'il renferme en examinant ce qui unit les copains, étant donné que les activités communes définissent toute association humaine. On remarque qu'ils peuvent entrer en relation par le jeu des circonstances: copains d'atelier, copains de régiment, ce sont là des expressions qui nous sont familières.

Mais comment se manifeste le choix dans ce domaine? En fait on peut se demander s'il s'exerce car les copains se déplacent en général par bandes nombreuses. Ils occupent leurs loisirs en commun, vont ensemble au cinéma, au bal, sur les terrains de sport. Ce qui aboutit parfois à un mimétisme collectif dans les vêtements, les attitudes, le langage même: le film *West Side Story* a brillamment illustré ce type de rapports entre jeunes.

Il ne s'agit donc pas d'un lien profond; on ne se soucie pas du sort d'un copain, comme on le ferait pour un ami. Les copains aiment se retrouver pour discuter de chansons, de danses, de frivolités, et s'ils se recherchent, s'ils préfèrent être tous ensemble pour rire, plaisanter, c'est parce qu'ils ont peur de la solitude et qu'ils la redoutent. Il arrive également que le nombre constitue un alibi, en favorisant la démission de toute responsabilité personnelle. Les journaux parlent de ces tristes faits divers qui sont l'oeuvre de 'copains', dont la solidarité s'effondre devant les enquêteurs.

Les camarades sont-ils plus étroitement liés entre eux que les copains? Ces deux mots sont presque synonymes, mais le premier n'a pas la résonance vulgaire du second.

Il semble que ce soit plutôt les occupations sérieuses qui unissent les camarades, car ils ne s'assemblent guère au hasard des voisinages de quartier, de chambrée ou de plage. Le plus souvent ce sont des études communes ou un métier commun qui sont à la base de la camaraderie. Des camarades de classe discuteront aussi bien de leurs problèmes scolaires que de leurs lectures ou du dernier disque à la mode. Les travaux d'équipe, de plus en plus fréquents dans les lycées, les réunissent autour d'un même ouvrage ou sur un même problème, et cette mise en commun des idées permet aux personnalités de se révéler et aux affinités de se développer. Par ailleurs, dans la vie active et professionnelle, l'usine ou le bureau fournissent des sujets communs de réflexion et de conversation qui sont autant de points de rapprochement entre camarades.

Ces derniers, à l'intérieur d'un même groupe, se choisissent en général. Moins nombreux que les copains, ils sont unis par une sympathie plus profonde. Aussi sont-ils plus solidaires: on ne dénonce pas un camarade de travail. La camaraderie implique des qualités humaines, une lutte contre l'égoïsme que ne réclame pas le lien qui unit les copains.

Les amis sont beaucoup plus rares que les camarades. Un homme adulte compte ses amis sur les doigts d'une seule main, mais certains lui sont restés fidèles depuis ses années de collège. Il en est même qui ont des camarades, mais qui n'ont pas d'amis.

L'amitié se fonde sur des affinités qui ne sont pas celles des loisirs ou du travail. Elle peut naître entre des enfants de classes différentes, de milieux différents. Leurs caractères même ne sont pas toujours identiques. Mais ils aiment à se retrouver, à discuter ensemble, même s'ils n'ont pas les mêmes idées. Cette affection profonde unit les vrais amis. Ils sont dévoués l'un à l'autre, et incapables de se nuire par intérêt. Ils n'ont pas de secrets l'un pour l'autre, ils ne s'oublient pas, même lorsque la vie les a séparés. S'ils ne se sont pas écrit, cela ne les empêche pas de se retrouver sans la moindre gêne, comme s'ils s'étaient quittés la veille.

Ceux qui n'ont pas d'amis sont souvent incapables de sortir d'eux-mêmes, de s'ouvrir aux problèmes qui ne sont pas les leurs: ce lien exigeant est donc supérieur moralement à celui qui unit les camarades.

Les relations superficielles que nous avons d'abord définies peuvent rendre notre vie agréable, enrichir notre esprit par la discussion, charmer nos heures de loisirs. Elles ne font pas appel à notre sensibilité comme l'amitié, et demeurent moins généreuses.

J. Thoraval, *La Composition française en 3 ème et au B.E.P.C.*, Bordas, 1968, p. 113.

Answer the following questions in English:

1. What general point is made about the frequency of use of the term *copain*?
2. What kinds of associations characterise *les copains*?
3. State three types of imitative behaviour characteristic of *les copains*.
4. According to the writer, what important difference is there between a *copain* and an *ami*?
5. Why do the young have *des copains*?
6. '*Il ne s'agit pas d'un lien profond*'. How does this show in times of trouble?
7. How does the writer draw a distinction between the near synonyms: *copain* and *camarade*?
8. Are the bonds linking *camarades* seen as superior or inferior to those uniting *copains*? Why?
9. In terms of numbers, which is a person likely to have fewest of—*copains*, *camarades* or *amis*?
10. What points does the writer make to show that work and leisure time associations alone are not enough to make people *des amis*?
11. What quality does true friendship require?
12. People who have not experienced true friendship are at a disadvantage. Why?
13. Which is the least superficial of the relationships?

Mon frère

Toi le frère que je n'ai jamais eu
Sais-tu si tu avais vécu
Ce que nous aurions fait ensemble
Un an après moi tu serais né
Alors on se s'rait plus quitté
Comme deux amis qui se ressemblent
On aurait appris l'argot par coeur
J'aurais été ton professeur
A mon école buissonnière
Sûr qu'un jour on se serait battu
Pour peu qu'alors on ait connu
Ensemble la même première.

Mais tu n'es pas là à qui la faute?
Pas à mon père
Pas à ma mère
Tu aurais pu chanter cela

Toi le frère que je n'ai jamais eu
Si tu savais ce que j'ai bu
De mes chagrins en solitaire
Si tu ne m'avais pas fait faux bond
Tu aurais fini mes chansons
Je t'aurais appris à en faire
Si la vie s'était comportée mieux
Elle aurait divisé en deux
Les pair's de gants les pair's de claques
Elle aurait sûrement partagé
Les mots d'amour et les pavés
Les filles et les coups de matraque.

Refrain . . . Mais tu . . .

Toi le frère que je n'aurai jamais
Je suis moins seul de t'avoir fait
Pour un instant pour une fille
Je t'ai dérangé, tu me pardonnes
Ici quand tout vous abandonne
On se fabrique une famille.

Maxime le Forestier, Éditions Chappell

Answer the following questions in English:

1. How would the writer have treated a younger brother if he had had one?
2. Looking back on his life, what experiences would he have willingly shared with a younger brother?
3. What has prompted the writer to imagine he has a brother?

Listen to the recorded passages then answer the following questions in English:

GÉRARD PARLE DE SA FAMILLE

1. What do Gérard's parents do for a living?
2. How does Gérard describe his father?
3. What are we told of his mother's temperament and status?
4. What has proved a drawback for his father? What effect has this had? Why?
5. Why does his sister not want to stay at home when she qualifies?
6. What does Gérard want to go in for?
7. Why can the children pursue their studies without feeling this is an intolerable burden for their parents?

ÉLIANE PARLE DE SA FAMILLE

1. How does Éliane describe her father?
2. What is her criticism of her father?
3. What was her mother's occupation?
4. What qualities does her mother possess?
5. What is the favourite pastime of Éliane's brother?
6. What is Éliane studying at the moment and what career does she want to pursue?
7. Where does the family live?
8. Where does Éliane hope to settle down? Why?

Test: Êtes-vous responsable?

La responsabilité c'est la possibilité que nous avons de prendre des décisions, conscients des obligations auxquelles elles nous engagent et des conséquences qu'elles risquent d'entraîner. Avez-vous le sens des responsabilités? Savez-vous les prendre et, surtout les assumer jusqu'au bout? Ce test vous le dira à condition de répondre très honnêtement. Si un des cas ne s'est jamais présenté pour vous, imaginez qu'il pourrait très bien arriver et répondez tout aussi franchement.

1 Si vous avez échoué à votre examen, c'est uniquement parce que vous n'avez pas assez travaillé. Que pensez-vous:
A Tant pis, c'est pas de chance!
B Que vos parents auraient dû vous obliger à travailler;
C Que l'on n'a rien sans rien?

2 Un de vos amis vous a prêté son vélomoteur, ou une de vos amies, un pull-over. Vous cassez le premier, faites une tâche indélébile sur le second:
A Vous le rendez sans rien faire ni rien dire;
B Vous n'osez pas avouer et le cachez le plus longtemps possible;
C Vous dites ce qui est arrivé et demandez la note du garagiste ou le magasin d'où vient le pull?

3 Imaginez que dans la rue vous assistez à un accident. Les gens s'attroupent mais, comme il arrive souvent, personne ne réagit:
A Cela ne vous intéresse pas, vous passez;
B Vous allez voir mais vous estimez qu'il y a suffisamment de gens pour que ce ne soit pas à vous d'aller chercher un médecin;
C Vous prévenez la police?

4 Vos études secondaires seront bientôt finies. Il va falloir choisir un métier ou tout au moins une orientation:
A Vous préférez ne pas y penser;
B Vous vous dites que, le moment venu, vous en parlerez avec vos parents;
C Vous y réfléchissez souvent et avez déjà commencé à vous renseigner sur différentes possibilités?

5 On vous a demandé de garder des enfants sur la plage. Vos amis sont tout à côté et vous demandent de faire une partie de volley avec eux. Les enfants ne risquent rien:
A Vous acceptez la conscience tranquille;
B Vous y allez en vous disant que vous ne devriez peut-être pas;
C Vous restez?

6 Votre mère vous a confié une lettre urgente. Vous la retrouvez quinze jours plus tard dans votre sac ou dans votre poche:
A Vous la postez comme si de rien n'était;
B Vous la jetez en pensant qu'une lettre peut toujours se perdre;
C Vous le dites à votre mère?

7 Vous aimeriez bien gagner de l'argent de poche, et puis cela arrangerait vos parents. On vous propose un job:
A Vous réalisez que ce sera très astreignant et refusez;
B Vous n'avez jamais travaillé et avez peur d'accepter;
C Vous essayez, vous disant que rien n'est définitif?

8 Avec deux ou trois amis (ou amies), vous avez organisé un chahut monstre. Le professeur menace de punir toute la classe:
A Vous vous taisez;
B Vous dites que c'est vous mais que vous n'étiez pas seul;
C Vous vous dénoncez?

9 En voulant prendre exemple sur vous, votre petit frère a fait une bêtise dont vous êtes indirectement l'instigateur:
A Vous laissez votre mère le gronder;
B Vous lui dites qu'il n'a pas besoin de toujours faire la même chose que vous;
C Vous expliquez à votre mère que c'est plus ou moins votre faute?

(Top No. 462, 24.9.69)
Maintenant tourner à la page 11

5

Translation into French

'Whose record is this?' Mme Lebrun asked her son Paul.

'It's mine. I've just bought it,' he replied.

'Well, you'd better take it off the sideboard. It will get broken if you leave it there while I am doing the housework.'

'All right. I'll put it away ... Mum, can I go to the concert tonight? All my friends are going and I'd like to go with them.'

'How much will it cost?'

'I'm not sure.'

'Have you spent all your pocket money?'

'No, but I've only five francs left.'

'Why did you not buy a ticket for the concert instead of buying the record?'

'I heard about the concert after I bought the record. I met some of my friends as I was coming out of the record shop. It is not often we have the chance to see and hear this group. They're great!'

'Very well. I'll pay for the ticket.'

'Thanks, Mum. I'll pay you back next week.'

Role-playing

ON FAIT DES ACHATS

You are the customer and your partner is the shop assistant. Act out the scene by choosing from the alternatives provided:

Client(e): Bonjour Monsieur/Madame/Mademoiselle. Je voudrais/Je cherche/Avez-vous/Auriez-vous . . .
un foulard/une cravate/une jupe/un pantalon/un imperméable/une chemise/un chemisier/un pull-over . . .
en coton/tergal/nylon/satin/soie/laine . . .?

Vendeur/Vendeuse: Oui, Monsieur/Madame/Jeune homme/Mademoiselle.
Voilà tous les coloris qui nous restent. Lequel préférez-vous?

Client(e): Je préfère le bleu/rouge/gris/jaune/vert etc.
Je préfère celui-ci/celle-ci. Je n'aime pas tellement ceux-là/celles-là.

Vendeur/Vendeuse: Voulez-vous essayer celui-ci/celle-ci?

Client(e): Oui, Monsieur/Madame/Mademoiselle . . . (*Peu après*) Je pense que c'est un peu trop long/trop large/trop étroit/trop juste . . . pour moi.

Vendeur/Vendeuse: Oui, c'est vrai, c'est un peu juste/long/étroit/large aux épaules/à la taille etc . . . Attendez, essayez celui-là/celle-là.

Client(e): Oui, en effet, ça va mieux/ça ne me va pas mal/je me sens bien là-dedans. Je le prends.
Non, vous ne l'avez pas dans d'autres coloris?/Non, ça ne me va pas du tout/Non c'est trop cher. Vous n'avez rien de moins cher?/C'est un—? Je ne peux pas l'enfiler.

Vendeur/Vendeuse: Ce sont là les seuls coloris qui nous restent, Monsieur/Madame/Mademoiselle./Vous savez, Monsieur/Madame/Jeune homme/Mademoiselle, à ce prix-là, c'est une affaire!/Nous n'avons rien de moins cher en ce moment./Ça vous va bien cette couleur./Merci, Monsieur/Madame/Jeune homme/Mademoiselle . . . Un instant, je vais voir si nous avons un—.

Sizes

Footwear

British	3	4	5	6	7	8	9	10
French	35½	37	38	39½	40½	42	43	44½

Clothes: Women

Bust/hips in cms	80/85	84/89	88/93	92/97	97/102	102/107	107/112	112/117	117/122
British size code	8	10	12	14	16	18	20	22	24
Bust/hips in cms	81/89	84/92	87/95	90/98	93/101	96/104	99/107	102/110	105/113
French size code	34	36	38	40	42	44	46	48	50

Men's shirts: Collar size

British (in ins)	14	14½	15	15½	16	16½	17	17½
French (in cms)	36	37	38	39	40	41	42	43

Essays

1. *Vous voulez rapporter un souvenir de votre voyage en France. Qu'allez-vous choisir? Dans quel magasin irez-vous faire votre achat?*

Imaginez un dialogue entre vous et le vendeur. Essayez d'exprimer les raisons de votre choix.

2. *Vous passez devant un grand magasin quand vous voyez sortir à toute vitesse un jeune adolescent, poursuivi par un homme. Vous entendez deux femmes qui sortent du magasin parler de l'incident. Imaginez ce qui s'est passé à l'intérieur du magasin quelques instants avant.*

Essayez d'utiliser quelques-uns de ces verbes:

acheter quelque chose à quelqu'un
voler quelque chose à quelqu'un
arracher quelque chose à quelqu'un
prendre quelque chose à quelqu'un
ôter quelque chose à quelqu'un
emprunter quelque chose à quelqu'un

Translation into French

Susan is about to write a letter in French to her penpal Carolle. She refers to her diary and decides to include this entry in her letter to Carolle. If you were Susan, how would you express these ideas in French?

. . . Our friends called for us in their car at 7 o'clock. We were to go to the cinema together and then to a disco later. It was Mum who opened the door when they rang. She did not like what she saw. They were very untidy and quite noisy. She did not invite them in. She asked them to wait while she went to fetch us. She told us to tell them that we were not going out. She was afraid to let us go with them. She said it would be better to stay at home. We went to the door to speak to them and tell them we were sorry we could not join them. We arranged to meet some of them the next day at the corner café . . . .

Role-playing

You are doing some last minute shopping in a department store in France before you leave the country to return home later that day. Your partner plays the part of the other speaker(s).

Ask one of the assistants where the record department is.

He/she tells you it is on the fifth floor.

You ask if there is a lift.

You are told that there is one next to the stairway.

You take the lift up to the fifth floor and go to the counter where records are displayed. An assistant comes over and asks if he/she can help you.

You explain that you have heard a song by a certain French artist which you like very much and that you would be pleased to know if he/she has any records/cassettes of this artist's recordings.

The assistant picks out two records and you examine the song titles.

You ask how much they are.

You are told that one is five francs less than the other and you are given the higher price.

You ask if the recordings are available on cassette.

You are told that they are but that they are sold out and would have to be ordered.

You explain that you are leaving today and cannot wait. You ask to hear a track from each of the records before deciding which one to buy.

The assistant says: 'Of course, go to booth no 3.'

After listening to the records you tell the assistant whether you wish to buy the cheaper or the more expensive one.

Role-playing 1

One of you is on a visit to France.

You are out shopping with your French penfriend. You want to buy some clothes. Ask your friend where he/she would shop for certain articles and why. Find out how prices compare with those of a shop you know at home.

You go to the recommended shop and ask for something in a certain size and colour. Be prepared to cope with an enthusiastic shop assistant who tries to interest you in something you don't want!

The other plays first the role of the penfriend, and then that of the shop assistant.

See below for suggestions.

Role-playing 1

One of you is on holiday in France.

At the start of your holiday you bought a pair of tight-fitting jeans and were told that they wouldn't shrink (*irrétrécissable*).

A fortnight later, after the first wash, you find that you can't get into them. You go back to the shop and complain.

You don't have the receipt, but you ask for either another pair of jeans or your money back.

The other plays the role of the shop assistant and then that of the manager.

See below for suggestions.

Essay

Write to your penfriend in French explaining the pressure you are under to do well at school and the effect it's having on your social life.

Role-playing 2

PENFRIEND
The best shop is closed because . . .
Suggest another.

SHOP ASSISTANT
You've sold out.
Suggest another style/colour . . .
Try to persuade customer to buy it.

Role-playing 2

SHOP ASSISTANT
You ask for the receipt: otherwise, how can you be sure the jeans came from this shop?
He/She will have to see the manager.

MANAGER
Suggest that customer didn't follow the washing instructions.
With such a cheap article, how can you expect a guarantee?
There isn't another pair in the right size and style: offer another more expensive pair and say how much there would be to pay.

Essay/Oral work

LA CONNAISSANCE DE SOI

Est-ce que vous vous connaissez bien? Si on vous demandait de faire votre auto-portrait pour votre dossier scolaire, que diriez-vous? N'exagérez pas trop!

1. *État physique:*
   (a) Êtes-vous plus/aussi/moins . . . robuste/grand(e)/faible/âgé(e) . . . etc. que la moyenne des écoliers/écolières?
   (b) Combien mesurez-vous?
   (c) Vous estimez-vous plus/aussi/moins . . . beau(belle)/attirant(e)/agréable/plaisant(e)/laid(e)/repoussant(e) . . . etc. que la moyenne des élèves?
   (d) Combien pesez-vous?
   (e) Comment vous sentez-vous en ce moment? bien/mal/malade/fatigué(e)/épuisé(e)/ça va . . . etc.

2. *Tenue générale:*
   (a) Vous estimez-vous mieux/plus/aussi/moins . . . propre/bien élevé(e)/mal habillé(e)/indiscipliné(e)/rustre/poli(e)/courtois(e)/sale . . . etc. que vos copains/copines?
   (b) Portez-vous l'uniforme scolaire?
      i. Si oui—vous le portez parce que:
         c'est obligatoire?
         c'est moins cher que les vêtements?
         c'est le dernier cri?
         c'est une mesure égalitaire?
         c'est chic?
      ii. Si non—c'est parce que l'uniforme:
         est facultatif?
         est démodé?
         ne vous va pas?
         est trop cher?
         . . . autres raisons
   (c) Pensez à votre meilleur(e) ami(e). Qu'est-ce qu'il y a dans son comportement que vous admirez beaucoup?
   (d) Quant à vos relations avec les professeurs, pensez-vous que:
      vous avez beaucoup de contact avec eux?
      vous pouvez échanger des idées?
      vous vous entendez bien?
      vous avez des rapports distants?
      vous vous brouillez souvent avec eux? . . . C'est parce que les professeurs sont trop autoritaires/sympathiques/ comme les parents/irritables/

spirituels/abordables etc. . . . ou bien, parce que vous n'aimez pas la discipline/vous êtes surmené(e)/vous êtes obligé(e) d'apprendre des choses qui ne vous intéressent pas/vous êtes faible/ nul(le) en . . .

3. *Qualités pratiques:*
   Avez vous un goût pour la musique/le dessin/le travail manuel/les sports/l'effort physique/la lecture/la danse/les voyages/les contacts humains . . . etc?

4. *Qualités morales:*
   A votre avis, êtes-vous plus/aussi/moins . . . loyal(e)/malin(e)/honnête/méfiant(e)/franc(he)/malhônnete/fier(fière)/humble que la moyenne des gens que vous connaissez?

5. *Qualités intellectuelles:*
   (a) Pensez à quelqu'un dans votre classe dont vous admirez l'intelligence. Est-il/elle plus/aussi/moins . . . vif(vive)/étourdi(e)/réfléchi(e)/observateur (-trice)/imaginatif(-ve/sensé(e)/ordonné(e) que vous?
   (b) Êtes-vous un(e) des élèves les plus attentifs (-ves)/sérieux(-euses)/distrait(e)s/rêveurs (-euses)/impatient(e)s . . . etc. de la classe?
   (c) Avez-vous le sens de l'humour? Acceptez-vous la plaisanterie? Aimez-vous faire rire vos copains/copines?
   (d) Avez-vous une bonne mémoire?
   (e) Êtes-vous consciencieux(-euse)/ordonné(e)/lent(e)/soigneux(-euse)/paresseux (-euse)/assidu(e)/travailleur(-euse) . . . etc?

6. *Quel est le trait dominant de votre caractère?*
   Êtes-vous facile à vivre/difficile à vivre/sincère/entêté(e)/osé(e)/assidu(e)/Jaloux(-ouse)/lâche/fier(fière)/sage/volubile/peu bavard(e)/timide/agressif(-ve)/dynamique/expansif(-ve)/ambitieux (-euse) . . . etc?

7. *Observations générales:* (Si on demandait à vos professeurs de donner leurs impressions, qu'aimeriez-vous qu'ils disent?)
   Aptitudes: fort(e)/médiocre/faible en . . .
   Goûts:
   Résultats obtenus (indiquez la mention):
      A–très bien, bien
      B–assez bien
      C–moyen
      D–faible
      E–insuffisant

8. Quels sont vos projets d'avenir? A quoi est-ce que vous vous destinez?

Êtes-vous responsable? (Voir page 5)

Majorité de A

La première chose qui frappe en vous, c'est votre inconscience. Non seulement vous n'avez aucun sens des responsabilités, mais vous ne vous rendez même pas compte de votre insouciance. Continuellement, dans tous vos actes, vous faites preuve d'égoïsme, et de paresse, n'attachant aucune importance à tout ce qui ne vous concerne pas, ou à tout ce qui vous demande un effort. Comme de prendre une initiative. Faites attention car vous risquez de rester toute votre vie ce que vous êtes: un adolescent irresponsable. Il y a des gens qui ne deviennent jamais des adultes. Ce n'est pas une question d'âge mais de maturité. Essayez de prendre conscience de votre rôle vis-à-vis de vous-même et des gens qui vous entourent. Ne soyez pas passif; tout dans la vie peut apporter quelque chose, à condition, bien entendu, de prendre des risques, et de reconnaître ses erreurs.

Majorité de B

Prendre une responsabilité, c'est prendre une décision. Or, vous êtes incapable de décider quoi que ce soit. Ce n'est pas par paresse mais par peur uniquement. Peur de vous, peur des gens, peur des événements et de l'existence. Vous savez cependant que vous êtes en âge de prendre des responsabilités, mais plutôt que de les assumer, vous les rejetez sur les autres ou, c'est encore plus facile, ne les prenez pas du tout. C'est une solution trop simple. Vous faites partie des gens sur lesquels on ne peut compter, ou plus exactement, sur lesquels il ne faut pas compter. Ayez le courage de vos actes, de vos opinions. Dégagez-vous de cette peur, de cette hésitation qui vous empêchent de vous affirmer. Tout le monde fait des erreurs, c'est nécessaire . . . pour en faire moins!

Majorité de C

Vous avez le sens de vos obligations et de ce que vous devez faire. Vous avez compris que l'on ne peut vivre sans participer, que chacun a un rôle qu'il doit assumer. Vous avez l'esprit d'initiative et voyez les choses telles qu'elles sont. Vous faites des erreurs, mais vous le reconnaissez, c'est la preuve d'un certain courage. La nouveauté ne vous fait pas peur. Bravo! vous êtes bien parti dans la vie.

2 Le temps

"Nous avions annoncé des orages locaux, nous ne pouvons perdre la face . . ."

🎞 **Comprehension** **L'art de la conversation . . .**

En France, où l'on brille par la parole, un homme qui se tait, socialement se tue. En Angleterre, où l'art de la conversation consiste à savoir se taire, un homme brille par son côté terne. Prenez, par exemple, le temps.

Les Français sont peut-être des maîtres dans la conversation, mais ce sont des enfants lorsqu'il s'agit de parler du temps. C'est là une spécialité dont les Anglais sont les rois incontestés. Il faut d'ailleurs rendre cette justice aux Français qu'ils ne cherchent en aucune façon à faire concurrence à leurs voisins sur ce plan. En France, parler de la pluie et du beau temps, cela revient à avouer que l'on est incapable de parler d'autre chose. En Angleterre, c'est un devoir sacré et la marque d'une sérieuse éducation. Pour être un vraiment bon Anglais, il faut d'abord savoir parler du temps, du temps qu'il fait, du temps qu'il fît, du temps qu'il pourrait faire . . . Un mot revient plus que n'importe quel autre dans la conversation, un mot clef, un mot roi: weather . . ., rainy weather . . ., cloudy weather . . ., dreadful weather . . ., stormy weather . . ., incredible weather! Il est probable qu'à l'origine du monde le temps fut conçu, en partie, pour permettre aux Anglais d'en parler. En vérité, il n'y a pas un seul pays où l'on en parle autant. C'est peut-être pourquoi il y fait si mauvais. L'impressionnante dépense de vocabulaire météorologique qui se fait chaque jour en Angleterre doit perturber l'atmosphère . . .

Pierre Daninos, *Les Carnets du Major Thompson*,
Hachette Littérature Générale

Reading comprehension

Study the text below and indicate the type of weather which is associated with each of these formations:

Alto stratus

Cumulo nimbus

Cirro-cumulus

Quel temps fera-t-il?

Si vous ne possédez ni baromètre ni girouette, vous pouvez tout de même prévoir la tendance du temps en observant quelques indices naturels, qui viennent d'ailleurs confirmer les indications barométriques:

LE TEMPS RESTERA BEAU: si les brouillards matinaux se dissipent avant midi, si les nuages apparus à l'aube se dissipent rapidement, si un vent faible souffle de l'ouest ou du nord, si les traînées de condensation des avions se résorbent rapidement, si les étoiles scintillent dans la nuit.

LE TEMPS S'AMÉLIORE: si la base des nuages s'élève ou si, après la pluie, les nuages semblent rouler au ras du sol, le vent d'est vire à l'ouest, si les brouillards apparaissent en fin de nuit.

LE TEMPS VA SE GÂTER: si le vent change de direction, si le vent souffle du sud et si le ciel est menaçant à l'ouest, si la base des nuages s'abaisse, si un halo entoure la lune, si la nuit est chaude et sans rosée, si le brouillard s'élève en laissant des nuages derrière lui.

Les nuages sont une manifestation visible de l'état de l'atmosphère et, pris isolément, ils peuvent donner une bonne indication du temps qu'il va faire à brève échéance. Les cirrus, à l'aspect de légers filaments blancs qui rougissent au coucher du soleil, les cirro-cumulus qui font un ciel pommelé, les cirro-stratus entourant parfois d'un halo la lune ou le soleil, sont tous les trois annonciateurs de mauvais temps pour le lendemain. Les altostratus, à l'aspect strié, les stratus qui couvrent le ciel d'une nappe grise et uniforme, les nimbostratus, tout aussi gris mais aux bords déchiquetés, donnent lieu à des chutes de pluie. En revanche, les cumulus, en forme de choux-fleurs aux contours bien délimités, qui se font et se défont sans cesse dans un ciel bleu, sont inoffensifs et annoncent le beau temps.

Quant aux cumulo-nimbus, ces énormes masses grises qui ressemblent à des montagnes, le sommet en forme de panache ou d'enclume, ils apportent aussi bien des orages que de la neige ou de la grêle.

Si le soleil à son lever, est rouge pour pâlir dans l'heure qui suit, la pluie tombera vers midi; s'il se couche dans les nuages rouges vifs, il fera beau mais il y aura du vent. La lune se lève et sa corne supérieure est noirâtre, les pluies tomberont après la pleine lune. La lune entière est brouillée, sale, il pleuvra pendant les vingt-huit jours de la lunaison. Si la lune s'entoure d'un anneau et que la pression baisse, la pluie est assurée dans les vingt-quatre ou quarante-huit heures. Dans les campagnes, les paysans savent encore pressentir le temps à partir de petits faits apparemment sans importance et, en les notant à leur tour, les amoureux de la nature pourront aussi prévoir la couleur de leurs vacances.

IL FERA BEAU SI: les lézards sortent de leur cachette, l'araignée allonge sa toile, la chouette hulule près de la maison, les hirondelles volent haut, les mouettes se dirigent vers le large, les chauves-souris fendent l'air au crépuscule, les martinets poussent des cris perçants, les rainettes chantent le soir.

IL Y A PROMESSE DE PLUIE SI: les hirondelles chassent en rasant le sol, les escargots et les limaces partent en promenade, votre chien devient nerveux, les poissons sautent hors de l'eau, les poules se roulent dans la poussière, les mouches deviennent agressives, les moucherons deviennent tout à coup très nombreux, les vaches s'agitent et beuglent dans l'étable, les mouettes s'éloignent très loin du rivage pour se rassembler dans les prés, le pivert se fait aussi entendre.

DE LA PLUIE ÉGALEMENT SI: vos cheveux se mettent à friser, une cicatrice ou vos vieilles douleurs se réveillent, votre cor au pied devient lancinant, les pommes de pin resserrent leurs écailles, les fleurs et les feuilles de trèfle se referment, les salières se bouchent, les lames d'acier bleuissent, les feux s'allument difficilement, le son des cloches vous parvient plus distinctement.

Yvette Laurent in *Paris Match*, July 1978

Translation into French

It was the seventh of January, the day the pupils were to return to school after the Christmas vacation. During the past fortnight Susan and her brother Timothy did not have to get up before 9 o'clock but today it was different for they had to be up by 7 o'clock and leave the house by 8 or they would miss the bus which took them to school.

It was very cold. Susan and Timothy shivered as they made their way down to the kitchen where their mother was preparing breakfast for them. Snow had fallen during the night and it was still snowing. Susan looked out of the window.

'Look Mum!' she exclaimed. 'The ground is covered with snow. How will we get to school in such weather?'

'Don't worry, you won't have to walk. The bus will come if the road is not blocked. It will be a little late perhaps but it will come. You had better be ready on time nevertheless.'

As the children ate their breakfast, Mrs Smith switched on the radio. She wanted to hear the news and the weather forecast. As she listened to the news, the local radio announcer said that schools in the region were to remain closed for a further three days. All pupils were to have three more days' holiday before returning to school.

L'orage

Parlez-moi de la pluie et non pas du beau temps
Le beau temps me dégoûte et me fait grincer les dents
Le bel azur me met en rage
Car le plus grand amour qui m'fut donné sur terr'
Je l'dois au mauvais temps je l'dois à Jupiter
Il me tomba d'un ciel d'orage

Par un soir de novembre à cheval sur le toit
Un vrai tonnerr' de Brest avec des cris d'putois
Allumait ses feux d'artifice
Bondissant de sa couche en costume de nuit
Ma voisine affolée vint cogner à mon huis
En réclamant mes bons offices

Je suis seule et j'ai peur, ouvrez-moi par pitié
Mon époux vient d'partir faire son dur métier
Pauvre malheureux mercenaire
Contraint d'coucher dehors quand il fait mauvais temps
Pour la bonne raison qu'il est représentant
D'un' maison de paratonnerres

En bénissant le nom de Benjamin Franklin
Je l'ai mise en lieu sûr entre mes bras câlins
Et puis l'amour a fait le reste
Toi qui sèmes des paratonnerres à foison
Que n'en as-tu planté sur ta propre maison
Erreur on ne peut plus funeste

Quand Jupiter alla se faire entendre ailleurs
La belle ayant enfin conjuré sa frayeur
Et recouvré tout son courage
Rentre dans ses foyers fair'sécher son mari
En m'donnant rendez-vous les jours d'intempéries
Rendez-vous au prochain orage

A partir de ce jour j'n'ai plus baissé les yeux
J'ai consacré mon temps à contempler les cieux
A regarder passer les nues
A guetter les stratus à lorgner les nimbus
A faire les yeux doux aux moindres cumulus
Mais elle n'est pas revenue

Son bonhomm' de mari avait tant fait d'affair's
Tant vendu ce soir-là de petits bouts de fer
Qu'il était d'venu millionnaire
Et l'avait emmenée vers les cieux toujours bleus
Des pays imbéciles où jamais il ne pleut
Où l'on ne sait rien du tonnerre

Dieu fass' que ma complainte aille tambour battant
Lui parler de la pluie, lui parler du gros temps
Auxquels on a tenu tête ensemble
Lui conter qu'un certain coup de foudre assassin
Dans le mill' de mon coeur a laissé le dessin
D'un' petit' fleur qui lui ressemble.

Georges Brassens, Editions Musicales

Répondez en français aux questions suivantes:

1. Qui est venu chez le poète par un soir orageux de novembre? Pourquoi?
2. Pourquoi est-ce que le mari de la femme n'était pas chez lui? Quel était son métier?
3. Qu'est-ce que le poète reproche au mari?
4. Comment est-ce que la femme a influencé la vie du poète depuis ce soir-là?
5. Quand devait-il la revoir?
6. Est-elle revenue? Pourquoi?
7. Dégagez les deux sens de l'expression 'le coup de foudre'.
8. Le poète préfère le mauvais temps parce qu'un événement qui a fait une profonde impression sur lui est arrivé par un soir orageux. Et vous? Aimez-vous la pluie, la neige, la tempête ou préférez-vous le beau temps?
9. Racontez un incident qui vous est arrivé par un temps affreux et dites pourquoi cela vous a beaucoup impressionné.

Translation into French

1. Last week it was snowing when we left school.
2. Yesterday it was very mild but the temperature dropped in the evening.
3. If you had listened to the forecast, you would have known it was going to rain.
4. If the weather is fine, I will go with you, but if it rains, I will stay at home.
5. When the fog clears, we will continue on our way.
6. It has been snowing for hours on end. The road will be blocked.
7. According to the forecast, there will be bright periods this afternoon.
8. It has not been raining here since the beginning of the month.

Reading comprehension

WEATHER FORECAST

BASSIN PARISIEN Le temps sera très nuageux le matin et il pourra tomber quelques ondées locales. Les éclaircies se développeront ensuite malgré quelques nuages passagers.

BRETAGNE Temps variable avec alternance de passages nuageux et d'éclaircies assez belles devenant très nuageux en soirée.

NORMANDIE Temps variable avec alternance de passages nuageux et d'éclaircies assez belles devenant plus nuageux en soirée.

NORD Le matin, les nuages seront très abondants et pourront donner quelques pluies de courte durée, mais de belles éclaircies se développeront en cours de journée.

NORD-EST Le temps deviendra rapidement très nuageux avec quelques ondées.

ALPES-JURA Après une matinée très chaude et ensoleillée, le ciel se couvrira et il y aura quelques orages.

MASSIF CENTRAL Le matin les nuages seront abondants et pourront donner quelques faibles ondées.

BASSIN MÉDITERRANÉEN Après une matinée ensoleillée et chaude, une tendance orageuse se développera en cours de journée.

SUD-OUEST Temps variable assez ensoleillé malgré quelques nuages passagers.

PAYS DE LA LOIRE Le temps sera variable, mais les éclaircies prédomineront.

Essay work

Assuming the forecast on page 16 was accurate for the day in question, write out in French the weather report given that evening on radio or TV.

📼 Listening comprehension

LA MÉTÉO

Listen to the recorded weather forecast with the help of the map below showing the main regions of France.

Essay work

Listen to tomorrow's forecast for the British Isles on the 6 o'clock news. Pay particular attention to what is said about your region. Express this forecast for your region in French in as much detail as possible.

Role-playing 1

You are on a cycling holiday in France. You have stopped for the night at a hostel. At breakfast the following morning you start up a conversation with another hosteller who is reading his/her newspaper.

You ask him/her to tell you the weather forecast for the region you are going to.

Tell him/her how this will affect your plans.

The other plays the role of the other hosteller.

Role-playing 2

THE HOSTELLER

Ask where he/she is from and where he/she is heading for.

Find out how long it will take to get there.

Look up the weather report in the paper and say what it gives for the region he/she is going to (e.g. There will be showers and clear spells later in the day. There may be thunderstorms in the evening).

Say where you are going, how you will get there and wish him/her well.

📼 Listening comprehension

COUPÉS DU MONDE DEPUIS HUIT JOURS

Listen to the recorded passage then answer the following questions:

1. (a) How many villages were affected by the heavy snowfalls?
   (b) In how many regions?
2. What were the first steps taken to remedy the situation?
3. What were conditions like on the *route départementale N° 107?*
4. What inconvenience did this cause the reporters?
5. What were the villages deprived of the first day?
6. How did they overcome this drawback?
7. What aggravated the situation as the days went by?

Reading comprehension

Read the accompanying news item then answer the following questions in English:

1. What is the 'Calypso'?
2. Why did it approach the island?
3. What had happened?
4. Where did this occur? When?
5. What is considered to be the basic cause of the misfortune?
6. What hampered the search?
7. What were the tourists doing when they were electrocuted?
8. What was the weather like in Lyon, Saint-Étienne and Haute-Loire?
9. Describe the effects of the weather conditions in Alpes de Haute-Provence and Haute-Savoie.
10. What are we told in the final paragraph about the four missing people?

Quatre victimes dans le Midi . . . quatre disparus en montagne

Pluie, froid, neige! C'est résumer en trois mots le souvenir que nous garderons de ce mois d'août 1978, à moins que cela ne s'améliore. Un mauvais et même un tragique souvenir, car on déplore des victimes.

Le vent violent qui a soufflé sur le sud de la France, est en effet à l'origine de deux disparitions en mer et d'un accident au cours duquel deux touristes ont été électrocutés.

C'est à bord d'un bateau italien, le *Calypso*, venu s'abriter près de l'île de Porquerolles, que l'équipage avait signalé la disparition en mer pendant la nuit de deux hommes à vingt milles nautiques au sud de l'île. Les recherches entreprises par les vedettes de la gendarmerie et un *Bréguet Atlantique* ont été interrompues après que les bateaux de secours eurent rencontré des creux de six mètres.

Près de Hyères (Var) deux touristes ouest-allemands ont été électrocutés, mardi, en redressant un voilier catamaran posé sur le sol et dont le mât métallique a touché une ligne haute tension.

CHUTES DE GRÊLE

A Lyon, dans la seule journée de lundi, il est tombé presque autant d'eau qu'en un mois normal: 87 cm contre 89.

A Saint-Etienne, de nombreuses caves, voire des appartements, sont inondés et des éboulements de terre, provoqués par les trombes d'eau, ont donné du fil à retordre aux pompiers de la région.

Toujours en Haute-Loire, tandis que de fortes chutes de grêle abattaient les clôtures, hachaient les feuilles des arbres et les légumes des potagers, près de Champagnac-le-Vieux, la foudre incendiait une exploitation agricole.

Dans les Alpes de Haute-Provence, des grêlons de trois centimètres de diamètre jonchaient le sol, sur une hauteur de 15 centimètres, et saccageaient de nombreux champs de lavande.

En Haute-Savoie, la commune de Talloire était sillonnée par des torrents qui descendaient des montagnes. **Tous les terrains de camping ont dû être évacués.**

A Clermont-Ferrand, c'était le record de chute du thermomètre: 28 degrés dimanche, 13 degrés,7 le lendemain. Même chose pour Toulouse, Lyon, Dijon, dont les températures tournent autour de 16 degrés, contre 25 degrés en moyenne habituellement.

En montagne, au Pic du Midi (Hautes-Pyrénées) et à Pralognan (Savoie), la neige avait atteint, mardi matin, 15 centimètres. «Mais il n'en reste plus rien», assurait-on, mardi après-midi, à Courchevel. **Néanmoins à l'Aiguille noire de Penterey, dans le Massif-Central, on recherche toujours deux alpinistes bloqués par la tempête. Et, dans l'Isère, on n'a toujours pas retrouvé la trace du docteur Yakonbowitch, 42 ans, domicilié au Chesnay (Yvelines) et de son fils Yves, 12 ans, partis dimanche en direction du lac Achard et dont on est depuis sans nouvelles. Le médecin n'est vêtu que d'un short et d'espadrilles et son fils est de constitution fragile.** Or, le mauvais temps sévit toujours sur le massif de Belledonne où il est tombé 30 centimètres de neige depuis lundi.

France-Soir, 10.8.78

Translation into English

L'hiver, cette année-là, fut terrible. Dès la fin de novembre, les neiges arrivèrent après une semaine de gelées. On voyait de loin les gros nuages venir du nord; et la blanche descente des flocons commença.

En une nuit, toute la plaine fut ensevelie.

Les fermes, isolées dans leurs cours carrées, derrière leurs rideaux de grands arbres, semblaient s'endormir sous cette mousse épaisse et légère.

Aucun bruit ne traversait plus la campagne immobile. Seuls les corbeaux, par bandes, décrivaient de grands cercles dans le ciel, cherchant leur vie inutilement, s'abattant tous ensemble sur les champs livides et piquant la neige de leurs grands becs.

On n'entendait rien que le glissement vague et continu de cette poussière tombant toujours.

Cela dura huit jours pleins, puis l'avalanche s'arrêta. La terre avait sur le dos un manteau épais de cinq pieds. Et, pendant trois semaines ensuite, un ciel clair comme un cristal bleu, le jour, et, la nuit, tout semé d'étoiles, s'étendit sur la nappe unie, dure et luisante des neiges.

La plaine, les haies, les ormes, tout semblait mort, tué par le froid. Ni hommes, ni bêtes ne sortaient plus: seules, les cheminées des chaumières révélaient la vie cachée, par les minces filets de fumée qui montaient droit dans l'air glacial.

🔊 Listening comprehension

Listen to the recorded conversation between M. and Mme. Richard then answer the following questions in English:

1. What is Monsieur Richard complaining about?
2. What does he want to know?
3. What does Madame Richard suggest?
4. What had Monsieur Richard been led to expect from the holiday brochure?
5. What did the brochure omit to mention?
6. According to Madame Richard, how would Monsieur Richard have reacted if he had had all the information?
7. How had Monsieur Richard hoped to spend his holiday?
8. What would he rather do if the weather does not improve?
9. Does Madame Richard agree with her husband?
10. What does she tell him to do?

Exercise

DICTONS ET PROVERBES

Can you match up the two halves of these sayings or proverbs about the weather?

Arc-en-ciel du soir . . .

Pluie du matin . . .

Brebis qui paissent aux cieux . . .

Lune barbouillée . . .

Arc-en-ciel du matin, . . .

La lune au cercle pâlot . . .

Si l'hirondelle vole bas, . . .

Rouge vêpre et blanc matin . . .

La lune pâle est pluvieuse, . . .

Midi ciel vilain, . . .

Mouettes au champ . . .

Aujourd'hui petits moutons, . . .

demain grosses gouttes.

la rougeâtre toujours venteuse.

fait beau temps prévoir.

font temps venteux et pluvieux.

fait sortir les escargots.

minuit ciel serein.

font tempête et vent.

n'arrête pas le pèlerin.

pluie sans fin.

ce sera la pluie à grand fracas.

appelle vent et giboulée.

font la joie du pèlerin.

Solution at bottom of page 21

Incendies de forêt: et maintenant l'arrière-pays niçois

660 hectares ont été détruits par le feu dans la région de Lucéram

Depuis la fin de la semaine dernière, un incendie important sévit dans la région de Lucéram, près de Nice. Près de 660 hectares de forêts et de broussaille ont été brûlés. Hier en fin d'après-midi, les pompiers s'étaient pratiquement rendus maîtres de la situation. Mais une relance de l'incendie était toujours à craindre du fait de l'extrême sécheresse qui sévit sur toute la Côte d'Azur.

De notre correspondant à Nice

C'est jeudi dernier qu'un incendie a éclaté à proximité du village de Lucéram, dans le secteur du col de l'Ablé. Pendant deux jours, dix-sept centres de secours ont été mobilisés en permanence pour maîtriser le sinistre. Le feu s'est développé cependant très rapidement du fait de la sécheresse provoquée par la chaleur et le vent.

Dimanche, les effectifs engagés sur le terrain étaient d'environ 200 hommes équipés d'une vingtaine de véhicules. L'incendie progressant toujours, l'intervention de quatre Canadair de la base de Marignane se révélait nécessaire. Plusieurs largages étaient effectués. Ils devaient se poursuivre dans la journée de lundi et permettre aux pompiers de mieux contrôler la situation.

Mardi matin, il existait cependant encore de nombreux foyers dans deux secteurs. L'un situé dans la région du mont de l'Ablé. Le feu y était pratiquement éteint, mais la zone était toujours placée sous surveillance. Quant au deuxième secteur, situé près du col de l'Ablé, la situation y restait préoccupante. Le feu y était pratiquement maîtrisé, mais une relance avait lieu en début d'après-midi. Elle détruisait environ un hectare. Les pompiers parvenaient cependant à l'enrayer assez rapidement.

Vers 16 heures, ce secteur était toujours sous surveillance active. Au total, dans la journée d'hier, onze centres de secours restaient en place, soit 56 sapeurs-pompiers. Ils disposaient de 28 engins et de l'appui d'un détachement de l'Office national des eaux et forêts comprenant 37 hommes. Les Canadair sont rentrés à Marignane lundi soir. Depuis jeudi, 660 hectares ont été détruits, mais aucune habitation n'a été sérieusement menacée.

Michel Franca in *Le Matin*, 8.8.79

Summary

Faites un résumé du texte en 120–130 mots.

Role-playing 1

One of you is spending a fortnight on the French Riviera with a school party. The weather is very hot and your group leader has warned you not to expose your skin to the sun for too long. Unfortunately, you doze off, lying face down on the beach and later, when you return to your hotel, your back and shoulders are very burnt. You want to conceal what has happened from your group leader and turn instead to the receptionist for help. State your problem and ask where and when you can buy something to soothe the burns, or if the receptionist can give you anything.

The other plays the role of the receptionist.

Role-playing 2

RECEPTIONIST

The chemist is closed and won't be open again until tomorrow morning.

Suggest that he/she tells the group leader in case a doctor needs to be called.

You can't leave the desk. You'll try to find something when someone else relieves you.

Find out the person's name and room number and if he/she will be in for the rest of the evening in case you find something to ease the pain.

Essay work

Write 200–250 words in French on one of the subjects below. (Use the following vocabulary and phrases to help you.)
un événement, une mésaventure, une castastrophe, un sinistre, une inondation, un sauvetage . . .
l'inquiétude (f), *l'angoisse* (f), *la crainte, la terreur, le courage, l'étonnement* (m), *la surprise, la stupéfaction, la lâcheté, la peur . . . trembler, tressaillir, frissonner, réagir, rester immobile, garder son sang-froid, perdre la tête, crier à tue-tête, avoir peur, être effrayé . . . alerter, provoquer, avoir lieu, prier qu'un de faire qu'ch, empêcher qu'un de faire qu'ch, persuader qu'un de faire qu'ch, prévenir qu'un de faire qu'ch, avertir qu'un de faire qu'ch . . .*

1. Vous êtes seul(e) à la ferme. C'est l'hiver et après de fortes chutes de neige, vous vous trouvez isolé(e) pendant quelques jours. Il est impossible d'atteindre le village voisin à cause des routes bloquées par des congères. Il vous reste peu de vivres et peu de nourriture pour le bétail.

   Comment vous débrouillez-vous? Décrivez les sentiments que vous avez éprouvés. Qui est venu vous aider enfin?

2. Vous allez au nord de l'Écosse avec un groupe d'élèves qui aiment l'alpinisme et le ski. Vous arrivez à Aviemore sans difficulté le vendredi soir mais le samedi le temps se gâte . . .

   Racontez vos difficultés et décrivez votre retour.

3. C'est l'été. Vous voyagez dans le Midi de la France. Vous voyez de la fumée . . . .

   Qu'est-ce que vous faites? A qui est-ce que vous téléphonez?

   Est-ce une fausse alerte?

4. Vous habitez dans un village où il y a eu récemment une série d'inondations. Après trois jours de pluie, la rivière qui traverse le village a débordé. L'eau est entré dans la plupart des maisons et on a dû les évacuer.

   Décrivez ce que vous avez emporté avec vous en quittant la maison. Où êtes-vous allé(e) passer quelques jours? Racontez ce que vous avez fait pour aider les personnes âgées du village et décrivez un peu le nettoyage que vous avez dû faire à votre retour.

5. Si vous étiez secouriste de haute montagne, quels conseils donneriez-vous aux jeunes gens qui veulent faire de l'alpinisme pendant l'hiver?

6. Your penfriend is keen to visit you. Write him/her a letter describing the kind of weather you have in your part of the country. Say the time of year you prefer and whether or not you are happy with the kind of weather you have been having recently. Say what time of year you think would be best for him/her to visit you. Suggest suitable dates and mention any times which would not be convenient for certain reasons.

SOLUTION TO EXERCISE: DICTONS ET PROVERBES

Arc-en-ciel du soir fait beau temps prévoir.
Pluie du matin n'arrête pas le pèlerin.
Brebis qui paissent aux cieux font temps venteux et pluvieux.
Lune barbouillée appelle vent et giboulée.
Arc-en-ciel du matin, pluie sans fin.
La lune au cercle pâlot fait sortir les escargots.

Si l'hirondelle vole bas, ce sera la pluie à grand fracas.
Rouge vêpre et blanc matin font la joie du pèlerin.
La lune pâle est pluvieuse, la rougeâtre toujours venteuse.
Midi ciel vilain, minuit ciel serein.
Mouettes au champ font tempête et vent.
Aujourd'hui petits moutons, demain grosses gouttes.

3 Le transport

Nous reviendrons à marée basse.

— Pardon, monsieur l'agent, à quelle heure le prochain feu rouge?

1ᵉʳ ROUND

La raison du plus fort est toujours la meilleure!
La Fontaine

📼 Le Plaisir des Sens

Mon vieux! . . . le problème de la circulation . . . ça ne s'arrange pas! . . .
J'étais dans ma voiture . . . j'arrive sur la place . . . je prends le sens
giratoire . . . .
Emporté par le mouvement, je fais un tour pour rien . . . .
Je me dis: 'Ressaisissons-nous'.
Je vais pour prendre la première à droite: sens interdit.
Je me dis: 'C'était à prévoir . . . je vais prendre la deuxième.'
Je vais pour prendre la deuxième: sens interdit.
Je me dis: 'Il fallait s'y attendre! . . . prenons la troisième'—sens interdit!
Je me dis: 'Là! Ils exagèrent! . . . Je vais prendre la quatrième'—sens interdit!
Je dis 'Tiens!'
Je fais un tour pour vérifier.
Quatre rues, quatre sens interdits!
J'appelle l'agent.
— Monsieur l'agent! Il n'y a que quatre rues et elles sont toutes les quatre en
sens interdit.
— Je sais . . . c'est une erreur.
— Alors? pour sortir? . . .
— Vous ne pouvez pas!
— !!! Alors? qu'est-ce que je vais faire?
— Tournez avec les autres.
— !!! Ils tournent depuis combien de temps?
— Il y en a, ça fait plus d'un mois.
— !!! Ils ne disent rien?
— Que voulez-vous qu'ils disent! . . . ils ont l'essence . . . ils sont nourris . . .
ils sont contents!
— Mais . . . il n'y en a pas qui cherchent à s'évader?
— Si! Mais ils sont tout de suite repris.
— Par qui?
— Par la police . . . qui fait sa ronde . . . mais dans l'autre sens.
— Ça peut durer longtemps?
— Jusqu'à ce qu'on supprime les sens.
— !!! Si on supprime l'essence . . . il faudra remettre les bons.
— Il n'y a plus de 'bons sens'. Ils sont 'uniques' ou 'interdits'. Donnez-moi 900
francs.
— Pourquoi?
— C'est défendu de stationner!
— !!!
— Plus 300 francs.
— De quoi?
— De taxe de séjour!
— !!! Les voilà!
— Et maintenant filez! . . . et tâchez de filer droit . . .
Sans ça, je vous aurai au tournant.
Alors j'ai tourné . . . j'ai tourné . . .
A un moment, comme je roulais à côté d'un laitier, je lui ai dit: Dis-moi laitier
. . . ton lait va tourner? . . .
— T'en fais pas! . . . je fais mon beurre . . .
— !!!

– Ah! ben! je dis: 'celui-là, il a le moral! . . .'
Je lui dis: 'Dis-moi, qu'est-ce que c'est que cette voiture noire là, qui ralentit tout?'
– C'est le corbillard. Il tourne depuis quinze jours!
– Et la blanche là, qui vient de nous doubler?
– Ça? c'est l'ambulance! . . . priorité!
– Il y a quelqu'un dedans?
– Il y avait quelqu'un.
– Où est-il maintenant?
– Dans le corbillard!
– !!!
Je me suis arrêté . . . j'ai appelé l'agent . . . je lui ai dit:
'Monsieur l'agent, je m'excuse . . . j'ai un malaise . . . .'
– Si vous êtes malade, montez dans l'ambulance!

Raymond Devos, *Ça n'a pas de sens*, Éditions Denoël, 1968, pp. 38–9

Motocyclistes, ne risquez pas votre vie!

DEUX ROUES: DEUX FOIS PLUS D'ATTENTION

En France on estime que sur les routes:
1 tué sur 3 est un usager de deux roues
1 blessé grave sur 2 est un usager de deux roues
Les cyclomotoristes représentent 70% des usagers de deux roues tués.

DEUX ROUES: SOYEZ VISIBLES ET PRÉVISIBLES

Un grand nombre d'accidents se produisent parce que les conducteurs des deux roues sont peu visibles, surtout la nuit, s'ils portent des vêtements sombres.

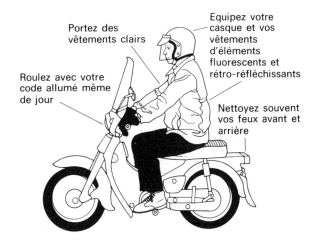

Portez des vêtements clairs

Equipez votre casque et vos vêtements d'éléments fluorescents et rétro-réfléchissants

Roulez avec votre code allumé même de jour

Nettoyez souvent vos feux avant et arrière

Pour tourner:
Tendez le bras ou mieux, faites équiper votre deux roues de clignotants.
N'hésitez pas à vous arrêter.
Avertissez aussi les piétons de vos intentions.

DEUX ROUES: 60% DES ACCIDENTS EN INTERSECTIONS

Pourquoi?
Parce qu'une fois lancé, vous hésitez à ralentir dans les carrefours pour ne pas perdre votre élan.

L'horoscope

Je ne sais pas si vous lisez l'horoscope . . . moi, je lis mon horoscope tous les matins.
Il y a huit jours . . . je vois dans mon horoscope: 'Discussion et brouille dans votre ménage . . . .'
Je vais voir ma femme:
    – Qu'est-ce que je t'ai fait?
    – Rien?
    – Alors . . . pourquoi discutes-tu?
Depuis, on est brouillé!
Ce matin, je lis dans mon horoscope: 'Risques d'accidents'.
Alors, toute la journée, au volant de ma voiture, j'étais comme ça . . . à surveiller à droite . . . à gauche . . . rien! rien!
Je me dis: 'Je me suis peut-être trompé. . .'

Le temps de vérifier dans le journal qui était sur la banquette de ma voiture . . . paf! ça y était!

Le conducteur est descendu . . . il m'a dit:

– Vous auriez pu m'éviter!

– Pas du tout, c'était prévu!

– Comment ça?

– L'accident est déjà dans le journal!

– Notre accident est déjà dans le journal?

– Le vôtre, je ne sais pas! Mais le mien, il y est!

– Le vôtre, c'est le mien!

– Oh! . . . Eh! . . . une seconde! . . . vous êtes né sous quel signe, vous?

– Balance!

– Balance?

– Je regarde 'Balance'!!! Je dis:

– Ah ben non! Vous n'avez pas d'accidents! . . . vous êtes dans votre tort, mon vieux!

– Il y a un agent qui est arrivé . . . il m'a dit:

– Vous n'avez pas vu mon signe?

– Prenez le journal! Regardez! . . . je ne vais pas regarder le signe de tout le monde!

Raymond Devos, *Ça n'a pas de sens*, Éditions Denoël, 1968, p. 68

Role-playing 1

One of you is returning home after a visit to Paris. You are waiting on the pavement outside your hotel for a taxi to take you to the Gare du Nord. The taxi arrives later than you expected, leaving you short of time to get to the station, buy your ticket, find the platform and catch your train.

Find out why the driver is late. Say where you want to go and explain why you are in a hurry. Find out if the driver can get you to the station in time to catch the train.

The other plays the taxi-driver.

Role-playing 2

TAXI-DRIVER

Apologize for being late and explain why you could not come sooner (e.g. You were in a traffic jam).

Ask the passenger what train he/she is catching.

Indicate how long it will take to get to the station. Reassure the passenger that you can do it.

Offer to help once you get to the station (e.g. you will carry/look after the passenger's luggage while he/she rushes to buy a ticket).

Exercise

Write out the following passage using the pronouns y and en *to replace the phrases in italics:*

La dame attendait devant la porte. Au bout de quelques minutes, le taxi est arrivé *devant la porte*. Le chauffeur est descendu *du taxi*. Comme il descendait *du taxi*, la dame s'est approchée de lui pour lui dire deux mots. Puis elle est montée dans le taxi et le chauffeur a mis ses bagages dans le coffre. Il est remonté dans le taxi et s'est mis en route pour la gare. Quand ils sont arrivés *à la gare*, le chauffeur est descendu du taxi. La dame est descendue *du taxi* aussi. Le chauffeur a sorti ses bagages du coffre et les a posés sur le trottoir. Après avoir payé le chauffeur, la dame est allée au guichet acheter son billet mais quand elle est arrivée *au guichet*, l'employé lui a dit que son train était déjà parti. Elle a dû essayer de porter ses bagages à la consigne. Comme elle s'approchait *de la consigne*, un porteur l'a vue et il est venu l'aider. Elle ne voulait pas rester dans la gare jusqu'à l'arrivée du prochain train. Elle est donc sortie *de la gare* et s'est installée dans un café. Elle est restée *au café* jusqu'à 15h 40.

Exercise

Complete the following summary of a motoring incident by adding a verb in the imperfect or perfect tense. If you have difficulty deciding what verbs to use, refer to the list following the summary.

Un jour un chauffeur de taxi parisien . . . prendre un client. Pendant qu'il . . . le numéro, il . . . une Citroën qui . . . garée au bord du trottoir. Il . . . du taxi. Le propriétaire de la voiture et sa femme . . . de leur appartement tout près. Ils . . . du chauffeur et il y . . . une discussion animée. Quelques passants . . . autour d'eux pour voir ce qui . . . . Le chauffeur n' . . . pas le temps d'expliquer ce qu'il . . . quand l'accident . . . . Il . . . au propriétaire de la Citroën qu'il . . . monter expliquer la situation à son client. Enfin le chauffeur . . . voir son client et quand il . . . , le propriétaire de la Citroën et lui . . . tous les deux dans un café qui . . . de l'autre côté de la rue pour faire le constat.

aller, chercher, heurter, être, descendre, sortir, s'approcher, avoir, se réunir, se passer, avoir, faire, se produire, dire, vouloir, monter, redescendre, entrer, se trouver.

Exercise

Complete the following text with the imperfect of the verbs given below to describe repeated actions in the past:

emmener, aller, aimer, trouver, conduire, se réjouir, faire, avoir, se baigner, faire, respirer, piqueniquer, aller, jouer, faire, manquer, s'amuser, grimper, escalader, courir, entendre, se dissimuler, commencer, rentrer, s'endormir.

Quand nous étions plus jeunes, notre père nous . . . à la campagne. Nous y . . . en voiture presque tous les weekends. Il . . . tellement conduire qu'il . . . le moindre prétexte pour s'installer au volant. A cette époque, il . . . une Renault. Il en était très fier. Nous . . . beaucoup de ces excursions surtout en été quand il . . . beau et qu'il y . . . la possibilité de sortir de la ville. On . . . , on . . . des promenades dans les montagnes où on . . . de l'air pur, loin de la fumée des grandes usines. On . . . , on . . . à la pêche ou bien certaines fois on . . . à la pétanque pendant que les parents . . . la sieste.

Les distractions ne . . . pas alors. Tout était sujet d'intérêt. On . . . à attraper les sauterelles dans les champs. On . . . dans les arbres, on . . . les rochers et on . . . sans paraître jamais se fatiguer. Quand c'était l'heure de rentrer et qu'on . . . nos parents nous appeler, on . . . dans les herbes hautes et une fameuse partie de cache-cache . . . à laquelle nos parents avaient eux-mêmes fini par prendre goût. On . . . fatigués et heureux. Certains d'entre nous . . . sur le chemin du retour.

Exercise

Complete the following sentences by adding a clause:

Example: Quand mon père est rentré, je suis sorti de la maison.

1. Quand . . . , il a remonté la rue en courant.
2. Aussitôt que . . . , je suis monté en courant.
3. Au moment où . . . , tu es descendue en courant.
4. Dès que . . . , ils ont descendu l'escalier en courant.
5. Après avoir . . . , elle est sortie en courant.
6. Ayant . . . , nous sommes partis en courant.
7. Dès que . . . , il a descendu la valise de sa chambre.
8. Quand . . . , j'ai sorti la roue de secours.
9. Au moment où . . . , tu as rentré le vélo dans le garage.
10. Quand . . . , il a rentré l'auto dans le garage.
11. Après être . . . , nous sommes montés dans la voiture.
12. Étant . . . , je suis descendue du taxi.

Exercise

Put the following word-groups into logical order:

le rapide s'approcha/l'automobiliste roulait trop vite/qui traversait les voies/encore une seconde/et le mécanicien, horrifié,/pour pouvoir s'arrêter/devant le passage à niveau/et c'était la catastrophe/emportant l'une des barres blanches et rouges/qui se fermait/aperçut la voiture.

Translation into French

There was an incident in the market square yesterday in which a car collided with a parked van and overturned a number of stalls. The car was driven by a man the police wanted to question. A police car was pursuing the man at the time the accident occurred. The panic-stricken driver hit the van as he swerved to avoid pedestrians who were shopping, and stopped when it hit the fruit stall. The driver was unhurt, managed to get out of the car and ran down the street. Two policemen and some traders ran after him. Finally they caught him as he was running into a shop.

Translation into French

The lorry driver was heading south on the A road. In the distance, on the B road, he could see a Renault which was approaching the intersection with the A road. The Renault was travelling at about 80 km/h and showed no sign of slowing down as it approached the crossing.

The lorry driver had right-of-way but he wondered what the motorist was going to do. Was he going to give way? The nearer he got to the crossing, the more anxious he felt as he watched the Renault. He looked in his mirror. There was no traffic behind him and so he started to slow down. When he was about fifty metres from the crossing, he braked and brought his heavy goods vehicle to a halt.

It was obvious that the motorist had no intention of stopping. He drove on, crossing the A road without even looking in the lorry driver's direction, seemingly unaware of the anxiety he was causing.

'He'll get himself killed or kill someone one day!' the lorry driver said to himself as he continued on his way.

Translation into English

1. Vous auriez dû partir plus tôt.
2. Faut-il le faire tout de suite?
3. Il faudra rouler plus vite la prochaine fois.
4. Il fallait prendre une route départementale pour éviter les bouchons sur la nationale.
5. Vous devez avoir faim.
6. Il devrait venir me voir avant de partir.
7. J'ai dû freiner brusquement.
8. Tu ne dois pas conduire comme ça.
9. Ils devaient arriver à destination vers neuf heures.
10. Il vous faudrait beaucoup de temps pour faire cette réparation.

🔲 Listening comprehension

AUTO-STOPPEURS, NE PRENEZ PAS DE RISQUE!

Listen to the recorded passage and then answer the questions below in English.

---

en mauvais état in bad condition
une indemnité an amount of compensation
apprendre à ses dépens to learn from bitter experience, to pay for
en raison de because of, on account of
plaider to allege, to plead
rétorquer to retort
être titulaire d'un permis to hold a driving licence

---

1. What advice is given to hitchhikers?
2. In the case quoted by the Centre de Documentation et d'Information de l'Assurance, how did the hitchhiker's failure to follow the advice affect the award of compensation?

3. What was the hitchhiker's defence?
4. How did the judges counter this argument?
5. What precautions should be taken by the hitchhiker in order to qualify for maximum compensation if the vehicle in which he or she is travelling is involved in an accident? (seven)

Vary your answers to the questions below by using a selection of the following expressions:

il faut
il est permis de
il ne faut pas
il est déconseillé de   *+ infinitive*
il est interdit de
il est défendu de

on doit
on est obligé de
on nous oblige à   *+ infinitive*
on nous défend de
on nous interdit de

Exercise

QUE DOIT-ON FAIRE . . .

1. quand on voit un feu rouge?
2. quand il y a des piétons sur la chaussée?
3. quand il y a du brouillard?
4. quand une voiture s'arrête brusquement devant vous?
5. quand un pneu est crevé?
6. si l'on ne se sent pas bien?
7. si l'on a besoin d'essence?
8. si l'on veut stationner en zone bleue?
9. si l'on dépasse la vitesse limite?
10. si l'on renverse un piéton?
11. si l'on entre en collision avec un autre véhicule?

Exercise

COMME AUTOMOBILISTE, AVEZ-VOUS LE DROIT DE . . .

1. rouler à droite en Grande-Bretagne? Et en France?
2. boire de l'alcool avant de conduire?
3. klaxonner pendant la nuit?
4. brûler un feu rouge?
5. freiner d'urgence quand il y a un véhicule derrière vous?
6. refuser la priorité?
7. conduire sans permis?
8. gêner la circulation?
9. garer votre auto n'importe où en zone bleue?
10. faire demi-tour sur l'autoroute?
11. ne pas céder le passage aux piétons?
12. circuler dans une zone piétonne?

Exercise

Express the following suggested actions in the imperative (i.e. Let's . . .):

Example: Si on se mettait en route? *Mettons-nous en route!*
1. Si on montait dans la voiture tout de suite?
2. Si on écoutait le transistor?
3. Si on visitait le château?
4. Si on allait voir?
5. Si on se reposait un peu?
6. Si on se remettait en route?
7. Si on prenait cette route?
8. Si on s'arrêtait ici?
9. Si on rentrait maintenant?
10. Si on mangeait une glace?

🎙 Listening comprehension

Listen to the recorded conversation between a traffic warden and a motorist then answer the questions below in English.

> *une contravention* parking ticket
> *guetter* to spy on
> *être en infraction* to commit an offence

1. What did the warden do to the motorist?
2. What had the motorist done? What ought he to have shown, and where?
3. How long had the motorist been at fault?
4. What does the motorist accuse the warden of doing?
5. How does the latter defend herself?
6. What is the motorist's objection to the warden's argument?
7. How does the warden counter this argument?
8. What is the motorist's final retort?

Exercise

You are a passenger in your friend's car. You are rather nervous and feel he needs your constant assistance. Put the verb in the positive or negative imperative as appropriate.

Example: Attention! il y a un agent là-bas! (Dépasser) la vitesse limite!
Answer: Ne dépasse pas la vitesse limite!

1. (Rouler) si vite! Tu vas heurter ce camion.
2. (S'en faire)! Nous avons assez de temps.
3. (Continuer) tout droit et puis (tourner) à gauche.
4. (Arrêter)! le feu est au rouge.
5. (Y aller)! le feu est passé au vert.
6. (Prendre) cette rue. Tu es en sens interdit!
7. (Avoir) peur! Nous avons la priorité.
8. (Être) bête, tu roules trop vite pour prendre ce virage!
9. (Hésiter), c'est à toi la priorité!
10. (Accélérer), nous approchons d'un passage clouté!
11. (Se dépêcher), nous sommes en retard!
12. (Ralentir), la route est bloquée!

Exercise

Sort out the following instructions into three categories:

(a) Les droits et les devoirs du piéton.
(b) Les droits et les devoirs du cycliste.
(c) Les droits et les devoirs de l'automobiliste.
Some instructions may appear in more than one category.

1. Roulez à droite sur une seule file.
2. Empruntez les passages souterrains.

3. Ne faites pas de 'slalom' entre les voitures.
4. N'oubliez pas votre feu rouge arrière; ne le masquez pas.
5. Ne buvez pas avant de conduire.
6. Ne changez pas de file inconsidérément.
7. Respectez scrupuleusement les feux jour et nuit, même en l'absence d'un agent.
8. Ne dépassez pas la vitesse limite.
9. Signalez à l'avance vos changements de direction.
10. Ne restez pas sur la chaussée.
11. N'hésitez jamais à vous arrêter en cas de malaise.
12. Traversez dans les passages cloutés.
13. Soyez toujours maître de votre voiture et de vous-même.
14. N'utilisez pas l'avertisseur par impatience ou nervosité. Il ne doit servir qu'en cas de danger immédiat.
15. Ne risquez pas votre vie: un piéton s'arrête plus facilement qu'un automobiliste.
16. Ne vous engagez surtout pas sur la chaussée, pour ne pas ralentir la circulation en la gênant.
17. Attention autour des gares, des grands magasins, des écoles et des hôpitaux.

Role-playing 1

One of you is on holiday with your parents in France. You have hired a car to tour the region and you have arrived in a busy town on market day. You want to explore the town on foot and visit the information bureau, the cathedral, museum and market and perhaps do some shopping. However, you discover that the official car-park is full.

A police officer approaches when he/she sees you parking in a no-parking zone. He/she assumes from the registration number that you are French. Your parents don't speak French and leave you to converse with the police officer.

   Explain the problem to the police officer and ask if it's possible to park near any of the places you want to visit or if he/she can tell you where you could park and how to get there.

The other plays the role of the police officer.

Role-playing 2

POLICE OFFICER

They can't park here.

The street leading to . . . is too narrow to park.

All the parking spaces near the market are taken. The market square itself is virtually a pedestrian precinct (*une zone piétonne*) on market day.

Suggest they try near the hypermarket: give directions.

Translation into English

Au bout d'une heure, mon père revint avec un petit homme gros et sale qui portait à la main une caisse à outils. Le petit homme se gratta le menton et dit après quelques instants de réflexion: 'Ouais!' et il se mit à déballer ses outils.

– C'est sûrement une fuite. Je vais regarder, dit-il.

Il se glissa sous l'auto. On ne voyait plus que ses pieds. Pendant un long moment, il ne bougea pas. A la fin, mes parents se regardèrent, inquiets.

– Alors, dit mon père timidement, vous voyez quelque chose?

Le mécanicien ne répondit pas et se mit à siffloter une chanson.

– Voulez-vous que je vous aide? reprit mon père. L'ouvrier continuait à siffler et donnait de temps en temps un coup de marteau.

– Va donc lui chercher un peu à boire, dit mon père à ma mère, il doit avoir soif d'être ainsi couché sur le dos.

Quand ma mère revint avec un verre et une bouteille de vin, l'ouvrier donnait des coups de marteau si violents que toute la voiture en tremblait.

– Tu es sûr qu'il s'y connaît en automobiles? demanda ma mère à voix basse.

Bien qu'il parût, lui aussi, très inquiet, mon père répondit avec assurance que ce monsieur était digne de confiance . . .

– Alors! ça va? dit mon père en se penchant.

Après quelques instants, la voix du mécanicien répondit:

– Moi, ça va, c'est votre auto qui ne va pas.

– C'est grave?

– Justement, je n'en sais rien. Je ne trouve pas la fuite.

Il se passa encore un long moment d'attente et puis, brusquement, le petit homme couché sous la voiture s'écria:

– Ça y est! J'ai trouvé.

— Ah! dit mon père avec une indifférence feinte.

Et, comme l'autre n'en disait pas davantage, il ajouta au bout d'un moment:

– Qu'est-ce que c'était?

Le mécanicien ne répondit pas. On l'entendit donner encore quelques petits coups de marteau, et, enfin, il réapparut au grand jour.

– Voilà ce que c'était, dit-il en se levant et en montrant une goutte d'huile qu'il avait reçue en plein milieu de sa joue droite. C'est votre bouchon de carter* qui fermait mal. Il suffisait de le revisser un peu.

– Vous êtes sûr qu'il n'y a rien d'autre?

– Tout à fait sûr. Elle est neuve, cette bagnole-là! Vous ne voudriez tout de même pas qu'elle s'en aille déjà en petits bouts! . . .

Adapted from Jean L'Hôte, *La communale*, Éditions du Seuil, 1958, pp. 91–3.

* *le bouchon de carter* the sump plug

Role-playing 1

One of you has been having trouble with your car while touring France. You put it into a garage two hours ago and now you go back to see if the mechanic has found out what's wrong. Find out how much it will cost to repair and how long the job will take. You have to catch a ferry at Calais later in the day.

The other plays the role of the mechanic.

Role-playing 2

MECHANIC

You don't have the part (*la pièce*) but know where to get it.

Your partner is off and you have two other cars to service.

You could carry out a temporary repair.

Say whether or not you are prepared to work during your lunch-break.

Exercise

SAVEZ-VOUS CONDUIRE?

Put the following actions in the correct order:

1. Débrayez.
2. Desserrez le frein.
3. Actionnez le démarreur.
4. Regardez derrière vous et dans le rétroviseur.
5. Faites signe que vous allez démarrer.
6. Mettez-vous en première.
7. Appuyez sur l'accélérateur.
8. Mettez le contact.
9. Actionnez le starter.
10. Appuyez doucement sur l'accélérateur et embrayez doucement.

(*Solution at bottom of page 40*)

Reading comprehension

ALCOOL AU VOLANT:
LES NOUVELLES RÈGLES

Boire ou conduire: plus que jamais les conducteurs devront choisir.

Depuis hier, la nouvelle loi relative au contrôle de l'état alcoolique, promulguée au *Journal officiel*, est entrée en vigueur.

Désormais, un conducteur qui aura un taux de 0,80 gramme d'alcool par litre de sang commettra un délit qui pourra être sanctionné par des peines d'emprisonnement d'un mois à un an, à des amendes de 500 à 8 000 francs, sans oublier la possibilité pour le contrevenant de voir son permis de conduire suspendu ou annulé.

Les automobilistes récidivistes devront également savoir que leur permis de conduire sera annulé de droit par les tribunaux correctionnels. Auparavant, le seuil à ne pas dépasser pour éviter toutes ces sanctions était de 1,2 gramme par litre de sang.

L'alcootest n'est pas encore totalement dépassé pour vérifier l'état alcoolique des automobilistes mais on sait que, peu à peu, il devra céder la place à un nouvel appareil d'analyse de l'haleine: l'éthylomètre.

Cet appareil, encore mystérieux pour le plus grand nombre mais parfaitement testé, a un affichage digital relevé sur un document imprimé où figureront le résultat, la date et l'heure du contrôle.

L'éthylomètre, qui aura de surcroît valeur probante devant les tribunaux et existe déjà dans d'autres pays, ne sera cependant utilisable que vers le début de 1986. L'autre méthode de contrôle, constituée par la prise de sang, demeurera toujours valable mais les deux méthodes seront bien distinctes l'une de l'autre et leur choix ne relèvera que des seuls agents de l'autorité.

5 000 VICTIMES

Lors du récent débat, qui a vu le 28 novembre l'adoption de cette loi à l'Assemblée nationale, Charles Fiterman, ministre des Transports, avait rappelé que l'abus d'alcool est responsable chaque année en France de la mort de 5 000 personnes sur la route, soit 40% des accidents mortels.

Les automobilistes devront désormais savoir qu'ils subiront toutes les rigueurs de la loi s'ils ont avalé, à jeun, un demi-litre de vin à 11 degrés ou trois whiskies. A l'issue d'un repas, ils seront des contrevenants potentiels s'ils ont absorbé un demi-litre de vin et un apéritif.

En abaissant ainsi le seuil de l'alcoolémie au volant, la France ne fait que rejoindre la plupart des pays européens qui sanctionnent le seuil officiel de 0,80 gramme, ainsi, la R.F.A., l'Autriche, la Belgique, l'Espagne, la Grande-Bretagne ou encore le Luxembourg et la Suisse.

Les pays scandinaves et d'Europe de l'Est sont encore plus sévères puisque les seuils en R.D.A., Bulgarie et Hongrie sont de . . . zéro gramme d'alcool par litre de sang.

Par ces mesures, le gouvernement espère faire disparaître peu à peu des routes et autoroutes les quelque 4% d'automobilistes qui conduisent avec un taux d'alcoolémie compris entre 0,3 et 1,2 gramme et surtout ne plus voir circuler des conducteurs comme cet automobiliste récupéré à son volant, au pied du réverbère qu'il venait de heurter, et dont le taux d'alcoolémie par litre de sang était de . . . 5,1 grammes.

Le Figaro 11.12.83

Answer the following questions in English:

1. What step has been taken to deal with drivers who drink and drive in France?
2. How severe are the penalties?
3. How serious a problem is driving under the influence of alcohol in France?
4. Since the new limit on the consumption of alcohol for drivers was introduced, how does France compare
   (a) with Western European countries?
   (b) with Scandinavia and Eastern European countries?

Essay work

Écrivez 250–280 mots sur un des sujets suivants:

1. Write to your French penfriend and tell him/her about the problems you are having trying to persuade your parents to let you buy a scooter or take driving lessons. Explain your parents' objections.
2. Vous êtes en France. Vous voyagez en voiture. L'auto s'arrête. C'est une panne d'essence. La ville la plus proche est à plusieurs kilomètres. Que faites-vous?
3. While driving in France you are involved in an accident. The other driver involved is not very understanding. Write the conversation you have with him/her (after a short introduction of about fifty words setting the scene) in which you clarify the circumstances of the accident. Say who you think is to blame and why, and come to a settlement.
4. Racontez l'incident résumé ci-dessous soit du point de vue de l'automobiliste, soit du point de vue d'un élève:
   C'est l'hiver. Deux élèves sont en route pour le collège en vélo. Ils s'approchent des feux qui passent rapidement au rouge. Ils freinent brusquement et les vélos dérapent sur la chaussée glissante. Un automobiliste derrière eux voit ce qui se passe et descend de voiture pour les aider. Ils sont légèrement blessés au coude et à l'épaule. Les vélos ont subi peu de dégâts matériels (phare cassée). Ils remercient l'automobiliste et se remettent en route.

SOLUTION TO EXERCISE ON PAGE 31

The correct order is:
8, 9, 3, 7, 1, 6, 4, 5, 2, 10

constat amiable d'accident automobile

Ne constitue pas une reconnaissance de responsabilité, mais un relevé des identités et des faits, servant à l'accélération du règlement

à signer obligatoirement par les DEUX conducteurs

1. date de l'accident | heure | **2. lieu** (pays, n° dépt, localité) | **3. blessé(s)** même léger(s) non ☐ oui ☐ *

4. dégâts matériels autres qu'aux véhicules A et B non ☐ oui ☐ * | **5. témoins** noms, adresses et tél. (à souligner s'il s'agit d'un passager de A ou B)

A

6. assuré souscripteur *(voir attest. d'assur.)*

Nom (majusc.)

Prénom

Adresse *(rue et n°)*

Localité *(et c. postal)*

N° tél. *(de 9 h. à 17 h.)*

L'Assuré peut-il récupérer la T.V.A. afférente au véhicule ? non ☐ oui ☐

7. véhicule

Marque, type

N° d'immatr. (ou de moteur)

8. sté d'assurance

N° de contrat

Agence *(ou bureau ou courtier)*

N° de carte verte *(Pour les étrangers)*

Attest. ou carte verte } valable jusqu'au

Les dégâts matériels du véhicule sont-ils assurés ? non ☐ oui ☐

9. conducteur *(voir permis de conduire)*

Nom (majusc.)

Prénom

Adresse

Permis de conduire n°

catégorie (A, B, ...) — délivré par

le

permis valable du _____ au _____
(Pour les catégories C, C₁, D, E, F et les taxis)

12. circonstances

Mettre une croix (x) dans chacune des cases utiles pour préciser le croquis.

A	1	en stationnement	1	B
	2	quittait un stationnement	2	
	3	prenait un stationnement	3	
	4	sortait d'un parking, d'un lieu privé, d'un chemin de terre	4	
	5	s'engageait dans un parking, un lieu privé, un chemin de terre	5	
	6	s'engageait sur une place à sens giratoire	6	
	7	roulait sur une place à sens giratoire	7	
	8	heurtait l'arrière de l'autre véhicule qui roulait dans le même sens et sur la même file	8	
	9	roulait dans le même sens et sur une file différente	9	
	10	changeait de file	10	
	11	doublait	11	
	12	virait à droite	12	
	13	virait à gauche	13	
	14	reculait	14	
	15	empiétait sur la partie de chaussée réservée à la circulation en sens inverse	15	
	16	venait de droite (dans un carrefour)	16	
	17	n'avait pas observé un signal de priorité	17	

◄ **indiquer le nombre de cases marquées d'une croix** ►

B

6. assuré souscripteur *(voir attest. d'assur.)*

Nom (majusc.)

Prénom

Adresse *(rue et n°)*

Localité *(et c. postal)*

N° tél. *(de 9 h. à 17 h.)*

L'Assuré peut-il récupérer la T.V.A. afférente au véhicule ? non ☐ oui ☐

7. véhicule

Marque, type

N° d'immatr. (ou du moteur)

8. sté d'assurance

N° de contrat

Agence *(ou bureau ou courtier)*

N° de carte verte *(Pour les étrangers)*

Attest. ou carte verte } valable jusqu'au

Les dégâts matériels du véhicule sont-ils assurés ? non ☐ oui ☐

9. conducteur *(voir permis de conduire)*

Nom (majusc.)

Prénom

Adresse

Permis de conduire n°

catégorie (A, B, ...) — délivré par

le

permis valable du _____ au _____
(Pour les catégories C, C₁, D, E, F et les taxis)

10. Indiquer par une flèche (→) le point de choc initial

11. dégâts apparents

14. observations

13. croquis de l'accident

Préciser : 1. le tracé des voies - 2. la direction (par des flèches) des véhicules A, B - 3. leur position au moment du choc - 4. les signaux routiers - 5. le nom des rues (ou routes).

10. Indiquer par une flèche (→) le point de choc initial

11. dégâts apparents

14. observations

15. signature des conducteurs

A   B

---

* **En cas de blessures ou en cas de dégâts matériels autres qu'aux véhicules A et B, relever les indications d'identité, d'adresse, etc.**

Ne rien modifier au constat après les signatures et la séparation des exemplaires des 2 conducteurs.

Voir déclaration de l'Assuré au verso ➡

déclaration
à remplir par **l'assuré** et à transmettre dans les **cinq** jours à son assureu
(dans les 24 heures en cas de vol du véhicule)

1. nom de l'assuré : ⌐_____⌐ profession _____ n° tél. _____
(Le Souscripteur)

2. circonstances de l'accident :

_____
_____
_____
_____
_____
_____
_____
_____
_____
_____
_____
_____
_____
_____

CROQUIS (seulement s'il n'a pas déjà été fait sur le constat au recto).

Désigner les véhicules par **A** et **B** conformément au recto.

Préciser : 1. le tracé des voies - 2. la direction (par des flèches) des véhicules A, B - 3. leur position au moment du choc - 4. les signaux routiers - 5. le nom des rues (ou routes).

3. A-t-il été établi un **procès-verbal de gendarmerie ?** OUI ☐ NON ☐ , un **rapport de police ?** OUI ☐ NON ☐

Si oui : Brigade ou Commissariat de _____

4. conducteur du véhicule assuré : Est-il le conducteur habituel du véhicule ?............ OUI ☐ NON ☐

Réside-t-il habituellement chez l'Assuré ? ...... OUI ☐ NON ☐ Est-il célibataire ?.... OUI ☐ NON ☐

Date de naissance _____ Est-il salarié de l'Assuré ? OUI ☐ NON ☐

Sinon à quel titre conduisait-il ? _____

5. véhicule assuré : Lieu habituel de garage _____

Quel était le motif du déplacement ? _____

EXPERTISE des DÉGATS : Garage où le véhicule sera visible _____

Quand ? _____ Éventuellement téléphoner à : _____

Si le véhicule

— a été **volé**, indiquer son numéro dans la série du type (voir carte grise) _____

— est **gagé** : nom et adresse de l'Organisme de crédit _____

— est un **poids lourd** : poids total en charge _____

— était **attelé** à un autre véhicule (tractant ou remorqué) au moment de l'accident, indiquer le n° d'immatriculation de cet autre véhicule : _____ poids total en charge : _____

nom de la Société qui l'assure : _____ n° police dans cette Société : _____

6. dégâts matériels autres qu'aux véhicules **A** et **B** (nature et importance ; nom et adresse du propriétaire)

_____
_____

7. blessé(s) NOM .... | |

Prénom et âge ....

Adresse ....

Profession ....
Degré de parenté avec l'assuré ou le conducteur .... OUI ☐ NON ☐   OUI ☐ NON ☐

Est-il salarié de l'assuré ? ....
Nature et gravité des blessures ....

Situation au moment de l'accident
(conducteur, passager avant ou arrière du véhicule A ou B, cycliste, piéton)
Portait-il casque ou ceinture ? ..... OUI ☐ NON ☐   OUI ☐ NON ☐
1ers soins ou hospitalisation à .....

A _____ , le _____ 19__

Signature de l'assuré :

4 Les voyages

Gare de Lyon

Je te téléphone près du métro Rome
Paris sous la pluie
Me lasse et m'ennuie
La Seine est plus grise
Que la Tamise
Ce ciel de brouillard
Me fout le cafard.

Paris pleut toujours
Sur le Luxembourg
Y'a d'autres jardins
Pour parler d'amour
Y'a la tour de Pise
Mais j'préfère Venise
Viens faire tes bagages
On part en voyage

Je te donne rendez-vous
A la gare de Lyon
Sous la grande horloge
Près du portillon
Nous prendrons le train
Pour Capri la belle (bis)
Avant la saison
Viens voir l'Italie
Comm' dans les chansons
Viens voir les fontaines
Viens voir les pigeons
Viens me dire je t'aime
Comm' tous ceux qui s'aiment
A Capri la belle
En toute saison

Paris mon Paris
Au revoir et merci
Si on téléphone
J'y suis pour personne
J'vais dorer ma peau
Dans les pays chauds
J'vais m'ensoleiller
Près des gondoliers.

Juste à l'aube grise
Demain c'est Venise
Chante barcarolle
J'irai en gondole
J'irai sans sourire
Au pont des soupirs
Pour parler d'amour
A voix de velours

Taxi, menez-moi
A la gare de Lyon
J'ai un rendez-vous
Près du portillon
Je vais prendr' le train
Pour Capri la belle (bis)
Avant la saison
Passant par Vérone
Derrière les créneaux
Je vais voir le fantôme,
Du beau Roméo
Et dire je t'aime
A celui que j'aime
Ce s'ra l'Italie
Comm' dans les chansons
Taxi, vite allons
A la gare de Lyon.

Une chanson de Barbara, Éditions Métropolitaines

🔊 Listening comprehension

LE MÉTRO

Listen to the recorded passage and then answer the questions below:

un abonnement season-ticket
le parcours distance, route
le portillon ticket barrier
composter to stamp

1. What are we told about metro and bus tickets?
2. How can the traveller on the metro save money?
3. When may second-class ticket-holders use first-class compartments?
4. What does the *Carte Orange* entitle the holder to? For whom is it designed?
5. What do commuters using suburban lines have to do? What is the possible consequence if they do not do so?
6. How is entry to the Underground corridors controlled?
7. What happens to your ticket?
8. In railway stations, where can commuters obtain their tickets?
9. What additional precaution should passengers take before boarding a train?

Essay work

STRANDED!

Vous étiez en visite à Paris avec un groupe scolaire. Vous alliez à la Tour Eiffel. Il y avait une foule de gens sur le quai et vous ne pouviez pas monter dans la rame du métro à cause des gens qui descendaient. Le train est parti avec tous les autres membres du groupe et vous êtes resté(e) sur le quai.

Décrivez ce que vous avez ressenti à ce moment-là et dites ce que vous avez fait pour rejoindre le groupe.

Role-playing

You are at the Gare de Lyon in Paris. A young Italian who has just arrived in the city comes up to you and asks you if you can show him how to get to his destination using the Underground. You take him to the nearest Metro entrance and explain how the system works.

Tell him to look at the map at the entrance first and decide the quickest route to his destination.

Explain that the different lines are represented by different colours and that he must travel in the direction of the terminus (give some examples).

Explain what is meant by *Correspondances*.

He asks you where you go to buy a ticket and how much the ticket costs.

Tell him where he has to go and explain that a ticket will cover one complete journey irrespective of the distance travelled within the city.

Tell him it will be cheaper to buy ten tickets (*un carnet*) if he plans to use the Metro a lot.

He tells you that he wants to go to Cité Universitaire, Le Louvre, La Tour Eiffel, Le Centre Pompidou, Montmartre. Show him on the map how to get to these places.

Ask him if he understands how the system works now. He tells you what he has to do to get to Cité Universitaire. Reply appropriately.

Warn him not to throw away his ticket until he comes out of the Underground station.

Translation into English

SANS BILLET DANS LE MÉTRO

Guran pénétra distraitement dans le métro, et se retrouva dans un wagon de première classe. Le contrôleur était devant lui. Guran chercha son billet, ne le rencontra pas à la place habituelle (qui était la poche inférieure droite du gilet), ni ailleurs. Le contrôleur attendait, son appareil de poinçonnage à la main, la main elle-même en avant du corps. 'Je vais revenir. D'ici là, vous mettrez peut-être la main dessus.'

Il circula dans le wagon, faisant sa besogne de contrôle, tout en surveillant Guran du coin de l'oeil. Guran, cessant de chercher, adopta une attitude indifférente.

Le contrôleur revint, se planta devant lui. 'Je ne le retrouve pas. Je l'ai perdu. Voilà tout.' 'Vous n'avez même pas un billet de seconde?' 'Il n'est pas question de billet de seconde,' fit Guran, agacé. 'J'avais un billet de première provenant d'un carnet de première; j'ai dû le jeter distraitement. Il n'y a pas de quoi faire tant d'histoires.'

'Vous pouvez me montrer votre carnet de première?' dit le contrôleur.

Guran fut un instant interloqué: 'Mais . . . non . . . Je me souviens que c'était le dernier billet du carnet. Je n'ai donc pas de carnet à vous montrer. J'ai dû tout jeter à la fois.'

'A quelle station descendez-vous?' demanda-t-il. 'A Montparnasse.' 'Bien.'

A la station Montparnasse il descendit avec Guran et le conduisit, sur un simple 's'il vous plaît, Monsieur', jusqu'à la cabine du chef de station.

'Monsieur a été trouvé sans billet, en première classe.'

Il n'ajouta rien, mais le ton de sa voix, l'accent donné au 'sans billet', formaient un commentaire suffisant. Il repartit.

Exercise

The Carte Jeune *is available to all young people between the ages of 12 and 25. Read the information about it and then answer the following questions:*

1. How much money can you save by using the *Carte Jeune*?
2. During which period of the year is it valid?
3. When, within that period, can it not be used?
4. Can it be used on Paris suburban lines?
5. Where can you buy it?

Votre Carte Jeune . . .

- Vous permet jusqu'au 30 septembre inclus :
  - d'acheter des billets à 50 % de réduction, utilisables pour tout trajet (même aller simple) commencé pendant les périodes indiquées en bleu sur votre calendrier quelle que soit l'heure à laquelle vous descendrez du train;
  - d'obtenir **une** couchette gratuite en période bleue, sur les lignes de la SNCF;
  - de bénéficier de prix réduits sur les circuits touristiques de la SNCF;
  - d'effectuer un aller-retour avec une réduction de 50 % sur les navires Sealink, entre Dieppe et Newhaven (passagers seulement).
  - de bénéficier de 2 nuits gratuites dans les "Points d'Accueil Jeunes" (P.A.J.), pour ceux qui campent.
- Est valable en 1re comme en 2e classe sur toutes les lignes de la SNCF, à l'exclusion de celles de la banlieue de Paris.
- Est personnelle et incessible et doit être présentée avec le billet lors des contrôles. Une pièce d'identité peut vous être demandée.

Des informations pratiques

- Vous pouvez acheter votre billet à l'avance, dans une gare ou une agence de voyages, et l'utiliser pendant la période bleue de votre choix dans un délai de 2 mois, **SANS DÉPASSER LE 30 SEPTEMBRE.**
- N'oubliez pas de composter votre billet lors de l'accès au train au départ et après chaque arrêt en cours de route.
  Attention... certains trains sont à supplément, renseignez-vous avant de partir.
- Le billet bateau (aller-retour) est vendu exclusivement en France. Un délai peut être nécessaire, pensez donc à le demander à l'avance.

- Pour obtenir la couchette gratuite, 2 solutions :
  - la réserver en gare ou dans une agence de voyages. C'est gratuit, et vous pouvez le faire 2 mois à l'avance;
  - vous présenter au contrôleur du train si vous vous décidez au dernier moment. Il vous donnera satisfaction dans la limite des places couchées disponibles.

Quelques suggestions . . .

- Découvrez le TGV : vous pouvez y accéder, en période bleue, muni de votre billet. Mais, comme les autres voyageurs, vous devez réserver votre place et, pour certains TGV, acheter un supplément.
- Confiez-nous vos bagages : la SNCF peut se charger de vos valises et même de votre vélo ou de votre planche à voile.
- Voyagez en train avec votre moto ou votre voiture, elle sera transportée pendant que vous dormez. C'est une bonne occasion d'utiliser votre couchette gratuite.
- Découvrez des régions touristiques en louant une bicyclette. Le service Train + vélo existe dans près de 200 gares.

VOUS ÊTES INTÉRESSÉ(E)? N'HÉSITEZ PAS A VOUS RENSEIGNER DANS LES GARES OU DANS LES AGENCES DE VOYAGES.

Vous avez des idées...

Écrivez-nous à l'adresse suivante :
Direction Commerciale Voyageurs SNCF
Carte Jeune
10, place de Budapest - 75436 PARIS CEDEX 09

SNCF *Carte Jeune*

Prénom :
Nom :
Né(e) le :
Valable du : 01 06 84
Jusqu'au : 30 09 84

Votre Signature

Calendrier d'utilisation de votre carte . . .

(extrait du calendrier voyageurs 1984)

Comment lire ce calendrier?

Vous voulez partir, par exemple, dans la semaine du 2 au 8 juillet, vous le pourrez du lundi 2 à 12 h au vendredi 6 à 15 h, et ensuite du samedi 7 à 12 h au dimanche 8 à 15 h.

Légende :

▨ Période bleue

En général :
du lundi 12 h au vendredi 15 h
et du samedi 12 h au dimanche 15 h

Juin 84		12 h	15 h
Ve.	1		
Sa.	2		
Di.	3		
Lu.	4		
Ma.	5		
Me.	6		
Je.	7		
Ve.	8		
Sa.	9		
Di.	10		
Lu.	11		
Ma.	12		
Me.	13		
Je.	14		
Ve.	15		
Sa.	16		
Di.	17		
Lu.	18		
Ma.	19		
Me.	20		
Je.	21		
Ve.	22		
Sa.	23		
Di.	24		
Lu.	25		
Ma.	26		
Me.	27		
Je.	28		
Ve.	29		
Sa.	30		

Reading comprehension

L'AÉROPORT DES ANNÉES 80: CHARLES DE GAULLE

Une machine à voyages

De loin, au milieu d'une grande plaine sans rien d'autre qu'elle-même, la nouvelle aérogare Charles-de-Gaulle se signale d'abord par sa tour de contrôle, la plus haute du monde, élégant champignon de béton qui déploie très largement son ombelle dans l'espace .... Elle est proportionnée d'un côté à l'échelle de l'automobile, de l'autre à celle de l'avion.

A Roissy, on a, plus que nulle part ailleurs, accentué le caractère aujourd'hui irréversible d'une aérogare, qui est d'être un 'échangeur' de circulation. Celui-ci est rond, fermé sur l'extérieur, ouvert vers le dedans; et on ne peut l'aborder que monté sur quatre roues. Pas de façade d'entrée 'monumentale' pour les grands jours, mais de simples accès au virage d'une rampe qui entoure le bâtiment et grimpe jusqu'au sommet des onze étages.

Roissy est l'aérogare 'intégrée' avec tout son équipement à l'intérieur, logée dans un gâteau de béton, un beignet de 200 mètres de diamètre, avec un trou au milieu. C'est une 'machine à prendre l'avion', de même que Le Corbusier parlait de 'machine à habiter' pour ses Cités radieuses, conçues comme un organisme adapté à sa fonction.

Une aérogare circulaire, irriguée par un réseau routier; tout autour, sept 'satellites' disposés en étoile, au bord desquels accostent les avions et auxquels on accède par des tapis roulants souterrains. Mécanisation à outrance: avec

Roissy, l'architecture aéroportuaire 'concentrée' entre dans l'âge classique et consacre les premières recherches faites pour les aéroports de Houston, de Boston et de Tampa. Roissy s'en inspire à sa manière et pousse plus loin la formule. C'est un grand 'ensemble de circulation', point d'échanges entre la voiture et l'avion . . . à condition que le passager accepte de pratiquer un peu la marche à pied.

Roissy, univers fermé sur le dehors, se place à l'opposé d'Orly, avec ses grands murs transparents qui ouvrent sur le spectacle des avions au sol et même en vol. C'est le dernier mot dans l'architecture des aéroports. Mais, à peine terminé, on sait déjà qu'il est dépassé: Roissy est le dernier des aéroports gigantesques. Monuments d'efficacité? On pense déjà que les aérogares les plus efficaces ne seront pas, dans un avenir proche, des aérogares ultra-concentrées et complexes comme Roissy, mais, au contraire, des bâtiments simples et distendus, greffés sur un réseau de circulation complexe. Avec les nouvelles dimensions des grands équipements publics, nous entrons dans l'ère des grandes machines architecturales, qu'il s'agisse d'un aéroport comme Charles-de-Gaulle, d'un 'musée-cité culturelle' comme Beaubourg, ou d'un vaisseau de béton comme le nouveau Parc des Princes. Trois réalisations majeures qui témoignent d'un nouveau style architectural ayant l'ambition d'être en avance sur son temps. Mais le temps ne court-il pas plus vite que le béton?

Jacques Michel in *Le Monde* 8.3.74

Answer the following questions in English:

1. What part of Charles de Gaulle airport is visible from afar? What does it resemble? What is unique about it?
2. What is the function of an airport like Charles de Gaulle considered to be? What single feature of Charles de Gaulle airport makes it different from most other airports?
3. Describe in detail the design of the building.
4. How do passengers get to the planes?
5. How is Charles de Gaulle different from Orly airport? Give details.
6. '*Roissy* (i.e. Charles de Gaulle airport) *est le dernier des aéroports gigantesques.*' Explain this statement. What is the pattern for the future likely to be?
7. What examples of 'functional' architecture are quoted in the passage?

Exercise

ADJECTIVAL CLAUSES

Choose one element from each column and finish off the sentence after the comma.
Example: Le voyageur qu'on a fait passer dans le bureau de la douane, *n'avait rien à déclarer.*

1	2	3
Le voyageur/La voyageuse		a fait comprendre à la dame ce qu'elle devait faire pendant le décollage, . . .
Le passager/La passagère		a fait voir son billet au contrôleur, . . .
L'autostoppeur (-euse)	qui	a fait enregistrer ses bagages, . . .
Le touriste	qu'	a fait monter les passagers dans l'autocar, . . .
Le steward		on a fait attendre, . . .
L'hôtesse de l'air		a fait ouvrir les valises, . . .
L'étranger (-ère)		on a fait passer dans la salle d'attente, . . .
Le contrôleur		a fait savoir aux passagers qu'il y aurait un retard de cinq minutes, . . .
Le douanier/La douanière		
Le commandant de bord		
Le guide		

Exercise

Choose one element from each column to make a complete sentence:

1	2	3
Le voyage en autocar	qui a duré deux heures	l'a rendu(e) malade.
en bateau	qui a pris deux heures	malheureux.
en avion	qu'il vient de faire	(-euse).
en aéroglisseur	qu'elle vient d'entreprendre	nerveux.
en auto		(-euse).
		triste.
		heureux.
		(-euse).

Translation into French

1. 'Take this guest up to his room', said the receptionist to the porter.
2. The receptionist told the porter to take the guest up to his room.
3. 'Bring up my cases, please', said the guest to the porter.
4. The guest told the porter to bring up the cases.
5. 'Show me your ticket, please', said the inspector.
6. The inspector asked the passenger to show his ticket.
7. 'Fetch the doctor', said the boy's mother.
8. The boy's mother sent for the doctor.
9. 'Can you service my car today?' asked the motorist.
10. The motorist asked if they could service his car.
11. 'Don't keep the guests waiting', said the man to his wife.
12. The man told his wife not to keep the guests waiting.
13. 'Don't make me laugh', replied his wife. 'I'm not keeping them waiting. It's you!'
14. 'If you go with her, it will make her happy', he said.
15. 'Don't make her cry. It will make her ill.'

Translation into French

1. The passenger who was sitting next to me in the airport lounge left his case on the seat.
2. The person with whom he was travelling came and took the case with him to the bar.
3. When the passenger returned, he asked me if I had seen the case he had left on the seat.
4. I told him that the person who was speaking to him had taken it.
5. A few moments later, the friend brought the case back when he returned from the bar.
6. The passenger asked his friend if their flight had been announced and if he knew the gate to which they should go in order to board the plane.
7. Other passengers who were waiting in the lounge got up and made their way to gate 10.
8. The passenger picked up his case and went with his friend to find out when they could board the plane on which they were travelling.

Translation into French

'What's this? What have you done?'
'What's the matter? What are you talking about?'
'You know very well what I mean.'
'Oh that! I did what you asked me to do, that's all.'
'What!'
'Isn't that what you want?'
'No, it isn't.'
'Well, what do you expect? You did not tell me precisely what I was to do.'
'Why didn't you show me what you were going to do before you did it?'
'What's the use of showing someone something when you know that this person cannot do what you are trying to do'
'I could have told you what not to do.'

Essay work

Write a fait-divers *depicting an incident that occurred at Customs or on the ferry. Use the following verbs and show that you know the full range of constructions possible with them:* quitter; partir; sortir; laisser; abandonner.

Translation into English

Ce matin-là, M. Aron, directeur d'une firme internationale, devait se rendre à Londres pour assister à une réunion de dernière minute organisée par le siège de sa compagnie. N'ayant pas le temps d'effectuer le voyage en train, il se résigna à prendre l'avion. Ce dernier moyen de locomotion ne lui inspirait que peu de confiance d'autant plus que cela allait être son baptême de l'air. Ses voyages d'affaires, il les faisait généralement par chemin de fer.

A présent il se trouvait dans le hall de l'aéroport. Il alla faire enregistrer ses bagages et gagna la salle d'attente. L'idée de monter dans un avion l'angoissait. A l'annonce de son vol, il se dirigea vers la douane et présenta son passeport. Une hôtesse le prit en charge ainsi que les autres passagers et malgré son sourire et son affabilité, M. Aron ne se sentit pas plus à l'aise. En prenant place dans la cabine, près d'un hublot, il se dit comme pour se rassurer que le voyage serait très court.

Le commandant de bord souhaita la bienvenue aux passagers dans son micro et les invita à prendre connaissance des consignes de sécurité. Une hôtesse fit une démonstration du gilet de sauvetage et cela n'eut certes pas pour effet de rassurer le pauvre M. Aron. Craignant qu'on ne remarquât son trouble, il essaya de se ressaisir. Il commanda un cognac à l'hôtesse qui s'informait de ses désirs et se plongea dans la lecture d'un quotidien pour faire bonne contenance. Le voyage se passa sans catastrophe et M. Aron en fut même enchanté.

Les compagnies aériennes venaient de gagner un nouveau client!

Essay work

Read the passage then do the following transcription exercise:

M. Jacques Bernard était un homme d'affaires parisien qui était en route pour le Midi. Il ne voulait pas faire des centaines de kilomètres d'une traite. Il a donc décidé de descendre dans un petit hôtel de province pour la nuit. M. Bernard avait téléphoné de Paris pour retenir une chambre dans 'L'Hôtel des Arcades' dans la petite ville de Sisteron. Il avait du mal à faire comprendre à son correspondant qu'il voulait une chambre pour lui seul avec salle de bain. Le gérant l'avait fait attendre un long moment avant de lui en proposer une à deux lits jumeaux – la seule, disait-il qui lui restait car à cette époque de l'année les hôtels étaient pris d'assaut par les touristes venant de tous horizons.

1. Write out a transcript of the conversation that took place between M. Bernard and the hotel manager.

or

2. Imagine that M. Bernard finds on arriving in Sisteron that his room has been given to someone else. If you were M. Bernard what would you say and do? What should the manager do? Write out the transcript of your conversation with the manager.

Letter

Read the letter then compose ten questions based on it.
Use some of the following expressions:

A quelle heure . . . ? Comment . . . ? Pourquoi . . . ?

Qui . . . ? Qu'est-ce qui . . . ? Qu'est-ce que . . . ?
Où . . . ? Quel(le) . . . ? De quel(le) . . . ? De
quoi . . . ? De qui . . . ? A qui . . . ? Combien . . . ?
Quand . . . ?

Irun, le 25 juillet

Chère Edith,

Cela va faire bientôt sept heures que je suis dans le train. Comme c'est fatigant les longs voyages en chemin de fer! . . . on regarde par la fenêtre, on admire les beaux paysages mais ils défilent si vite devant les yeux qu'on finit par en avoir assez et il n'y a plus que lire, entamer une conversation avec les autres voyageurs ou bien dormir un peu.

Je suis partie de Paris, Gare de Lyon, ce matin à 6 heures 32. J'ai dû réserver ma place pour être sûre de voyager assise, sinon il aurait fallu que je voyage en première et c'est trop cher pour moi. J'ai pris un billet aller et retour pour être certaine de pouvoir rentrer en France: on dépense tellement d'argent quand on est en vacances et il arrive parfois qu'on ne peut plus payer le billet de retour.

Dans mon compartiment une dame feuillette un magazine. Elle a une petite fille qui dort en mettant le tête sur ses genoux. Il y a un petit chien dans un panier qui dort près d'elles. Un couple de personnes agées regardent le paysage et échangent quelques mots. J'ai beaucoup dormi et je n'ai pas vu entrer dans le compartiment ces deux travailleurs immigrés qui ont dû monter à Lyon. Chacun ne transporte pour bagages qu'une grosse valise en fer. Ils rentrent pendant leur mois de congé pour rendre visite à leur famille et lui donner l'argent qu'ils ont gagné en France.

On va bientôt passer la frontière. On nous a distribué des formulaires nous demandant notre nom, prénoms, adresse, nationalité et si on avait quelque chose à déclarer. Je pense que j'ai le droit de passer les deux bouteilles de Côte du Rhône et la catouche de Gitanes que je vais offrir à la famille de ma correspondante. A part ça, je n'ai apporté que quelques cadeaux.

Voici la frontière. Les douaniers sont montés dans le train. Ils adressent la parole aux travailleurs tout d'abord en leur demandant combien de temps ils pensent rester en Espagne et ils regardent leurs cartes d'identité. Un douanier veut savoir si le chien a été vacciné. La dame lui montre le certificat de vaccination.

Voilà! tout s'est bien passé; c'est incroyable comme on a toujours un peu peur de passer la douane même si on est sûr de n'avoir rien à se reprocher!

Et toi, bientôt tu seras en France, n'est-ce pas? Je sais que tu ne vas pas passer beaucoup de temps à Paris car tu aimes tellement les plages ensoleillées de la Méditerranée mais n'oublie pas de venir me voir le 10 août comme tu me l'as promis. Je serai de retour le 8 août. Veux-tu me téléphoner quand tu arriveras et Papa et moi viendrons te chercher à la gare en voiture.

Amicalement,
Marie - José

Essay

Edith arrived on the 10th of August and was met by Marie-José and her father. Later that evening Edith is asked about her journey. Expand the following notes into a full account of Edith's day.

10 heures Londres, le terminus des autocars—voyage à Ramsgate—café et sandwichs avant le vol de 14 heures à l'Hoverport—durée de la traversée: à peu près une demi-heure—la mer est houleuse, passagers malades—arrivée à Calais—passer à la douane—prendre l'autocar pour Paris—arrêt de 15 minutes à La Targette—arrivée à Paris à 20 heures.

Translation into French

1. He does not go to France any more because it costs too much.
2. Have you ever been to Spain? – No, never.
3. He did not do anything and neither did I.
4. He thought nobody could speak Spanish so he did not speak to anyone during the journey.
5. I had only 15 francs on me. I could hardly buy many souvenirs.
6. The customs officer found nothing in my case. I had nothing to declare.
7. She had neither money nor presents when she returned.
8. Quick! the train has not left yet.
9. None of these excursions interests me.
10. Only two people want to go.
11. Tell them not to go!
12. They did not allow us to visit him.
13. Did you meet anyone? – No, nobody.
14. I have no intention of going to France this year.

📼 Listening comprehension

HÔTESSE DE L'AIR

Listen to the recorded announcement then answer the questions below in English

l'étiquette (f) label
la souche stub, counterfoil
l'aérogare (f) air terminal

1. What are passengers advised to do before leaving the plane?
2. What do foreign passengers have to show French immigration officials?
3. What advice is given to passengers who are to catch a connecting flight from this airport?
4. Where can one find out about duty-free goods and allowances?
5. What check should passengers make when retrieving their luggage? Why?
6. What facilities are available to help passengers with their luggage?
7. Where exactly is Charles de Gaulle airport?
8. Describe the service provided to transport passengers from the airport to the capital.

Comprehension

Read the article below to find out what you should or should not do to try to ensure the safe retrieval of your luggage at the airport.

Vous prenez l'avion. En abandonnant vos bagages à l'enregistrement, un doute vous saisit: 'Et si je ne les retrouvais pas?' Voici quelques conseils.

1. Utilisez des bagages solides et des fermetures qui ferment à clé.

2. Personnalisez votre valise par des initiales ou un signe extérieur (bande adhésive de couleur par exemple).

3. Étiquetez vos valises et sacs à l'extérieur en indiquant simplement votre nom. Inutile d'ajouter une adresse complète. On dit que certains cambriolages sont attribués à un étiquetage trop précis, lu à la sauvette à l'aéroport. Les voleurs n'ont plus qu'à profiter du temps du voyage.

4. Précisez en revanche votre adresse personnelle, celle du séjour, le nom et les numéros de téléphone, sur un papier bien en vue à l'intérieur de la valise.

5. N'enregistrez pas vos bagages à la dernière minute. Ils risquent d'être jetés sans discernement en vrac dans la soute, ce qui peut augmenter les risques d'un mauvais acheminement.

6. Transportez vos bijoux précieux et les documents importants dans les bagages à main.

7. Ne perdez pas le coupon que l'on vous remet en échange des bagages.

8. A destination, foncez immédiatement à la réception des valises et installez-vous le plus près possible de leur arrivée, afin de leur éviter le long défilé devant la foule des voyageurs. Si, **malgré toutes ces précautions,** vous ne retrouvez pas l'un de vos bagages, adressez-vous immédiatement au responsable de votre compagnie avec le coupon correspondant et une description très détaillée de la valise perdue.

Air France, grâce à un ordinateur de recherches très spécialisé, retrouve 85% des bagages égarés en 48 heures. Si, **au bout du sixième jour,** ils n'ont pas été retrouvés, la compagnie incriminée demande une description plus complète, c'est la recherche 'par le contenu'. On ouvre les bagages en souffrance. La proportion des pertes définitives est de 3,5%. Vous aurez droit, si cet ennui vous arrivait, à l'équivalent de 20 dollars par kilo. Que vous ayez bourré votre valise de cailloux ou de robes de grands couturiers, le dédommagement sera le même.

C.Po.
Elle, No. 1957, 11.7.83

Role-playing 1

One of you has just arrived at Orly airport on a flight from Edinburgh. You wait at the luggage retrieval point to pick up your case. After some time you realise that the other passengers on your flight have picked up their luggage but there is no sign of yours. You ask an airport official to help you find out what's happened to your case.

The other plays the role of the airport official.

Role-playing 2

AIRPORT OFFICIAL

The baggage handlers (*bagagistes*) are off sick/on strike. Has the flight number been shown on the indicator board? Did the case have a name and address on it? Perhaps someone else has taken it by mistake.

Offer to make enquiries and ask for a description of the case. Call the baggage handling area.

vous n'aimez pas les contrôles

Nous le savons et nous nous efforçons de vous gêner le moins possible.

mais

ces contrôles sont nécessaires dans l'intérêt de tous.

saviez-vous qu'en 1979 nous avons saisi :

- 3.860 kg de stupéfiants;
- des marchandises diverses pour une valeur de 348 millions de francs.

dont l'entrée en France, sans notre intervention, aurait perturbé la santé et l'économie de notre pays.

C'est donc vous, vos enfants et votre emploi que nous protégeons.

aidez-nous...
...et gardez le sourire

les douanes françaises vous souhaitent
bon voyage !

marchandises

1 A votre retour, les marchandises contenues dans vos bagages personnels sont admises sans rien payer à la douane dès lors que leur valeur ne dépasse pas les limites suivantes :

VOYAGEURS AGÉS DE	Marchandises de la CEE (2) TVA comprise	Marchandises des autres pays
15 ans et plus	1.400 F	300 F
Moins de 15 ans	400 F	150 F

Au-delà de ces limites, vous devez déclarer les marchandises transportées, même si vous revenez d'un pays de la C.E.E. Le Marché Commun n'a, en effet, supprimé que les droits de douane. Il a laissé subsister les impôts nationaux dont la TVA. Des taxes sont encore perçues entre les pays de la C.E.E.

ATTENTION : Les sommes indiquées au tableau ci-dessus ne peuvent être cumulées pour l'achat d'un même objet.
Exemple : Un groupe, ou une famille de quatre personnes ne peut rapporter un appareil d'une valeur de 5.600 F (4 × 1.400).
L'objet devra être déclaré et vous acquitterez les droits et taxes, sans aucun abattement.
Vous rapportez plusieurs articles (achats ou cadeaux) : seront admis sans paiement les objets dont la valeur cumulée ne dépasse pas le montant indiqué au tableau ci-dessus.

2 En plus, vous pouvez rapporter les marchandises ci-dessous dans les limites suivantes

MARCHANDISES		VOYAGEURS EN PROVENANCE DE	
		La C.E.E. (2)	Autres pays
TABACS (1)	Cigarettes	300 pièces	200 pièces
	ou Cigarillos	150 pièces	100 pièces
	ou Cigares	75 pièces	50 pièces
	ou Tabac à fumer	400 g	250 g
et BOISSONS ALCOOLISÉES (1)	Vins de table	4 litres	2 litres
	et Boissons titrant plus de 22°	1,5 litre	1 litre
	ou titrant 22° ou moins	3 litres	2 litres
et PARFUMS	Parfums	75 g	50 g
	et Eaux de toilette	37,5 centilitres	25 centilitres
et CAFÉ	Café	750 g	500 g
	ou Extraits et essences de café	300 g	200 g
et THÉ	Thé	150 g	100 g
	ou Extraits et essences de thé	60 g	40 g

(1) Seuls les voyageurs âgés de plus de 17 ans ont droit à ces quantités.
(2) République Fédérale d'Allemagne, Belgique, Danemark, Grande-Bretagne, Grèce, Irlande, Italie, Luxembourg et Pays-Bas.

Role-playing

Read carefully the leaflet Bon Voyage *paying particular attention to the duty-free allowances.*

A French teenager returning home after a visit to London wishes to buy alcohol and cigarettes at the duty-free shop in the hoverport. You and your partner overhear the conversation he/she has with the shop assistant and you re-enact the scene while explaining to others in your party what happened.

You are the teenager and your partner is the shop assistant.

Ask how much whisky you are allowed to buy duty-free.
Your partner tells you.
You ask for a bottle of whisky and two hundred cigarettes.
Your partner asks your age.
You say you are seventeen.
Your partner asks to see your passport.
You say you do not have it on you, that you are with a group and your group leader has all the passports.
Your partner says he cannot sell you the whisky.
You ask why not.
Your partner tells you that you look too young to be seventeen.
You protest that the whisky is not for you anyway, that it is a present for your father.
Your partner suggests that your group leader should buy the whisky and carry it through the Customs and give it to your father when he comes to meet you.
You say this is not possible as your group leader will exceed the allowance if he carries your bottle of whisky as well as his own.
Your partner says he is sorry but there is nothing he/she can do.
You say you have changed your mind and that you will buy some toilet water for your mother and some after-shave for your father.

cas particuliers

VÉHICULES PARTICULIERS
Les réparations effectuées TVA incluse sur votre véhicule, dans un État membre de la C.E.E., ne sont pas taxables. Par contre les réparations effectuées dans un pays n'appartenant pas à la C.E.E. sont taxables, sauf s'il s'agit de réparations consécutives à un accident ou à une panne. Le service peut dans tous les cas vous demander des justifications (factures, etc.).
Vous pouvez rapporter sans rien payer à la Douane le plein de votre réservoir normal.

BOISSONS ANISÉES / CHARCUTERIES
L'entrée en France de boissons anisées non conformes à la législation française est formellement interdite. Il en est de même pour les charcuteries et les viandes.
Vous ne pouvez donc en rapporter, **même en payant les droits et taxes.**

APPAREILS PHOTOS, CAMÉRAS, MAGNÉTOPHONES, POSTES À TRANSISTORS ...
...d'origine étrangère ou dont l'origine française est contestable :
Si vous partez en voyage avec de tels appareils, munissez-vous des documents justifiant de leur situation régulière (factures d'achat, quittances de paiement des droits et taxes, carte de libre circulation). A votre retour, leur réimportation en sera facilitée.

ANIMAUX
Vos animaux familiers, chats, chiens... ne sont pas toujours admis dans les pays étrangers. Lorsqu'ils peuvent y entrer, la présentation de certificats de vaccination et de santé est exigée. A votre retour en France, le certificat de vaccination antirabique des animaux, délivré avant votre départ ou à l'étranger, sera exigé.

OBJETS D'ART, DE COLLECTION, D'ANTIQUITÉ, etc.
Informez-vous avant votre départ auprès des services douaniers.

ILES ANGLO-NORMANDES
Compte tenu du régime fiscal particulier de ces îles les facilités accordées au retour sont moins larges que pour la Grande-Bretagne proprement dite. Un dépliant s'y référant est à votre disposition dans les ports qui assurent les liaisons avec ces îles.

renseignez-vous avant d'entreprendre un voyage à l'étranger

Essay work

Lors de votre dernière visite en France, vous faisiez la queue pour passer la douane. En attendant votre tour, vous avez vu un jeune Français qui parlait avec un douanier. Le douanier lui a fait ouvrir son sac et . . .

Qu'est-ce qu'il essayait de faire passer en contrebande? Imaginez la conversation entre le douanier et le jeune homme.

N° 698 TÉLÉGRAMME

Ligne de numerotation	N° télegraphique	Etiquettes		N° d'appel :
		Taxe principale.	Timbre à date	INDICATIONS DE TRANSMISSION

ZCZC

Ligne pilote

Taxes accessoires

N° de la ligne du P V :

Bureau de destination   Departement ou Pays

Bureau d'origine   Mots   Date   Heure

Total . .

Mentions de service

Services spéciaux demandés :
(voir au verso)

Inscrire en **CAPITALES** l'adresse complète (rue, n° bloc, bâtiment, escalier, etc...), le texte et la signature (une lettre par case ; **laisser une case blanche entre les mots**).

Nom et adresse

TEXTE et éventuellement signature très lisible

Nom et adresse de l'expéditeur :
Pour avis en cas de non remise. - Indications transmises et taxees sur demande expresse de l'expéditeur.

Essay work

1. *You are travelling through France and will soon be returning to Paris where you are to spend a few days with a French friend before returning home.*
Write a telegram to inform your friend of where you are, the time your train is leaving and when it should arrive in Paris, and indicate that you will phone him/her on arrival. Be brief but try to use the following verbs: *revenir, rentrer, retourner, se rendre.*

2. Write to your French penfriend and tell him/her about the trips abroad which are being organised by your school this year. Say which ones you are most interested in and why.

or

Write, in French, an account of a trip abroad you have been on with your school and which you enjoyed.

PARIS — TROUVILLE-DEAUVILLE — DIVES-CABOURG

Sous réserve de toute modification.

HORAIRES DES PRINCIPAUX TRAINS

RENVOIS		✗ ⊠	A ⊠	quot.	quot.	quot. ⊠	B ⊠	C ⊠	✗	*	quot.	D	E	DF	D ✗
PARIS St Lazare	dep.	7 00	7 55	8 40	10 38	11 00	11 15	12 35	14 33	15 00	16 50	17 58	18 00	19 05	19 52
ÉVREUX	dep.	7 52	8 56	—	—	11 52	—	—	—	15 52	—	—	—	20 08	—
BERNAY	dep.	8 18	—	—	—	12 20	—	—	—	16 18	—	—	19 41	20 38	—
LISIEUX	arr.	8 34	9 33	10 37	—	12 37	12 43	14 02	16 00	16 34	18 17	20 07	20 03	20 58	21 40
LISIEUX	dep.	8 35	9 34	10 40	—		12 50	14 03	16 01	16 42	18 40	20 09	20 19	20 59	21 41
PONT L'ÉVÊQUE	dep.						13 11	14 14		17 00	19 01		20 37	21 11	21 56
TROUVILLE-DEAUVILLE	arr.	8 52	9 51	11 00	12 21		13 25	14 23	16 18	17 12	19 15	20 29	20 49	21 20	22 06
TROUVILLE-DEAUVILLE	dep.	8 55		11 07				14 26				20 34	20 59	21 25	22 11
BLONVILLE-SUR-MER	dep.	9 04		11 17				14 36				20 44	21 07	21 33	22 21
VILLERS-SUR-MER	dep.	9 06		11 24				14 39				20 51	21 14	21 40	22 27
HOULGATE	dep.	9 19		11 40				14 50				21 07	21 24	21 50	22 42
DIVES-CABOURG	arr.	9 24		11 45				14 55				21 12	21 29	21 55	22 47

Tout horaire souligné indique un changement de train.

✗ Sauf dimanches et fêtes
* Dimanches et fêtes
□ Turbotrain, nombre de places limité

⊠ Train avec service de repas sur plateau ou dans voiture-bar
✗ Wagon-restaurant
• Location de voitures sans chauffeur

Explication des renvois

quot. Quotidien

A Dimanches et fêtes sauf le 15 juillet

B Les samedis

C Sauf samedis dimanches et fêtes

D Circule les vendredis seulement

E Quotidien de Paris à Trouville–Deauville. Autocar de Trouville–Deauville à Dives–Cabourg sauf le vendredi

F Autocar de Trouville–Deauville à Dives–Cabourg

5 Les vacances

— Je ne vous chasse pas mais je retiens la place pour quand vous partirez!

— Ce n'est vraiment pas une chose à faire d'amener des touristes dans un endroit où tout est inondé! (A.L.I.)

L'autostop

On est arrivé
Sac au dos
A huit heures
Avec Olivier
Et Margot
Et Peter
C'était le grand départ
Vers le sud et les vacances
On trouv'ra je pense
Une auto avant ce soir

Porte d'Orléans
Résignés
Un peu pâles
Près de 400
En juillet
C'est normal
400 comme nous
Pouce en l'air avec des guitares
La nuit tombe tard
Mais quand même
Installons-nous.

Alors on a monté la tente
Sur le bord du trottoir
En se disant déjà qu'il vente
Il pourrait bien pleuvoir

Quatre jours plus tard
On était toujours là
Avec des guitares
Abrités
Pourquoi pas
Avec un verre de vin
Chaque fois que quelqu'un s'arrête
C'était pas la fête
Mais enfin, on était bien

C'est je crois le 13
Au matin
Qu'une auto a pris deux anglaises
Un marin et Margot
Nous, on est resté là
Heureusement que nos deux voisines
Ont fait la cuisine
Dans le fond, c'est mieux comme ça.

Et on a remonté la tente
Plus loin sur le trottoir
En se disant déjà qu'il vente
Il pourrait bien pleuvoir

15 jours plus tard
On était toujours là
Presqu'à bout d'espoir
Quand un car s'arrêta
15 jours pour partir
Quand on n'a qu'un mois de vacances
On n'aura je pense
Pas le temps de revenir

Et on a fini nos vacances
Sur le bord d'un trottoir
Quand on a dit: c'est ça la France
Il s'est mis à pleuvoir.

Maxime le Forestier, Éditions de Misère, 1975

Listening comprehension

25 MILLIONS DE FRANÇAIS DANS LA
COHUE DES VACANCES

*Listen to the recorded passage then answer the questions
below in English:*

> *la cohue des vacances* the holiday rush
> *fatidique* fateful

1. Which week-end is referred to?
2. What is special about this particular week-end?
3. How many casualties do the authorities anticipate?
4. What urgent change is called for in the habits of French people?
5. What support is there for this in government circles?
6. How long have they been trying to do something about this problem?
7. In what industry is a practical step likely to be taken to alleviate the problem?

Reading comprehension

VACANCES À VENDRE

Si l'on en croit les statistiques, les Français sont ceux qui bénéficient des plus longues vacances: plus de vingt-six jours en moyenne par an. Mais la France est aussi un des pays où les départs sont les plus étroitement concentrés sur quelques mois de l'année et la durée hebdomadaire du travail la plus élevée. Deux constatations qui permettent d'ouvrir un très vaste débat. A quoi servent les vacances? Faut-il les supprimer, du moins telles que nous les pratiquons? De longues vacances au milieu d'une lourde année de travail, est-ce la meilleure formule? Des périodes de détente plus courtes coupant d'avantage les périodes de travail, n'est-ce pas une solution préférable? A bloquer sur un seul mois de l'année toutes les occasions de repos et d'évasion ne fabrique-t-on pas des vacances fatigantes — par le désir d'en profiter au maximum — et décevantes?

Le choix est finalement ouvert entre deux modèles extrêmes de société. Dans l'un, on accentue la séparation entre les temps de travail et les temps de loisir; dans l'autre, au contraire, on la réduit le plus possible en introduisant 'une dimension culturelle et distractive dans l'acte de production'. Il est clair qu'à partir d'une option vers l'une de ces deux directions, c'est l'ensemble de l'avenir de l'industrie touristique et de sa répartition dans l'espace et le temps que l'on remet en cause.

La question est de savoir si — même sans aller jusqu'à ses dernières conséquences — on peut éviter un tel choix. L'échec de toutes les formules d'étalement des vacances étudiées et essayées à satiété depuis dix ans en France montre que c'est impossible, parce qu'il est aussi impossible de 'traiter' séparément le monde des loisirs et celui du travail que d'oublier entièrement l'usine ou le bureau lorsqu'on est en vacances . . . .

Depuis dix ans les deux tiers des départs sont enregistrés entre le 1er juillet et le 15 août. Dans aucun autre pays d'Europe, sauf peut-être en Italie, on ne trouve une telle 'concentration'. Qu'ils partent en France ou à l'étranger, les Français continuent de prendre leurs vacances tous au même moment.

Plus de quatre Français sur dix, s'ils partent en vacances en France ou à l'étranger, c'est pour aller 'à la mer'. Les vacances à la campagne et à la montagne ont respectivement attiré en 1972 28,7% et 17,3% des Français qui sont restés en France. Six Français sur cent en vacances en France ont logé chez des parents ou des amis, près de vingt sous la tente, mais la moitié de ceux qui ont franchi les frontières sont descendus dans un hôtel.

J.-F. Simon, *Le Monde*, 30.6.73

Answer the following questions in English:

1. What is the traditional French holiday pattern?
2. Give two reasons why the author questions the wisdom of having long holidays.
3. How might this pattern be changed in French society?
4. When do most French people take their holidays?
5. Where do most people go?

(communiqué publicitaire)

54

Listening comprehension

UN COMPLÉMENT AUX VACANCES FAMILIALES

Listen to the recorded passage then answer the questions below in English:

1. For whom do *centres aérés* cater?
2. What do they offer?
3. How do children reach them?
4. Who looks after them when they arrive?
5. What qualifications do they have?
6. What seems to suggest that these *centres aérés* are successful?

subventionné subsidised
l'hébergement lodging
l'animateur group leader

 Comprehension

LES COLONIES DE VACANCES

– Avez-vous déjà été monitrice, mademoiselle?

– Oui, j'ai été monitrice de colonie de vacances dans le Jura.

– Alors, voulez-vous me parler un peu du système des colonies de vacances?

– Oui, volontiers.

– Quel âge ont les enfants et comment sont-ils organisés?

– L'âge des enfants varie d'une colonie à l'autre, cela va de 6 à 14 ans. Quand les enfants sont plus âgés, ils vont dans les camps d'adolescents où ils font du camping ou bien pratiquent un sport comme le canoë ou l'équitation. Les enfants sont divisés en groupes: les petits de 6 à 8 ans, les moyens de 8 à 12 ans et les grands de 12 à 14 ans. Chaque moniteur a la responsabilité d'un groupe. Les enfants des différents groupes se retrouvent souvent pour des activités communes. Dans la colonie où j'étais les enfants avaient entre 6 et 8 ans. Le nombre des enfants varie selon les colonies. Il y a des centres où l'on reçoit une cinquantaine d'enfants et d'autres où l'on reçoit jusqu'à 500 enfants. Dans la mienne, il y en avait 120, ce qui est selon moi un nombre raisonnable.

– Quelle est la durée du séjour?

– Les enfants restent la plupart du temps quatre semaines et sont hébergés dans des bâtiments construits à cet usage ou bien de vieux châteaux, des fermes ou des écoles aménagées.

– Est-ce que les enfants viennent de toutes les couches de la société?

– C'est surtout les enfants des villes que l'on envoie en colonie, ceux dont les parents travaillent et qui veulent faire passer des vacances en plein air à leurs enfants.

– Qui paie les frais du séjour?

– Ces séjours ne sont pas gratuits mais ils sont souvent subventionnés en partie par les Caisses d'Allocation Familiale ou par des comités d'entreprise.

– Les colonies, où sont-elles situées?

– On en trouve à la campagne, à la mer ou à la montagne.

– Est-ce que ce sont les professeurs qui accompagnent les enfants?

– Non, ce sont des jeunes, souvent des étudiants qui ont la charge des enfants. Ils doivent suivre deux stages avant d'avoir leurs diplômes d'animateur où ils apprennent des chants, des jeux et d'autres activités.

– Décrivez-moi un peu votre journée.

– Je me lève à 6 ou 7 heures afin d'être prête avant les enfants. J'aide les plus petits à s'habiller après avoir procédé au réveil. Ensuite c'est le petit déjeuner puis une sortie quelconque, par exemple chez un artisan du village ou à la piscine. Après le repas du midi, c'est la sieste dans certaines colonies ou alors des activités telles que la correspondance ou la lecture. En cours d'après-midi, nous partons en promenade et nous organisons des jeux. Le soir, après le repas, on fait une veillée animée par les moniteurs. On raconte des histoires, on fait des jeux et l'on chante. Notre dernière tâche est d'envoyer les enfants se laver et se coucher.

– Citez-moi quelques activités d'intérieur.

– Le collage, les jeux de société, la peinture.

– Est-ce que les enfants se sentent dépaysés?

– Je crois que non. Même les petits s'adaptent en général très bien à la vie en collectivité.

– Etes-vous persuadée que c'est une expérience fructueuse?

– Je crois que oui. On y apprend à faire quelque chose pour soi mais aussi en pensant aux autres. On est responsable de soi-même pour se laver et s'habiller, on apprend à faire son lit et à aider les autres. Je me souviens d'un jeune enfant de 6 ans qui aidait toujours son camarade à couper sa viande. Tout le monde, les enfants comme les moniteurs, y apprend beaucoup et c'est une expérience enrichissante du point de vue des contacts humains.

– Quelles étaient vos impressions à la fin du séjour?

– On est toujours très triste de se quitter à la fin du séjour, même les enfants qui pourtant sont heureux à l'idée de retrouver leurs parents.

Answer the following questions in English:

1. What was the girl's role at the *colonie*?
2. Where exactly had she had experience of this work?
3. How many children were there at the *colonie* in the Jura?
4. How long did she probably stay at the *colonie*?
5. Were the children's parents with them?
6. Explain how disadvantaged children were able to stay at a *colonie*. Who paid the cost of their stay?
7. When the weather was bad, what was there for the children to do?
8. What did the children learn at the *colonie*?
9. Do you like communal living? Explain your feelings.

Imagine you are the person being interviewed about your work with young people during the summer vacation. Recall in French an amusing incident which happened to you. (*250 words approx.*)

Essay work

Write to your penfriend and tell him/her how you intend to spend the Christmas/Easter or summer holidays and find out what his/her plans are for the holidays.

Oral work

You are camping in France. A reporter for the local newspaper asks you some questions. Answer the questions in French:

1. Avez-vous vu le directeur quand vous êtes arrivé?
2. Est-ce qu'il a spécifié qu'il ne fallait surtout pas faire de bruit après vingt heures?
3. Savez-vous que les habitants de la ville se plaignent du bruit?
4. Le bruit ne vous ennuie-t-il pas?
5. Avez-vous remarqué que beaucoup de campeurs laissent leurs ordures un peu partout?
6. Connaissez-vous la famille qui habite cette caravane-là?
7. Aimez-vous la musique moderne?
8. Écoutez-vous tard la radio?
9. Les jeunes du camping, écoutent-ils la radio après 11h du soir?
10. Pensez-vous que les habitants de la ville vous épient?
11. Expliquez la raison pour laquelle les habitants n'aiment pas les campeurs?

Role-playing 1

One of you has booked a place for two weeks at a campsite in France. You find that after the first day there the facilities are not as good as you had been led to expect. In particular, you feel the site is over-crowded, there are long queues in the wash rooms (*blocs sanitaires*), there is no hot water in the showers, the rubbish bins are full and attract flies. You complain to the proprietor.

Role-playing 2

PROPRIETOR

Say that you have to keep the site full in order to keep the cost to individual campers down.

Say you cannot afford to build more wash rooms and if you staggered the times campers could use them, it would in your opinion be unpopular.

Tell him/her that there is nothing wrong with the hot-water system. If there is no hot water, it is the fault of campers who waste water or leave the tap on.

Say that you agree about the refuse. Make an excuse (e.g. the dustmen (*les éboueurs*) are on strike.) Inform the camper that you will arrange to have the bins emptied.

Translation into French

1. I hear that the older residents are complaining about the noise at the camp site.
2. They say: 'Let us live in peace!'
3. Let me see the article.
4. One person I spoke to said he hears the campers arriving back at the camp site very late.
5. The man in charge of the site says that he does not allow the campers to make a noise.
6. I heard him arguing with the campers last night.
7. I could hear them passing because some of them were shouting as they passed.

Role-playing

You are on holiday in France. You have spent all the French currency you had and wish to change some travellers cheques. You go into a bank. Your partner is the clerk.

Ask your partner the rate of exchange (*Combien coûte la livre?*)

You are given the answer.

Ask if you can change cheques issued by the Bank of * here.

You are asked how much you wish to change.

You say you have two cheques for £10 and one for £5.

The official asks to see them along with your passport. He/she asks you to sign them. When he/she hands back your passport he/she gives you a numbered ticket.

You ask what the ticket is for.

He/she explains that you have to go to the cash desk at the far end of the bank when you hear your number. He/she invites you to take a seat while you are waiting.

pour revenir en bonne santé

Vous allez partir en voyage

- que ce soit pour vos vacances, culture ou loisir, pour vous dépayser, vous instruire ou simplement parce que votre travail ou vos affaires l'exigent,
- que vous voyagiez à titre individuel, en groupe, par l'intermédiaire d'une agence, d'un club ou de toute autre organisation spécialisée,

VOUS ALLEZ EXPOSER VOTRE SANTE A DES RISQUES QUE VOUS NE COUREZ PAS HABITUELLEMENT EN FRANCE SURTOUT DANS LES PAYS TROPICAUX OU SUBTROPICAUX ; si minimes soient-ils, ils sont susceptibles :

- de gâcher complètement votre séjour, voire de le rendre dangereux,
- d'être la cause après votre retour de maladies qui peuvent être graves si elles ne sont pas soignées rapidement,
- de poser de difficiles problèmes à votre médecin si vous ne le mettez pas au courant du voyage que vous avez effectué.

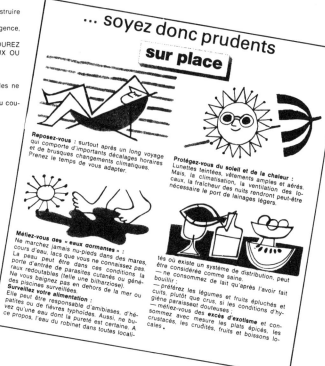

... soyez donc prudents sur place

Reposez-vous : surtout après un long voyage qui comporte d'importants décalages horaires et de brusques changements climatiques. Prenez le temps de vous adapter.

Protégez-vous du soleil et de la chaleur : Lunettes teintées, vêtements amples et aérés. Mais, la climatisation, la ventilation des locaux, la fraîcheur des nuits rendront peut-être nécessaire le port de lainages légers.

Méfiez-vous des « eaux dormantes » : Ne marchez jamais nu-pieds dans des mares, cours d'eau, lacs que vous ne connaissez pas. La peau peut être dans ces conditions la porte d'entrée de parasites cutanés ou généraux redoutables (telle une bilharziose). Ne vous baignez pas en dehors de la mer ou des piscines surveillées.

Surveillez votre alimentation : Elle peut être responsable d'amibiases, d'hépatites ou de fièvres typhoïdes. Aussi, ne buvez qu'une eau dont la pureté est certaine. A ce propos, l'eau du robinet dans toutes locali-tés où existe un système de distribution, peut être considérée comme saine.
— ne consommez de lait qu'après l'avoir fait bouillir ;
— préférez les légumes et fruits épluchés et cuits, plutôt que crus, si les conditions d'hygiène paraissent douteuses ;
— méfiez-vous des **excès d'exotisme** et consommez avec mesure les plats épicés, les crustacés, les crudités, fruits et boissons locales.

Translation into English

Joël avait voulu revoir le village où il avait passé les quinze premières années de son existence. Sur la petite place du marché où il avait garé sa voiture se trouvait la vieille fontaine, semblable à toutes celles des bourgades provençales. Cette petite place avait bien changé depuis son départ. C'est là qu'il avait joué tous les jeudis avec les autres gamins. Il avait gardé un excellent souvenir de ces jeux d'enfant. Ses camarades d'alors avaient-ils aussi quitté leurs parents pour s'en aller travailler à la ville? Il n'avait jamais voulu se l'avouer mais il savait à présent qu'il avait toujours regretté cet endroit où il était né.

Le jeune homme était bien conscient qu'en partant il avait abandonné tous ceux qui l'aimaient: sa famille, ses amis. Il ne s'était que rarement inquiété de savoir ce qu'ils étaient devenus mais il leur avait gardé toute son affection. Il allait certainement revoir son père. Quel accueil celui-ci lui réservait-il? Lui demanderait-il pourquoi il était revenu après tant d'années? Il serait certainement trop heureux de le revoir pour lui adresser le moindre reproche. Et pourtant, ne serait-il pas en droit de demander à celui qui était son fils la raison pour laquelle il s'était soudain décidé à reparaître?

En marchant à travers les ruelles de sa petite ville, Joël se souvenait de tous les détails, et, plus il s'approchait de la maison paternelle, plus il s'impatientait de revoir ceux qu'il n'avait jamais oubliés.

Role-playing 1

One of you has just arrived in a holiday resort in France. You haven't booked accommodation in the town but you feel after you have had a look around that you would like to spend a few days there.

You go to the Syndicat d'Initiative to enquire about cheap accommodation. You also would like to know what's on over the next few days, which excursion is the most popular and why, how much it costs and if there's a good, cheap restaurant in town.

The other plays the role of the employee at the Syndicat.

Role-playing 2

THE EMPLOYEE AT THE SYNDICAT

Suggest a cheap hotel/youth hostel/boarding house. Give directions for getting there.

Entertainment: Son et Lumière at the castle, restaurants, etc. Give some pamphlets.

Exercise

Put the following letter into reported speech beginning:
Edith a dit qu'elle y était arrivée . . .

Dear Anne,

Marie-José and her father came to meet me at the station when I arrived here on Thursday night. They helped me with my luggage. What a relief! As usual, I've taken too many clothes with me.

I felt very tired after my first flight on a hovercraft and the long coach journey from Calais to Paris. If flying were not so expensive, I would have flown.

Everyone is very kind to me and Paris is beautiful at this time of year. Yesterday Marie-Jo and I went shopping in the Rue de Rivoli. I only bought a few postcards. Clothes are so expensive. When Marie-Jo found what she was looking for in La Samaritaine, we went to the Boul' Mich! She knows how much I like the Latin Quarter. We spent the afternoon in bookshops and cafés. While we were drinking coffee in a café terrace, a friend of Marie-Jo's brother passed. Marie-Jo invited her to join us and we sat chatting for more than an hour.

I'm leaving for the south tonight. Marie-Jo is helping her mother with the housework this morning and so I'm on my own for the time being. I'm sitting in the Jardin du Luxembourg. It is a beautiful morning. When I finish writing this letter, I'll take a stroll along the banks of the Seine and see what the 'bouquinistes' have to sell. Perhaps I'll take a trip on a bateau-mouche before returning to Marie-Jo's for lunch.

I'll give you a ring as soon as I get back.

Edith

Role-playing 1

One of you is on holiday in Paris. On the last day you go out to a popular restaurant for a meal with some friends. You haven't reserved a table and the restaurant is very busy.

Later there's something wrong with your meal. The service is bad and when you get the bill you feel that you've been overcharged. Ask if service is included. Ask to pay individually.

The other plays first the head waiter and then the waiter.

Role-playing 2

THE HEAD WAITER

Find out if they've booked and how many they are.

All the tables are busy, but you could put some of them at one table and some at another.

They could have a drink at the bar while waiting.

THE WAITER

You've run out of . . .
Find out what they want to drink.
There are other people who have been waiting longer.

Find out if they want coffee.
Refuse to give separate bills.
Fetch the head waiter.

Translation into French

We have just come back from a holiday in France. I have been interested in the châteaux of the Loire valley for a long time, and last June I managed to persuade my friend to go with me and spend two weeks in the sunshine visiting these palaces.

Naturally, we had booked our seats on the plane well in advance, and on a lovely July day we left Edinburgh. A friend of ours had offered to let us spend the night at his house. We slept well but I must confess that we were late in going to bed, because we had so much to say to each other. The following morning, we set off for Gatwick Airport and arrived there safe and sound about eleven o'clock. Then we had a shock. Half of the staff were on strike.

'What's the matter?' we asked the girl at reception.

'Another dispute about wages,' she said. 'We tried to warn passengers of the difficulties last night on the radio and television. Didn't you hear it?'

'We were too busy talking to put on the television,' I said. 'What happens now?'

'The aircraft is there, and so is the crew, but there are no porters to look after your luggage. Please sit in the lounge and wait for instructions. We will do our best to get you to Paris.'

'Our holidays are beginning well,' I said to my friend. 'Let's go and have a coffee.'

'Something stronger is needed,' my friend replied.

'Well. There's plenty up there. Off we go. Damn! We can't leave our luggage here. We'll have to carry it upstairs.'

Letter

LETTRE DE RÉSERVATION

Monsieur le Directeur,
Hotel Central,
25 rue des Colombes,
Marseille

Monsieur le Directeur,

Je vous serais obligé de me communiquer vos conditions et tarifs pour un séjour de 14 nuits au mois de juin.

Nous voudrions passer une quinzaine à Marseille commençant le 5 juin à 18h et se terminant le 19 juin à 10h.

Nous sommes deux adultes et deux garçons. Nous souhaiterions réserver une chambre à grand lit avec bain ou douche et une chambre à deux lits pour les garçons. Nous préférerions la pension complète.

Vous trouverez ci-joint une enveloppe timbrée pour la réponse.

Veuillez agréer, Monsieur le Directeur, l'expression de mes salutations distinguées.

Faites vous-même une lettre de réservation de ce genre de la part de votre famille qui voudrait passer les vacances en Bretagne.

Ce qu'il faut savoir pour écrire une lettre

Il faut, avant tout, prendre en considération la personne à qui la lettre est adressée et la nature de la lettre.

		Pour commencer	*Pour terminer*
(a)	Lettre adressée à un parent, un ami:	Cher ami, Chère amie, Ma chère amie, Mon cher Jacques, Mon cher oncle, Ma chère cousine . . .	Bien amicalement à vous (à toi); Je vous (t') embrasse bien affectueusement; Amitiés; Bons baisers; Grosses bises; Affectueusement; Sincères amitiés; Mes amitiés à ta mère; etc.

	Pour commencer	*Pour terminer*
(b) Lettre adressée à une personne que l'on connaît bien:	Cher Monsieur, Chère Madame, Chère Mademoiselle	Je vous prie de croire, cher Monsieur, à l'expression de mes sentiments distingués; Bien à vous; Veuillez agréer, chère Madame, l'expression de mes sentiments distingués; Sincères salutations.

(N'écrivez pas: Mon cher Monsieur, Ma chère Madame)

	Pour commencer	*Pour terminer*
(c) Lettre adressée à une personne que l'on ne connaît pas:	Monsieur, Madame, Mademoiselle	Veuillez agréer, Monsieur, l'expression de mes sentiments les meilleurs.
(d) Lettre adressée à un(e) collègue:	Cher/Chère collègue,	Je vous prie de croire, cher/chère collègue, à l'expression de mes salutations distinguées.
(e) Lettre adressée à un(e) supérieur(e):	Monsieur le Proviseur, Madame la Directrice Monsieur le Censeur, Monsieur le Maire, Monsieur le Préfet, Madame la Déléguée Madame le Ministre Madame la Présidente	Veuillez agréer, Monsieur l'Inspecteur, l'expression sincère de mon respectueux dévouement. Veuillez agréer, Monsieur le Maire, l'expression de mes sentiments dévoués. Je vous prie de croire, Madame la Directrice, à l'expression de mes sentiments respectueux.

PHRASES À RETENIR

(a) *quand on demande quelque chose:*
- J'ai l'honneur de solliciter un poste dans votre entreprise.
- Je vous serais reconnaissant, si vous pouviez . . .
- Pourriez-vous m'indiquer si . . .
- Voudriez-vous confirmer . . .
- Veuillez avoir l'obligeance de m'accorder une entrevue.
- Veuillez avoir l'extrême amabilité de m'envoyer tous les renseignements concernant . . .
- Veuillez me répondre par retour du courrier.

(b) *quand on répond à une lettre:*
- Nous accusons réception de votre lettre du . . .
- Nous vous remercions de votre lettre en date du . . .
- En réponse à votre lettre du . . .
- J'ai bien reçu votre lettre du . . .
- Je vous remercie de votre lettre que j'ai reçue hier.
- Merci d'avoir répondu si vite à ma lettre.
- Je tiens à vous remercier de l'attention que vous avez portée à ma demande.
- J'ai l'honneur et le plaisir de vous informer que . . .
- Je regrette de vous informer que . . .
- J'ai le regret de porter à votre connaissance . . .
- J'ai l'honneur de vous faire savoir que . . .
- J'ai le plaisir de vous faire part . . .

(c) *Quelques salutations:*
  Sincères félicitations (examen etc.)
  Sincères condoléances (décès)
  Meilleurs vœux (anniversaire etc.)
  Meilleurs vœux de bonheur; réussite et bonheur (mariage)
  Félicitations et vœux de bonheur (naissance)
  Je vous souhaite bonne chance
                   bon voyage
                   bonne route
                   de bonnes vacances

Essay work

A French student visiting Scotland had to send the following telegram to her parents in France:

Envoyer d'urgence cinq cents francs pour retour autobus et bateau.

Imagine you are the student. Write a follow-up letter to your parents giving the reason for your request.

Votre famille compte voyager en France pendant l'été avec une caravane. Vous voulez réserver un emplacement dans un camping aménagé pour le mois de juin. Écrivez au directeur du camping pour lui demander les conditions et tarifs et s'il y aura de la place pour vous. N'oubliez pas de préciser le nombre de personnes, la date de votre arrivée et la durée de votre séjour.

or

Vous voulez passer les vacances en France. Écrivez à un Syndicat d'Initiative pour demander des renseignements. Indiquez ce que vous voudriez faire pendant votre séjour (sports, tourisme, plage, visites) et comment vous voulez être hébergé (camping, auberge de jeunesse, pension de famille, hôtel).

SOLUTION TO PUZZLE 'ÉVITEZ
LES BOUCHONS'

$10 + 15 + 20 + 15 + 30 + 15 + 5 + 20 + 15 + 10 + 25 + 5 + 20 + 5 = 210$

hôtel restaurant de tourisme
AU BON ACCUEIL ★★nn

(Sud-Finistère) 29150 CHATEAULIN – PORT-LAUNAY
Tél.: (98) 86.15.77 – Télex: 940501

hotels france accueil

LOGIS DE FRANCE

"Poêle d'Or"

HOTEL ENTIÈREMENT NEUF
CHAUFFAGE CENTRAL ET SOLAIRE
EAU COURANTE CHAUDE ET FROIDE
SALON · TÉLÉVISION · GARAGE · PARKING · JARDIN · MINI-GOLF
TÉLÉPHONE INTER-CHAMBRES
BAINS · DOUCHES · WC PRIVÉS
ÉQUIPEMENTS SPÉCIAUX POUR HANDICAPÉS
EN FAUTEUIL ROULANT

Propriétaire-Exploitant:
Mme LE GUILLOU

ASCENSEURS · SAUNA · SOLARIUM
SALLES DE RÉUNIONS
SES MENUS GASTRONOMIQUES
SA GRANDE CARTE
DES SPÉCIALITÉS RÉGIONALES
RESTAURANT CLIMATISE
TÉLÉPHONE · RADIO · RÉVEIL ÉLECTRONIQUE
INTER—CHAMBRES

Châteaulin, le *11 Mai 1981*

Madame,
Monsieur,

Je vous prie de vouloir bien trouver ci-joint toute la documentation indispensable concernant mon établissement entièrement neuf, doté d'une table de choix et de toutes les installations modernes nécessaires pour des vacances idéales.

Desservi par la gare de Châteaulin, mon hôtel est placé au centre du Finistère dans une région reposante fort pittoresque, à l'air pur et sain ; au bord d'une rivière très poissonneuse, un lieu de pêche de tout premier ordre, au creux de la verdoyante vallée de l'Aulne ; à la Campagne et à la Mer à la fois : à 15 km des plages de l'Atlantique et de la baie de Douarnenez, à l'entrée de la presqu'île de Crozon.

Vous pourrez relever les conditions et prix nets de pension au verso de cette lettre.

Je serais très heureuse de vous recevoir.

Dans l'attente de votre confirmation, en espérant avoir bientôt le plaisir de vous être agréable, je vous prie de croire à mes sentiments les meilleurs.

Mme LE GUILLOU

P.S.: Dans votre réponse, prière S.V.P. d'indiquer la date de la présente et si possible comment vous avez connu notre adresse. Merci.

Son groupe électrogène – Sa station d'épuration
Son cadre de verdure . . . Son site incomparable et reposant . . .
Son plan d'eau pour canotage . . . Le paradis des pêcheurs
Le séjour idéal de vos vacances . . .

T.S.V.P.

RC Châteaulin 69 A 531 – I N S E.E. 771290261019 – SIRET 376975314–00018 – Code APE 6708 – Dom. Banc. B.P.B.A. Châteaulin n° 44 021 45294 1 – CCP 188–096 Rennes

64

SÉJOURS ET PENSIONS

LE PRIX NET DE PENSION JOURNALIÈRE COMPLÈTE PAR PERSONNE EST, EN 1981

L'ÉQUIPEMENT DES CHAMBRES

Eau courante chaude et froide sur lavabo et bidet – Téléphone inter-chambres

MOIS QUINZAINES DÉCADES ET PÉRIODES	Cabinet toilette Moquette Bains-Douche et deux W.C. communs A chaque étage			Moquette – Cabinet de toilette particulier : Douche privée W.C. communs à chaque étage			W.C. privés		Douche privée et W.C. privés			La meilleure chambre (Moquette, Lit skai, Carrelage couleur ou blanc, Sanitaire-loéa-Luxe-Salle de bains, Douches et WC prives)		
	1 lit-2 pers.	Pers seule	Lits jum.	1 lit-2 pers.	Pers seule	Lits jum.	1 lit. 2 pers.	Pers seule	1 lit-2 pers	Pers seule	Lits jum.	1 lit-2 pers	Pers seule	Lits jum.
Pêche saumon, truite saison (févier, mars, avril)	85	95	90	100	110	105	105	113	115	125	120	130	135	140
(Scol. et relig.) mai – vacances de Pâques et 1re quinzaine de Juin	98	108	105	110	119	115	115	125	127	138	133	140	155	148
2re quinzaine de Juin	103	115	110	119	132	125	132		136		148	160		170
Juillet	107	132	113	126	146	130	135		155		165	172		185
Août	110	135	115	126	150	130	136		159		169	182		195
Septembre 1re décade	103	115	110	119	132	125	132		136		146	160		170
2e décade et suivantes	100	111	109	115	125	120	125	137	136	150	142	155	175	165

(Voir réductions pour enfants sur le dépliant)
(Demandez nos prix spéciaux 3e âge: Hors saison)

DEMI-PENSION

Il peut être possible occasionnellement de pratiquer la demi-pension en déduisant une somme de:

SE RENSEIGNER   francs par repas non pris en saison
   francs par repas non pris hors saison.

PENSION

FORFAIT WEEK-END (par personne individuelle ou non)
en chambre cabinet de toilette (exception juillet-août) avec lababo et bidet

— Du samedi soir (dîner inclus) au lundi matin (petit déjeuner inclus).
— Du dimanche matin (déjeuner inclus) au mardi matin (petit-déjeuner inclus).

190 F

1 SEMAINE
Jour d'arrivée selon votre désir

FORFAIT PENSION (par personne individuelle ou non)
en chambre cabinet de toilette (exception 15 juin au 31 août) avec lavabo et bidet

EXEMPLE: Du Samedi soir (diner inclus) au Samedi midi (déjeuner inclus)

Comment se servir du téléphone

Appel en territoire français:

Pour téléphoner dans une autre région:
- Décrochez le combiné et introduisez votre monnaie.
- Après avoir obtenu la tonalité, faites le numéro 16.
- Attendez une seconde tonalité, puis composez l'indicatif de la région concernée, suivi du numéro à six chiffres de votre correspondant.
- Un annuaire est à votre disposition dans cette cabine pour tout renseignement nécessaire.
- En cas de signal sonore discontinu, votre ligne est occupée. Reposez l'écouteur et recommencez l'opération.
- Parlez mais n'oubliez pas de remettre des pièces dans l'appareil en cas de signal lumineux. Sinon, votre communication sera coupée.
- Si vous n'avez pas d'argent, rendez-vous à la poste où vous pourrez téléphoner en PCV — votre correspondant paiera alors la communication (après acceptation, bien sûr!)

Appel en territoire étranger:

Si vous voulez téléphoner en Grande Bretagne:
- Décrochez le combiné et introduisez votre monnaie.
- Composez le numéro 19, dès l'obtention de la tonalité.
- Attendez une seconde tonalité, puis faites le numéro 44 pour obtenir la Grande Bretagne, suivi du numéro personnel de votre correspondant.
- Si votre ligne est occupée, vous percevrez un signal sonore discontinu. Reposez l'écouteur et répétez l'opération.
- Parlez mais n'oubliez pas de rajouter des pièces dès l'apparition d'un signal lumineux sur le cadran — sinon, votre ligne sera coupée.
- Un annuaire est à votre disposition dans cette cabine pour vous renseigner.
- Si vous désirez téléphoner en PCV, rendez-vous à la poste, où l'employé se chargera de demander à votre interlocuteur s'il accepte de payer la communication.

Role-playing

Vous passez les vacances dans une petite ville française. Vous entrez dans le bureau de poste pour vous renseigner sur:

- le prix du timbre qu'il faut mettre sur l'enveloppe quand on envoie une lettre en Grande-Bretagne
- l'heure de la prochaine levée
- le moyen le plus rapide d'obtenir de l'argent envoyé en France par les parents en Grande-Bretagne
- ce qu'il faut savoir pour téléphoner à l'étranger

Posez vos questions à un(e) employée. Votre partenaire va jouer le rôle de l'employé(e).

Évitez les bouchons

Le principe de ce jeu inédit est simple et amusant.

Tous les automobilistes le savent; bien souvent, maintenant, la ligne droite n'est plus le plus court chemin pour aller d'un point à un autre. Les bouchons, les travaux sur les routes, les villages à traverser font perdre du temps. Il faut trouver des itinéraires généralement plus longs en kilométrage mais plus rapides.

Alain Bonhomme a donc noté sur tous les tronçons de cette région le temps qu'il faut pour les parcourir. A vous de trouver le chemin le plus rapide pour aller de A à B. Ce n'est pas toujours facile!

(Il s'agit d'un jeu. Les temps indiqués sont arbitraires).

Aujourd'hui, le temps le plus rapide pour aller de A à B est de **210 minutes.** Trouvez la route et évitez les bouchons! Bonne promenade!

France-Soir, 9.7.82
Solution at bottom of page 63.

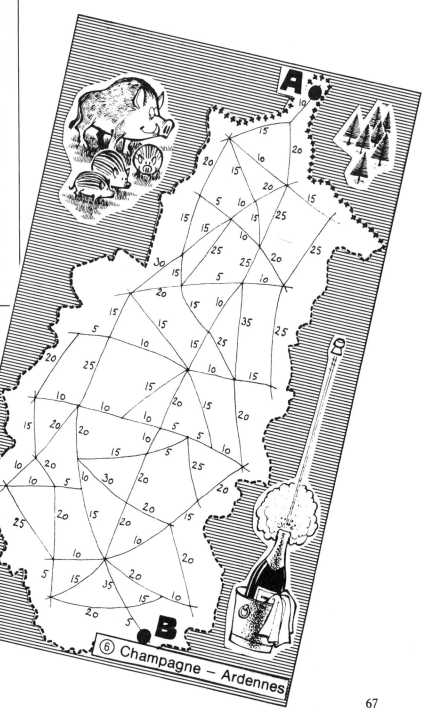

⑥ Champagne – Ardennes

6 Le travail

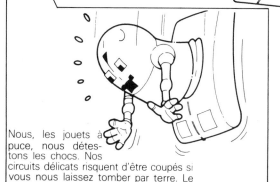

Nous ne sommes pas des jouets fragiles. Nous travaillons plus vite que vous, sans nous fatiguer, sans nous tromper. Mais, pour que nous puissions rester longtemps, de fidèles petits serviteurs, prenez quelques précautions indispensables!

Nous, les jouets à puce, nous détestons les chocs. Nos circuits délicats risquent d'être coupés si vous nous laissez tomber par terre. Le fabricant a pris soin de nous livrer dans une boite de polystyrène: conservez-la pour nous ranger.

Nos petits circuits ne supportent pas l'humidité. S'ils s'oxydent, le courant ne passe plus. Alors, ne nous oubliez pas dans le jardin.

La rosée du matin risque de ne pas du tout nous réussir. Quant à la pluie, n'en parlons pas!

Un autre ennemi: la trop grande chaleur. Gare aux radiateurs, gare aux plages arrière des voitures en plein soleil!

Choisissez bien vos piles; préférez les *Alkalines*: elles sont chères, mais durent longtemps, et elles ne risquent pas de couler. Les piles s'usent vite. N'oubliez pas l'interrupteur quand vous avez fini de jouer. Si nous fonctionnons mal, c'est le signe que les piles sont usées: changez-les.

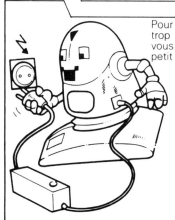

Pour éviter d'acheter trop souvent des piles, vous pouvez trouver un petit transformateur qui vous permet de nous brancher directement sur une prise électrique (environ 60 F). L'inconvénient, c'est que vous ne pouvez pas jouer dehors, loin d'une prise.

Vous pouvez aussi acheter des piles rechargeables avec un petit chargeur. C'est un peu cher (80 F pour le chargeur, 15 ou 20 F par pile). Mais ce chargeur vous permet de recharger toutes les piles de la maison.

⌨ Comprehension

DESTRUCTEURS D'EMPLOIS

Une seule et nouvelle technologie va révolutionner notre vie! Cela semble radical et révolutionnaire et on hésite longtemps avant d'affirmer une telle phrase, mais cependant elle est vraie. La micro-électronique a fait de véritables miracles techniques: les microprocesseurs et les micro-ordinateurs.

Ces appareils de dimensions réduites, à peine quelques centimètres, sont aujourd'hui capables à l'aide de leurs mini-composants appelés 'chips' d'effectuer le même travail qu'un ordinateur de la taille d'une armoire qui était nettement plus coûteux.

Plus de 200 000 éléments sont réunis sur une plaquette de silicium de quelques millimètres carrés. De tels chips ne peuvent pas être créatifs et ne peuvent pas apprendre comme un être humain, mais en règle générale ils peuvent au moins calculer aussi rapidement et même beaucoup plus rapidement que les humains et tirer des conclusions logiques des données qui leur ont été fournies.

La découverte industrielle la plus importante de notre siècle est considérée d'un côté comme étant 'un bon à tout faire' et d'un autre côté on craint qu'elle ne soit un 'destructeur d'emplois'. Ce qui préoccupe la plupart des gens c'est de savoir quelles répercussions aura ce progrès sur leur avenir professionnel. Ils craignent que cette nouvelle technique ne provoque encore plus de chômage qu'il n'y en a déjà et rende le travail inhumain.

La base émotionnelle de ce comportement anxieux peut être la conséquence d'une certaine fatigue à l'égard de la technique et une hostilité vis-à-vis du progrès de la plupart des citoyens: des voitures plus grandes et plus rapides, encore plus d'aéroports, encore plus d'installations industrielles, encore plus de centrales nucléaires—non, merci! Et actuellement nous participons à l'élaboration d'appareils nouveaux que leurs producteurs nous vantent: 'Cet appareil de traitement de texte remplace au moins trois collaborateurs à la fois'. Où cela va-t-il nous mener?

Les journaux communiquent chaque jour de profondes modifications de la vie économique, par exemple: 'Les secrétaires sont condamnées à disparaître. La micro-électronique avec ses petits ordinateurs, ses processeurs vocaux, ses vidéos et les centraux téléphoniques reliés à un ordinateur pourraient bientôt remplacer vingt-cinq pour cent des emplois dans le secteur privé et réduire de trente-huit pour cent les emplois dans le secteur public.'

La micro-électronique remplacera d'une manière ou d'une autre dans la prochaine décennie cinquante pour cent de tous les emplois et soixante-dix pour cent des emplois dans l'industrie. Les secteurs les plus touchés seront les secteurs de la production de marchandises, les bureaux et les banques, le commerce de détail ainsi que les secteurs industriels qui dépendent de l'électronique, la construction mécanique de précision, l'informatique, la mécanique de précision et la construction de véhicules.

Il n'y a pas de doute, le monde professionnel est en train de bouger. La micro-électronique sera en mesure de briser les structures traditionnelles de l'industrie, du commerce et en grande partie du secteur tertiaire, de pousser des firmes à la faillite, de détruire certaines images professionnelles bien ancrées et donc de supprimer des emplois.

Les spécialistes actuellement très bien payés sont obligés de subir des cours de formation permanente, des employés qualifiés doivent se recycler. Il y a toujours moins de gens dans les ateliers qui portent une blouse bleue, la plupart du temps ils se relayent à un tableau de commandes: des robots industriels ont pris leur place.

Scala, No. 3, 1981

Answer the following questions in English:

1. Give two reasons to explain why the silicon chip represents an advance in computer technology.
2. What advantage has the microprocessor over the human brain?
3. What can the microprocessor *not* do?
4. What do many people fear will be the result of this new technology?
5. What reasons does the author give to explain this fear?
6. '*Une seule et nouvelle technologie va révolutionner notre vie*' How is the use of microelectronics likely to affect our lives in the next ten years?

Role-playing 1

One of you has some French friends who have told the Superintendent of a *colonie de vacances* where you would like to work in France during the summer holidays to improve your French. The Superintendent phones you to offer you a job.

Find out where the camp is, what you have to do, the number of children you will have to look after, the working hours and time off, what you will earn and if your fare will be paid.

The other plays the role of the Superintendent.

Role-playing 2

SUPERINTENDENT

Time off is by agreement with other *moniteurs*: they stand in for one another.

Rates: free board and lodging and X francs per month.

Moniteurs pay their own fare.

Decision must be made by . . .

Translation into English

(J'avais neuf ans et j'étais élève de mon père)

. . . Ce soir-là mon père nous avait donné comme sujet de composition française à faire à la maison: 'Dites quelle est la carrière que vous aimeriez embrasser et pourquoi'. J'étendis sur la table de la cuisine une double page de journal, déballai minutieusement mon attirail d'écolier et me mis à rêvasser. Mais ma mère était remontée de l'école et il me fallut examiner sérieusement quelle carrière je voulais embrasser. D'ailleurs le sens de cette expression m'échappait totalement. Pour moi, une carrière était un grand trou taillé dans une colline . . .

. . . Tout en préparant le repas du soir, ma mère se penchait sur mon travail.

– Alors, tu n'as pas encore écrit! Mais réfléchis donc! Tu as bien une idée . . . Voyons quel genre de carrière voudrais-tu avoir?

– Une petite!

– Ce n'est pas une réponse, ça! De quel genre la voudrais-tu?

– Près de la rivière!

– Tu voudrais être pêcheur, alors?

– Non.

– Alors, quel métier voudrais-tu avoir?

– . . . Je voudrais être pape!

– Écoute, je n'ai pas de temps à perdre . . .

J'essayai plusieurs professions. Ma mère trouvait que celle de pâtissier ne convenait pas à un fils d'instituteur, que je devais avoir plus d'ambition. Le métier d'explorateur lui paraissait trop scabreux et d'ailleurs, pourquoi aller chercher si loin ce qu'on peut trouver ici même, c'est-à-dire un emploi stable, honorable et bien rémunéré? Je proposai 'chauffeur de locomotive', mais ma mère n'était pas d'accord. Il y a des risques d'accidents et trop de linge à laver.

Au bout d'une demi-heure, ce fut ma mère qui me fit des propositions.

– Que dirais-tu d'être un jour pharmacien? Tu aurais une grande blouse blanche et un magasin bien propre . . .

Cet avenir ne me plaisait pas. Cela sentait l'éther et la maladie.

– Avocat! Tu ne voudrais pas être avocat? Tu porterais une grande robe noire et tu défendrais les innocents . . .

J'ignorais complètement cette fonction. A mon âge, je ne concevais pas qu'il pût y avoir des grandes personnes coupables, à part les ivrognes qui se conduisaient mal dans la rue . . .

Jean L'Hôte, *La communale*, Éditions du Seuil, pp. 7–8

Reading comprehension

Read the passage below and consider it in relation to the translation passage on p. 70.
(a) Compare and contrast the attitudes of the children.
(b) Compare and contrast the interest, influence and involvement of the parents.

On me demanda ce que je voulais faire dans la vie.

Dans la vie. Est-ce que je savais ce que je voulais faire, dans la vie?

– Alors, dit la femme.

– Je ne sais pas.

– Voyons: si tu avais le choix, supposons.

La femme était gentille, elle interrogeait avec douceur, pas comme une maîtresse. Si j'avais le choix. Je levai les épaules. Je ne savais pas.

– Je ne sais pas.

– Tu ne t'es jamais posé la question?

Non. Je ne me l'étais pas posée. Du moins pas en supposant que ça appelait une réponse; de toute façon ça ne valait pas la peine.

On m'a fait enfiler des perles à trois trous dans des aiguilles à trois pointes, reconstituer des trucs complets à partir de morceaux, sortir d'un labyrinthe avec un crayon, trouver des animaux dans des taches, je n'arrivais pas à en voir. On m'a fait faire un dessin. J'ai dessiné un arbre.

– Tu aimes la campagne?

Je dis que je ne savais pas, je croyais plutôt que non.

– Tu préfères la ville?

A vrai dire je crois que je ne préférais pas la ville non plus. La femme commençait à s'énerver. Elle me proposa tout un tas de métiers aussi assommants les uns que les autres. Je ne pouvais pas choisir d'avance dans quoi on allait se faire suer. Les gens faisaient le boulot qu'ils avaient réussi à se dégotter, et de toute façon tous les métiers consistaient à aller le matin dans un truc et y rester jusqu'au soir. Si j'avais eu une préférence ç'aurait été pour un où on restait moins longtemps, mais il n'y en avait pas.

– Alors, dit-elle, il n'y a rien qui t'attire particulièrement?

J'avais beau réfléchi, rien ne m'attirait.

– Tes tests sont bons pourtant. Tu ne te sens aucune vocation?

Vocation. J'ouvris des yeux ronds. J'avais lu dans un de ces bouquins l'histoire d'une fille qui avait eu la vocation d'aller soigner les lépreux. Je ne m'en ressentais pas plus que pour être bobineuse.

– De toute façon, dit la mère, ça n'a pas d'importance qu'elle ne veuille rien faire, j'ai plus besoin d'elle à la maison que dehors. Surtout si on est deux de plus . . .

On croyait que c'était des jumeaux cette fois.

Christiane Rochefort, *Les Petits Enfants du Siècle*, Éditions Bernard Grasset

Exercise

Rewrite the following sentences in the passive voice without using a reflexive verb:

Example: L'enfant s'est fait gronder.
L'enfant a été grondé.

1. Le clochard s'est fait écraser.
2. Il s'est fait opérer hier.
3. Les voleurs se sont fait prendre en sortant de la banque.
4. L'assassin s'est fait arrêter.
5. L'élève s'est fait renvoyer de l'école.
6. L'employé s'est fait congédier.
7. Le soldat s'est fait tuer.
8. Les vieilles personnes se sont fait bousculer dans la foule.

Essay work

Read carefully the extract below which reports a conversation that took place between the narrator and his boss. Try to imagine the actual conversation and write out the transcript.

. . . Peu après, le patron m'a fait appeler et, sur le moment, j'ai été ennuyé parce que j'ai pensé qu'il allait me dire de moins téléphoner et de mieux travailler. Ce n'était pas cela du tout. Il m'a déclaré qu'il allait me parler d'un projet encore très vague. Il voulait seulement mon avis sur la question. Il avait l'intention d'installer un bureau à Paris qui traiterait ses affaires sur place, et directement, avec les grandes compagnies et il voulait savoir si j'étais disposé à y aller. Cela me permettrait de vivre à Paris et aussi de voyager une partie de l'année. 'Vous êtes jeune, et il me semble que c'est une vie qui doit vous plaire.' J'ai dit que oui mais que dans le fond cela m'était égal. Il m'a demandé alors si je n'étais pas intéressé par un changement de vie. J'ai répondu qu'on ne changeait jamais de vie, qu'en tout cas toutes se valaient et que la mienne ici ne me déplaisait pas du tout. Il a eu l'air mécontent, m'a dit que je répondais toujours à côté, que je n'avais pas d'ambition et que cela était désastreux dans les affaires . . .

Albert Camus, *L'Étranger*

Translation into French

'What would you like to be when you leave school?' asked the Careers Officer.

'I'm not sure. I keep changing my mind,' said Alan, 'My parents want me to be a doctor.'

'Do you know what qualifications you have to have to become a medical student? Have you thought about the qualities required of a doctor?'

'No, not really. I suppose you need good passes in science, at least.'

'Yes, but not only that. There are lots of applicants for every place in the Faculties of Medicine. Selection is inevitable.'

'Well, I must admit I would not really mind if I did not get in. I do not like the sight of blood but I would like to help to cure people who are sick. Whatever happens, my parents want me to go to university.

'Provided I pass my exams, I can go to university next year and take a general degree. So I do not really need to know what I am going to do for a living after university at the moment, do I?'

'I suppose you don't. However, it would be wise to think now about what you want to do when you finish at the university because it is obvious that this will affect your choice of courses. Take, for example, law. If you want to be a lawyer, then you should take a degree in law, not a general degree. Ask yourself these questions: would I find this job interesting and rewarding? What do I have to do and can I do it? What kind of person am I? What kind of person is successful in this job? Would I be well paid and does this matter? Of course, your parents and friends will want to give you advice. That is normal. After all, your parents have more experience, but even they sometimes make mistakes and encourage their children to choose a trade or profession which is quite unsuitable, although it may be financially rewarding.'

Exercise

Faites votre auto-portrait et indiquez le genre de travail que vous aimeriez faire en vous servant de quelques-unes des expressions qui figurent sur les listes. Attention, les filles! N'oubliez pas les accords d'adjectif.

Si on me demandait de faire mon auto-portrait, je dirais que je suis plutôt . . . (i) . . . Je suis persuadé que mes amis me connaissent mieux que mes parents car mes parents disent que je suis . . . (ii) . . . et je ne suis pas du tout d'accord. Mes amis disent que je suis . . . (iii) . . . et j'espère bien qu'ils ont raison.

S'il s'agit de choisir un métier, je voudrais être . . . (iv) . . . J'ai envie de faire cela . . . (v) . . . Je considère que j'ai les qualités nécessaires pour réussir dans cet emploi. Je crois qu'il faut . . . (vi) . . . Ceux qui sont . . . (vii) . . . ne doivent pas s'y intéresser . . .

Quant aux conditions de travail, je pense que la chose la plus importante au travail, c'est . . . (viii) . . . J'aimerais mieux . . . (ix) . . . Je serais donc mal placé dans le poste de . . . (iv) . . . par exemple, car là, on va . . . (x) . . . , ce qui ne me plairait pas du tout.

(i) attentif; scrupuleux; diligent; calme; patient; doué; intellectuel; simple; malin; débrouillard; consciencieux; réservé; actif; timide; modéré; exubérant; conciliant; volontaire

(ii) désagréable; étourdi; farfelu; mal élevé; sauvage; aventureux; revêche; lunatique; capricieux; agité; maladroit; négligent; rusé; entêté; redoutable; bavard; impoli; imprudent; impatient; impossible; méfiant; fainéant

(iii) affectueux; raisonnable; résolu; franc; dynamique; charmant; sympathique; tendre; amical; amusant; prudent; sensible; sensé; réaliste; réfléchi; sincère; sérieux; efficace; . . .

(iv) artisan; coiffeur/coiffeuse; travailleur/travailleuse agricole; sténo-dactylo; mécanicien/mécanicienne; infirmier/infirmière; médecin/femme médecin; chauffeur de taxi; menuisier/menuisière; comptable; gérant/gérante; vendeur/vendeuse; fonctionnaire; agent de police/femme-agent; employé/employée de banque; éboueur/éboueuse; détective; garde champêtre; commerçant/commerçante; avocat/avocate; professeur; instituteur/institutrice; prêtre/religieuse; homme/femme d'affaires; électricien/électricienne; peintre; mineur/une femme mineur; secrétaire de direction; interprète; vétérinaire; journaliste

(v) depuis mon enfance; après avoir vu un programme à la télé; parce que mes copains/copines vont faire la même chose; car on m'a dit que c'est bien payé; parce qu'il y a beaucoup de vacances

(vi) avoir un tempérament désinvolte; une bonne santé; une bonne mémoire; de la discrétion; le sens des responsabilités; une certaine maîtrise de soi; le sens de la ponctualité; de l'affabilité; des connaissances techniques; de la persévérance; une formation professionnelle; de la débrouillardise; savoir s'entendre avec ses collègues; de l'honnêteté, de la propreté

(vii) retardataires; sales; sans formation professionnelle; difficiles; réservés; inquiets

(viii) savoir travailler sans être surveillé; avoir un horaire fixe; ne pas s'ennuyer; être libre d'organiser son travail; aimer son travail; avoir des avantages sociaux

(ix) ne pas travailler la nuit; travailler tout seul; ne pas travailler pendant le weekend; travailler dans un bureau; travailler en plein air; être bien rémunéré

(x) s'ennuyer; être matinal; ne pas avoir de contact avec les autres employés; être surveillé; être serré dans un bureau

Essay

1. You are leaving school at the end of the session and would like to spend two months in France before you start your college or university course. Write, in French, a letter of 250–300 words to the tourist information office in a town in a region of France you would like to visit to find out if work is available in
   (i) a *colonie de vacances*
   (ii) a hospital or organization set up to help poor, maladjusted or handicapped children
   or (iii) grape-picking in a wine-producing region.
   In the letter you should indicate when you can start, how long you can stay, and why you want to work in France. You should enquire about working hours, how much you will be paid, and board and lodging.

2. Write to your French penfriend and tell him/her about a temporary job you have taken after school or at the weekend. Describe what you do, the people you work with, the hours you work and the amount you earn. Say what you like or dislike about the job.

3. *Que pensez-vous du slogan: 'Le travail, c'est la santé?'*

Exercise

Rewrite the following text so that a minimum of expressions in the subjunctive are used:

– Il veut que tu fasses la réparation.
– Alors, qu'il cherche quelqu'un d'autre.
– Mais il compte sur toi.
– Crois-tu qu'il soit vraiment sérieux?
– Bien sûr que oui!
– Il faut quelqu'un qui soit beaucoup plus compétent que moi dans ce domaine.
– Je crains que tu n'aies pas le choix. Cela a un caractère urgent et bien que tu ne veuilles pas le faire, tu t'y verras contraint!
– Quoi qu'il dise, je ne suis pas assez calé en mécanique pour effectuer ce genre de réparation. Qu'il cherche ailleurs!

Translation into English

1. Je suis déçu que tu ne puisses pas nous aider.
2. C'est dommage que tu ne sois pas capable de le faire.
3. Repose-toi bien pour que nous puissions te revoir bientôt.
4. Bien que tu ne sois pas là, nous pensons à toi.
5. Il faut que tu gardes le lit.
6. Je ne pense pas que tu doives reprendre le travail avant la semaine prochaine.

Translation into French

1. We have to work together.
2. I want you to help him.
3. Although he finds the work difficult, he is doing his best.
4. It is a pity that he cannot manage on his own yet but he is young and will improve.
5. Provided that he works hard, we should help him.
6. Do you want him to stay?
7. I am not sure that he likes the work.

8. It is possible that we have made a mistake.
9. We were asked to sign the contract.
10. I was told that he did it.
11. He was seen leaving the building.
12. Many mistakes have been made.
13. The incident is not easily explained.

Exercise

Study carefully the sentences below and say why the subjunctive is not used:

1. Je suis content de le faire pour vous.
2. Je suis désolé de vous avoir fait attendre.
3. Il faut travailler pour gagner sa vie.
4. Il est possible de faire ce travail tout seul.
5. Ne lui ordonne pas de le faire! Il refuse de le faire.
6. Il est temps de partir.
7. Il vaut mieux ne rien dire.
8. N'oubliez pas de lui dire 'au revoir' avant de partir.
9. Il vous répondra sans hésiter qu'il ne veut pas y aller.
10. Je regrette de vous avoir dérangé.

Reading passage/Essay work

UN REPOS BIEN MÉRITÉ

Plus d'emploi et trente mille francs: c'est le choix d'une demoiselle de cinquante-deux ans qui vient d'abandonner volontairement son travail. Trois petits millions de centimes qui vont lui permettre, pour la première fois depuis qu'elle travaille, de s'offrir un automne et un hiver dans le calme de la vieille ferme restaurée qu'elle habite à deux kilomètres du village haut-savoyard de la Balme-de-Sillingy. Trois millions de centimes que lui a offerts la Société Dupont pour démissionner.

Dans le jardin plein de fleurs, Mlle Chatoux savoure donc ses premiers jours de vraie liberté. Ces premiers jours où elle peut vivre au rythme de la saison et non plus à celui de l'usine. Sur son banc elle somnole. Elle revoit ces trente années laborieuses qui l'ont conduite de sa Creuse natale à ce petit coin proche de la montagne. Elle revoit ces huit années passées derrière un austère bureau des Assurances sociales qui ne s'appellent pas encore Sécurité sociale. Un beau jour Mlle Chatoux se décide. Elle abandonne l'administration pour se consacrer aux orphelins d'une institution lyonnaise. Elle ne se mariera pas. Elle a bien assez à faire comme cela, bien assez d'enfants. Pour ces enfants dont elle devient la seule famille, elle ira jusqu'à acheter l'antique ferme de la Balme. On la rénove, on la décore, on la baptise le 'Bois Joli', et elle devient le lieu de vacances des petits enfants—ces orphelins lyonnais.

Et puis vient le jour, il y a quelques années, où, faute de crédits, l'orphelinat ferme ses portes. Pour Mlle Chatoux la rupture est cruelle. Elle revient habiter sa maison savoy-arde. Mais cette bâtisse, où pendant des années les cris et les rires des enfants, de 'ses' enfants, ont fait trembler les murs, est devenue trop silencieuse.

Elle entre alors à l'usine Dupont qui fabrique des briquets à quelques centaines de mètres de chez elle. C'est peut-être au-delà de ses forces, mais elle serre les dents. Pendant trois ans, malgré son immense fatigue, elle tiendra. Jusqu'à ce 18 août dernier où ce repos tant souhaité lui est enfin accessible. Ce jour-là dans l'usine, c'est la fièvre qui naît, presque la folie. En effet, la direction vient ce matin de faire une proposition: ceux des employés de l'usine qui accepteront de donner leur démission recevront un chèque de 30 000 francs. Ils auront jusqu'au 15 octobre pour se décider.

Le Figaro

(a) Imagine that you are an employee at the factory where Mlle Chatoux works. Write out the conversation you have with her on hearing the news on 18th August.

or

(b) If you were Mlle Chatoux, what would you have written in your diary on 18th August?

Le voyageur

Refrain: Tous ces milliers de kilomètres
Toutes ces routes parcourues
Tous ces visages dans la pénombre
Tous ces visages d'inconnus

Pour nous partir n'est plus partir
On a sa maison dans sa tête
Le paysage faut qu'il défile
Derrière les vitres d'une bagnole
On ne s'arrête pas plus d'un soir
De peur de prendre racine

Refrain

Tous ces visages qui n'en font qu'un
Et qu'on finit par bien connaître
S'ils sont venus c'est qu'il faut croire
Qu'on a quelque chose en commun
Qu'on est pareils ni plus ni moins
Qu'ils viennent entendre leur propre chant

Refrain

Les gens qui viennent sont comme des portes
Les unes ouvertes les autres fermées
Les uns viennent pour juger
Avec des critères plein la tête
Les autres viennent pour aimer
Comme on va à une fête

Refrain

Moi ça m'rend meilleur de chanter
Ça me libère ma tendresse
Je chante pour ce visage fervent
Entrevu l'espace d'un instant
Quelque part, je ne sais où
Quelque part, je ne sais quand

Refrain

François Béranger, 1979

Oral work

Discuss in pairs or in groups the aspects of the performer's
life and work which are revealed in '*Le voyageur*'. What are
his main preoccupations?

Role-playing

Your partner has to think of a profession. Once he/she has made up his/her mind, he/she writes it down on a piece of paper and turns it face down in front of you. You have to find out what profession he/she has chosen by asking up to twenty questions. Your partner is limited to four responses — *oui, non, quelquefois, peut-être* — so be careful how you word your questions. Your partner is the winner if you are unable to discover what profession he/she has chosen after twenty questions have been asked.

Here are some sample questions. Try to think up some more!

Pouvez-vous faire ce travail chez vous?

Habitez-vous près de l'endroit où vous travaillez?

Est-ce que vous devez vous déplacer au cours de votre travail?

Vous travaillez en ville/à la campagne/dans un bureau/en plein air etc.?

Est-ce que vous travaillez seul(e)?

Est-ce un travail intéressant/ennuyeux/fatigant/agréable/désagréable?

Etes-vous bien rémunéré?

Faut-il être diplômé pour faire ce travail?

Est-ce que vous fabriquez quelque chose?

Travaillez-vous dans le secteur tertiaire?

Est-ce que vous prenez des décisions?

Travaillez-vous dans l'administration?

Vous travaillez pendant la nuit/le week-end/tous les jours?

Avez-vous plus d'un mois de vacances en été?

76

Replying to an advert for a job

On recherche secrétaire à temps partiel (4h par jour) 5 jours lundi-vendredi pour taper des lettres, répondre au téléphone, faire la comptabilité.
Bonne rémunération. Pour plus amples informations, s'adresser à M. Brunot, Agence Cédex, Paris 342 54 66.

Specimen letter of application

(date)

    Mademoiselle,
    En réponse à votre lettre en date du . . . qui m'a vivement intéressé, je vous prie de bien vouloir vous présenter à mon bureau, le lundi 10 mars à 14 h afin d'avoir un entretien avec vous.
    Je vous serais reconnaissant de vous munir de vos références et dans le cas où ce rendez-vous ne vous conviendra pas, de bien vouloir le faire savoir à ma secrétaire dans les plus brefs délais.
    Veuillez agréer, Mademoiselle, l'assurance de mes sentiments les meilleurs.

(Signature)

Specimen reply

(Ville), (date),

(Nom du candidat)
(Adresse)

    Monsieur,
    Ayant lu votre annonce dans *Le Figaro* de ce jour, je vous adresse ma candidature à ce poste.
    J'ai vingt-deux ans, suis célibataire et titulaire d'un baccalauréat B(Sciences économiques) et d'un Brevet de Technicien Supérieur de secrétaire bilingue anglais-français.
    Vous trouverez ci-joint la lettre de recommandation de mon employeur précédent.
    En attendant de vous lire, je vous prie d'agréer, Monsieur, l'assurance de mes sentiments les meilleurs.

(Signature)

Interview in a local employment agency

Essay work

1. Bientôt vous aurez à choisir un métier. Quels critères allez-vous appliquer pour vous aider à faire le choix?

   Quelle est, selon vous, l'importance relative des aspects suivants:
   - le travail doit être intéressant et agréable
   - le salaire
   - les possibilités d'avancement
   - avoir des collègues sympathiques
   - une ambiance favorable au travail
   - les congés
   - les horaires
   - les relations employeur—employé
   - la sécurité de l'emploi
   - le travail doit être utile (pour qui?—la société?)

   Expliquez brièvement votre ordre de priorité.

2. Les parents, devraient-ils influencer leurs enfants lorsqu'il s'agit de choisir une carrière?

3. You want to spend a month in France attending a summer school to improve your French and knowledge of French civilization. Write to the University of Grenoble to find out if there is a course you could attend. Give details of the level of French you have reached and ask for information about course fees and the cost of accommodation.

Letter

Your friend with whom you plan to spend the summer holidays in France has asked you to translate the following letter into French. It is addressed to the Syndicat d'Initiative in the main town of the region you wish to visit.

Dear Sir/Madam,

My friend and I would like to visit your region and we were wondering if we would be able to find temporary work which would allow us to stay longer in France.

We are both eighteen years old and live in . . . . We have just left school and we will be going to university in October. We would like to spend two or three months in France but cannot afford to do so unless we find paid employment. We would consider any kind of work but would prefer to work out of doors. We have been studying French for five years and can make ourselves understood pretty well. Can you suggest anyone we could contact? We would be very grateful if you would pass this letter on to anyone whom you think might be able to offer us a job.

Yours faithfully,

📼 Listening comprehension

THE RIGHT TO STRIKE

Listen to the recorded passage then answer the questions below in English:

être affilié à to be a member of
un syndicat a trade union
améliorer to improve
nuire à to harm
une augmentation rise, increase
une atteinte an infringement

---

1. Why do many workers join a union?
2. What effect does this sometimes have on worker-management relations?
3. From the worker's point of view, what good have the unions done?
4. Is going on strike the only type of action open to trade unions?
5. What are we told about strikes?
6. Why are strikes not forbidden?
7. Are the effects of strikes confined to strikers and their families?
8. What are two common reasons for workers going on strike?
9. What other group is mentioned and in what circumstances do they feel they have to strike?

Oral work

Il y a eu récemment une grève dont vous avez été témoin. Expliquez de quoi il s'agissait en répondant à ces questions:

Qui était en grève? (les gardiens d'école? les professeurs? les employés municipaux? les routiers? les cheminots? . . .)

Quand est-ce qu'ils étaient en grève? Combien de temps la grève a-t-elle duré?

Quels étaient les mobiles des grévistes?

Quel était le point de vue du syndicat?

Le gouvernement était-il concerné?

Où est-ce que les manifestants sont allés? Qu'est-ce qu'ils ont fait?

Que portaient-ils?

Quelle ambiance y avait-il?

Comment est-ce que les mass-media ont représenté la situation?

7 Les loisirs et les sports

Sans paroles

— Oh! Comme ça c'est facile! Mais j'aimerais bien les voir sauter avec un cheval sur le dos!...

Horoscope

BÉLIER (21/3–20/4)

Il y a pas mal de contradictions ce mois-ci. Sur le plan affectif, la seconde quinzaine sera beaucoup plus heureuse que la première. Des changements peuvent se produire. Peut-être un voyage à l'étranger, un départ en vacances, des projets nouveaux et inespérés. Mais il y a aussi quelques dures oppositions qui feront que votre moral ne sera pas toujours parfait!

TAUREAU (21/4–21/5)

La période semble assez difficile, avec des soucis d'argent, des projets contrariés, des appuis qui vous manquent et des promesses non tenues. Première quinzaine plus heureuse, sentimentalement.

GÉMEAUX (22/5–21/6)

Le climat n'est pas mauvais et vous serez plutôt en forme mais vous vous plaindrez un peu de votre environnement amical, peut-être parce que vous vous ennuierez avec ceux qui vous entoureront ou que vous serez irritée par des mesquineries, des détails quotidiens et fastidieux.

CANCER (22/6–22/7)

Les événements les plus importants seront liés à votre vie sentimentale, ce qui ne signifie pas nécessairement que ces événements seront heureux. Hélas! il faut craindre en effet certaines dates: autour du 4, il faut craindre des frustrations, séparations . . . ou du 10 avec des contrariétés ou perturbations dans la vie sentimentale.

LION (23/7–23/8)

Accord parfait dans vos relations affectives. Si vous avez à défendre vos intérêts, maintenez vos positions. Des sorties vous procureront d'heureuses diversions.

VIERGE (24/8–23/9)

Le 24 fait craindre des changements que vous ne souhaitez pas, des événements qui vous bousculeront ou des projets perturbés. Le 28 en revanche favorise les affaires ou promet une belle rentrée d'argent, une satisfaction dans la vie sociale, des joies . . . Entre le 10 et le 28, vous serez très active, vous vous ferez des amis mais le 24, une petite déception est à craindre.

BALANCE (24/9–23/10)

Il y aura peut-être des frustrations dans la vie sentimentale au début du mois mais tout ira bien à nouveau vers la fin. Vers le 10, il y a des choses importantes et positives sur le plan professionnel. Il semble que de toute façon, vous soyez moins bousculée, ou secouée qu'au cours de ces derniers mois. Il y a de bons contacts amicaux, surtout vers le 5 ou 6, ou une nouvelle importante.

SCORPION (24/10–22/11)

C'est le moment de prendre une décision difficile, de tenter une aventure, une action spectaculaire. Si vous avez des projets de vacances un peu audacieux, vous les mettrez à l'exécution et ne vous laisserez rebuter pour rien. Bonne période qui permet des victoires sur soi-même et des victoires remportées aussi sur des adversaires. Vous aurez gain de cause dans une affaire conflictuelle, à condition de ne pas lâcher.

SAGITTAIRE (23/11–21/12)

La chance sera surtout là vers le 18. Vous vous sentirez bien dans l'ensemble, ce mois-ci, sauf vers le 24 où vous serez sans doute tiraillée entre des impératifs contradictoires. Vous serez irritée par la mesquinerie de certains ou par les contraintes de la vie quotidienne. Autour du 15 il y aura de très heureuses surprises dans la vie sentimentale.

CAPRICORNE (22/12–20/1)

Vous allez vous mener sur les chemins escarpés de la liberté, de l'autonomie. Vers la fin du mois il y aura progression intérieure, interrogations fondamentales et prises de conscience.

VERSEAU (21/1–18/2)

Quelques oppositions . . . rien de grave mais vos choix seront difficiles. Vous serez plus allergique que jamais aux contraintes, à l'autorité des autres, à la compétition et aux rapports de force.

POISSONS (19/2–20/3)

La première quinzaine du mois, sur le plan affectif, peut favoriser une bonne entente; vous aurez droit à un peu de tendresse et d'affection. Matériellement, ça va à peu près bien aussi.

Oral work

1. Your partner asks: *Quelle est la date de ton anniversaire?/Quel est ton signe du zodiaque?*
   You tell him/her.
   Your partner reads your horoscope.
   You accept or reject it and give a reason why.
   You ask what you should or should not do.
   Your partner gives you advice.

2. Change roles.

3. Imagine you have to provide a description of your ideal partner in French for a computer dating agency. Give details of age, height, appearance, interests and hobbies, professional status, family background etc. to which you would attach importance.

POURQUOI CETTE RECHERCHE FRÉNÉTIQUE DU PLAISIR?

Le monde occidental est entré dans un âge nouveau – l'âge des loisirs. Des îles de la mer Égée aux plages de Sydney, en Australie, les stations et les centres de loisirs regorgent de gens qui cherchent à échapper au train-train quotidien. Des plages scintillantes des Bahamas aux sables ensoleillés d'Acapulco, au Mexique, des milliers de gens s'amusent, gambadent, ou plus simplement se dorent au soleil, font de la chaise longue ou s'abandonnent au farniente à l'ombre des huttes polynésiennes . . .

Les sociologues s'inquiètent. La preuve apparaît que nous n'apprenons pas à utiliser, convenablement, les loisirs accrus dont nous disposons. Bien sûr, le plaisir et l'amusement n'ont en soi rien de répréhensible. Chacun se rend compte que l'être humain a besoin de changer de rythme de temps en temps, de se détendre, de se reposer, d'avoir du temps pour récupérer après les tensions de la vie, du travail ou de la routine quotidienne.

Mais nous n'employons pas nos loisirs d'une façon qui puisse, à la longue, nous faire mieux profiter de la vie. A mesure que la mécanisation et la technique modernes nous permettent d'avoir plus de loisirs et de travailler moins, nous constatons que l'ennui et le sentiment de frustration s'accroissent. Quand les gens trouvent la vie ennuyeuse, quand ils n'ont aucun but, rien pour quoi vivre ou se sacrifier, aucun objectif qui les pousse à agir, ils stagnent, deviennent moroses, inquiets, aigris et irritables.

A mesure que la jeunesse a eu plus de temps libre, le nombre des assassinats gratuits, 'pour le plaisir', commis par des bandes de jeunes, a augmenté. Les jeunes cherchent de nouveaux 'excitants' pour remplir le vide de leur existence. Ils recherchent les plaisirs qui les excitent et les passionnent, car il n'y a rien de normalement excitant dans l'enseignement d'aujourd'hui, ni dans les ghettos des grandes villes, ni dans la routine de leur vie familiale.

Un autre aspect du problème, c'est l'augmentation du nombre de sujets qui semblent aller très bien du lundi au vendredi, pendant les jours ouvrables, et qui s'effondrent pendant les fins de semaine. Baptisée 'névrose des fins de semaine' par les psychiatres, cette affection se manifeste quand les gens sont libérés de leurs obligations, avec deux jours de temps libre devant eux. Ils se sentent souvent coupables, nerveux, anxieux, frustrés, tout simplement malheureux.

Certes, bien des gens profitent pleinement de leurs activités de loisirs. Tout le monde n'est pas frustré, mécontent ou malheureux. Mais des millions le sont . . . Comment doit-on employer ses loisirs? Il n'y a, certes, rien à redire à un amusement sain et honnête, qui est, et c'est normal, fort plaisant. Les loisirs peuvent être remplis d'une façon profitable et plaisante. Mais si, à la longue, la façon dont quelqu'un occupe ses loisirs est préjudiciable au bien-être, à la santé ou au bonheur futur de lui-même ou des autres, alors il doit y renoncer. Bien des activités de loisir qui s'offrent aujourd'hui peuvent être d'excellentes formes de distraction et donner à la vie du sel en même temps que de l'équilibre. Les activités de loisir qui permettent de mieux comprendre et de mieux apprécier la vie peuvent donner aussi une dimension supplémentaire au développement et à l'enrichissement d'une personnalité, et apprendre à apprécier les talents des autres.

Mais quand le loisir devient une fin en soi, quand des millions de gens commencent à faire passer l'amusement et le jeu avant les affaires sérieuses de l'existence, quand les activités de loisir deviennent un moyen de fuir la réalité, quand l'unique objectif du loisir devient l'hédonisme—alors toute la société est menacée.

William F. Dankenbring, *La Pure Vérité*, April 1973

Answer the following questions in English:

1. Why is leisure seen as a potential problem by sociologists?
2. What has been the effect of increased mechanisation and the introduction of modern technology on the worker? Is this surprising, in your view?
3. How are the young affected?
4. Describe the phenomenon which could be called 'the week-end syndrome'.
5. Point out: a) the positive aspects b) the negative aspects of pursuing leisure activities.

Translation into French

Last Saturday Catherine and her friend Susan went to a disco. She was wearing a new pair of slacks she had just bought. She looked really great. They suited her.

When they got to the disco, the girls looked for their friends. Peter was there but Henry wasn't.

'Where's Henry? Hasn't he come?'

'I don't know. I've just arrived. He'll be coming, I'm sure.'

Susan and Peter went and danced. Catherine wanted to dance too. She looked at the boys sitting at the bar. There was one who seemed to be alone. He was good looking and had long blond hair. She decided to ask him to dance.

'My friend hasn't arrived yet. Will you dance with me?'

'I've been waiting a long time for my friend too. I'd love to dance with you. My name's Michael. What's yours?'

'Catherine. Come on then. Let's dance.'

Henry did not arrive. He must have been ill. Michael's friend didn't arrive either. So Catherine and Michael spent the night dancing together. About eleven o'clock the girls had to go home.

'Are you coming here next Saturday?' asked Michael.

'I suppose so,' she replied.

'I'd like to dance with you again.'

Catherine was very happy to hear Michael say that. He was very nice and she was rather pleased to have met him. He asked to see her home. She agreed. But how was she going to explain to Henry about Michael? There was no point in worrying about that. He could have let her know that he could not come. It was his fault.

Role-playing 1

One of you is relaxing on the beach in the South of France. You notice that there are sailboards for hire. Find out how much it costs to hire a sailboard (*une planche à voile*), if tuition is available (when? how much?) or if it is possible for a complete beginner to hire a sailboard without first having had lessons. Find out how many lessons you need and ask for some general advice as to how you should go about learning the sport.

The other plays the role of the person in charge of the equipment.

Role-playing 2

PERSON IN CHARGE OF SAILBOARDS

Cost of lessons varies according to whether you take group or individual lessons. Children pay less than adults.

General advice:
Always wear a life-jacket (*un gilet de sauvetage*)
Stay near the shore and avoid deep water
Stay away from swimmers to avoid accidents

L'AURORE

 ouest france

 Le Parisien libéré
134, RUE RÉAUMUR - PARIS-2 231 75-30 (lignes groupées) PUBLICITÉ GÉNÉRALE : 114, CHAMPS-ÉLYSÉES
LE PLUS FORT TIRAGE DES QUOTIDIENS FRANÇAIS DU MATIN

LE FIGARO

Le Monde

EST RÉPUBLICAIN
LE PLUS FORT TIRAGE DES JOURNAUX DE L'EST DE LA FRONTIÈRE BELGE À LA FRONTIÈRE SUISSE

PARIS JOUR

Le Républicain
EST·JOURNAL Lorrain

LA VOIX DU NORD

LA NOUVELLE RÉPUBLIQUE
DU CENTRE-OUEST

LE DAUPHINÉ libéré

France-Soir
PARIS-PRESSE dernière heure

LE PROVENÇAL

Dernières Nouvelles d'Alsace

Midi Libre
Grand quotidien d'information du Midi LE PROVENÇAL

SUD-OUEST
Grand Quotidien Républicain Régional d'Informations

LA MONTAGNE
GRAND QUOTIDIEN Centre France D'INFORMATION

LE PROGRÈS

nice-matin
LE GRAND QUOTIDIEN D'INFORMATIONS DU SUD-EST ET DE LA CORSE

LA DÉPÊCHE
TOULOUSE JOURNAL DE LA DEMOCRATIE du Midi

La presse et son public

L'achat d'un journal n'a pas en lui-même une signification claire. Ce geste peut recouvrir des comportements très différents. Entre le monsieur qui parcourt distraitement son journal pour occuper un trajet en métro, et celui qui lit consciencieusement un quotidien d'information, peut-être même le découpe pour conserver les articles intéressants, la différence est considérable. Ainsi, au-delà des statistiques sur la vente des journaux, il faut essayer de saisir l'attitude concrète des lecteurs sans se cacher les difficultés pratiques d'une telle étude.

Le temps passé à la lecture fournit un premier indice. D'après certaines enquêtes, il peut varier de quelques minutes à une heure et plus. 56% des lecteurs consacreraient une durée allant d'une demi-heure à une heure chaque jour à leur journal; 33% plus d'une heure; 11% moins de quinze minutes. Mais ces chiffres ne fournissent que des indications assez frustes. Car pendant ce temps, que lisent les intéressés?

L'attention portée aux différentes rubriques est très variable. Dans la presse de province, ce sont les nouvelles locales qui suscitent l'intérêt le plus grand. Viennent tout de suite après les bandes dessinées, les dessins humoristiques. L'éditorial, selon la personnalité de son auteur, peut être lui aussi bien placé. Reportages, enquêtes, feuilletons et sports se partagent ensuite l'attention des lecteurs. Cet ordre de préférence n'est pas propre à la France; il se retrouve dans de nombreux pays. Il ne correspond pas nécessairement à l'ordre de lecture; plusieurs lecteurs procèdent d'abord à la revue des gros titres et à un coup d'œil sur la politique.

Edmond Marc in *Dossiers de 'Tendances'*, No. 26, June 1967

Written Oral work

Answer the following questions in French:

1. Lisez-vous les journaux régulièrement, de temps en temps, une fois par semaine, ou presque jamais?
2. Trouvez-vous difficile d'obtenir des journaux français?
3. Est-ce que votre professeur de français vous encourage à lire des journaux français?
4. Quels sont les articles qui vous intéressent le plus — ceux sur l'information, les finances (la Bourse), les bandes dessinées, les mots croisés ou les sports?
5. Quel genre de feuilleton préférez-vous: policier, historique, comique, d'horreur, romantique?
6. Que lisez-vous d'abord quand vous dépliez votre journal, quotidien, hebdomadaire, ou mensuel: les gros titres, le programme TV, les bandes dessinées, le feuilleton, le bulletin météorologique, la Bourse, la page des sports?

Essay/Oral work

Un nouveau magazine pour jeunes va sortir. Il propose un questionnaire pour connaître vos goûts et vos désirs. Qu'allez-vous répondre à la question: *Quel genre d'articles voulez-vous lire et écrire pour votre magazine?*

(*Roman feuilleton; mode et maquillage; recettes; films; sports; jeux; conseils de bricolage etc.; jardinage; horoscope.*)

Comprehension

WINDSURFING, THE WAY FORWARD!

The text below offers the beginner advice. What is the recommended procedure?

Dix conseils pour bien débuter

1. Cela vous semblera peut-être paradoxal, mais entraînez-vous d'abord sans voile. Tenir debout sur le flotteur doit être votre premier objectif.
2. Quand vous commencerez à trouver l'eau un peu fraîche, plantez le pied de mât dans le sable et apprenez à sentir la force du vent dans la voile.
3. Pour commencer, choisissez un jour de petite brise, une mer plate (éloignez-vous un peu des rouleaux de bord de plage) et évitez si possible un vent de terre.
4. N'essayez pas de retenir la voile à la première risée. Laissez-la plutôt tomber à l'eau à votre place.
5. Surtout ne vous crispez pas (rien n'est plus crispant que ce conseil!). Soyez souple.
6. Apprenez en priorité à tirer des bords pour remonter au vent. C'est une règle de prudence.
7. Évitez de trop plier les bras pour rester tout près de la voile. Essayez plutôt de vous écarter d'elle.
8. En relevant la voile, à l'aide de la tireveille, croisez les bras pour placer *d'abord* la main la plus proche du mât sur le wishbone.
9. Apprenez à faire pivoter la planche en maintenant la voile tout juste gonflée. Ainsi, vous pourrez toujours vous placer dans la bonne direction.
10. Ne vous démoralisez jamais si quelqu'un rit sur la plage.

Ça m'intéresse, No. 29 July, 1983

85

'Fans' ou fanatiques?

C'est souvent l'angoissante question. Les 'fans' aiment le football. Ils s'identifient avec une équipe, portent bonnets, foulards et maillots aux couleurs de leurs clubs avec lesquels ils se déplacent aussi à l'extérieur. Ces dernières années, beaucoup de clubs de supporters se sont fondés, invitant les vedettes du 'foot' à des discussions.

Les 'fans' s'enthousiasment vite, sans doute mais surtout pacifiquement. Les fanatiques, par contre, ou les voyous déguisés en supporters, sont la terreur des clubs de football. Ils utilisent l'ambiance pour créer des bagarres. Les 'fans' pacifiques ont leurs cris et leurs chants de bataille.

Scala No. 5, 1980

Essay work

Write, in French, a short article about an incident at a football match in which a footballer disagrees with the referee's decision and is sent off. Try to incorporate some of the following verbs:

essayer de
tâcher de
cesser de   + *infinitive*

s'arrêter de
refuser de   + *infinitive*
conseiller de
interdire de
défendre de
permettre de

Translation into English

UNE SOIRÉE DE TERREUR

– C'est fini pour moi le football. Plus jamais je ne retournerai au stade. Plus jamais.

Sur son lit d'hôpital, Daniel Charoin (28 ans) grimace de douleur. Il attend qu'on l'opère d'une fracture ouverte du fémur.

– Depuis mercredi, dit-il, j'ai dû dormir deux heures au total. Une demi-heure par nuit . . . Mais je n'accuse personne. Qui a commencé? Je ne sais pas et je n'ai pas envie de le savoir. C'est la fatalité, voilà tout.

Comme d'habitude, Daniel était arrivé très tôt au stade mercredi soir, pour les débuts de Saint-Étienne contre les Anglais de Manchester United en 'Coupe d'Europe des vainqueurs de coupe'.

C'est un spectateur modèle qui aime le foot pour le foot. Avec lui, son frère et ses deux beaux-frères. Tous les quatre vont s'installer dans le bas de la tribune Sud, juste derrière le but. Pourquoi là et pas ailleurs? Parce que Daniel joue gardien de but dans l'équipe de 'Manufrance' et que chaque match est pour lui prétexte à leçons. C'est encore à cela que pensait Daniel mercredi soir, sur le coup de 19 heures. Et c'est tout juste s'il se rendait compte de l'arrivée bruyante dans la tribune de quelque cinq cents supporters de Manchester United.

– Bien sûr, dit-il, ils faisaient du chahut, ils paraissaient ivres. Mais à Saint-Étienne, j'en avais vu bien d'autres dans ce cas.

Une première poussée les oblige à descendre de deux rangées. Deuxième poussée vers le bas. Daniel est collé à la grille de fer. Soudain, la barrière cède, doucement très doucement.

– J'ai eu très peur. Je suis resté bloqué pendant deux ou trois minutes. On nous piétinait. Finalement, on m'a relevé. C'est alors que pour la première fois, j'ai eu mal à la jambe. Je me souviens seulement qu'à l'arrivée à l'hôpital, j'ai crié 'Ne me coupez pas la jambe'.

Oral work

Demandez à votre partenaire comment il/elle passe ses loisirs. Posez-lui ces questions:

– Quels sports pratiquez-vous en été? Et en hiver?
– Croyez-vous qu'on attache assez d'importance aux sports dans votre lycée?
– Aimez-vous la lecture?
– Passez-vous beaucoup de temps à regarder la télévision et à écouter la radio?

– Aimez-vous la musique?
– Jouez-vous d'un instrument de musique?
– Sortez-vous avec des copains/copines pendant le week-end? Qu'est-ce que vous faites?
– Y a-t-il des activités organisées pour vous par votre lycée ou par la municipalité?
– Estimez-vous que les jeunes doivent organiser eux-mêmes leurs loisirs?
– De quoi ont-ils besoin pour réussir?

Role-playing

One of you is staying with your penfriend in France. He/She has just received a phone call inviting him/her to a party. You have been invited too. You have not met the person who is organising the party.

Find out what kind of person the organiser is, where he/she lives, when the party will start and finish, what kind of party it will be, how many will be going and if you will know any of them.

Discuss what you might wear.

The other plays the penfriend.

Jeu: La Coupe de France de rugby

En arrivant chez son ami Albalabero, secrétaire de la Fédération française de rugby, Clovis Olou trouva celui-ci très préoccupé.

— Savez-vous, lui dit-il, que l'on va organiser l'an prochain une coupe de France de rugby?

— Bravo, dit Clovis, qui aimait bien voir les autres se donner des coups.

— Vous allez pouvoir m'aider, car je suis embarrassé! Je suis chargé de recruter les arbitres qui nous seront nécessaires. Un arbitre par partie, autant d'arbitres que de parties. Il me faut donc calculer le nombre de celles-ci et je n'y parviens pas.

— C'est pourtant simple!

— Pas autant que vous croyez. Ce serait simple s'il y avait 16, 32, 64, 128 équipes . . . mais, pour des raisons de politique locale, la Fédération en a retenu 161! Il y aura donc un système d'éliminatoires compliqué, avec exemptions. On exemptera une équipe au premier tour, et on opposera les 160 autres deux à deux, ce qui donnera 81 qualifiés. On exemptera une équipe du deuxième tour et on opposera les 80 autres, ce qui donnera 41 qualifiés . . . et ainsi de suite jusqu'à ce qu'il ne reste plus que deux équipes pour la finale.

— Eh bien, voyons, mon ami, il y aura x parties, dit Clovis.

— Comment avez-vous fait pour trouver ce résultat instantanément?

— C'est enfantin, dit Clovis. Je n'ai fait aucun calcul, effectué aucune opération.

Sans faire vous-même aucune opération, trouvez le nombre de parties et donc d'arbitres nécessaires.

J. P. Alem, *Jeux de l'esprit et divertissements mathématiques*, *Éditions du Seuil*

(Solution at bottom of page 91)

Essay work

1. You returned home late from a party last week-end to find your mother and/or father waiting up for you.

   Write, in French, a letter to a penfriend to tell him/her about this party, the confrontation which occurred after it and the likely consequences if you are late again.

2. Préférez-vous les sports de participation aux sports de spectacle? Pourquoi?

3. Comment échappez-vous à l'ennui pendant vos loisirs?

4. Courir, Plonger, Sauter c'est aussi important que Lire, Écrire, Réciter.

5. Write to your French pen-friend and tell him/her about an exciting match or game you played or watched recently.

Listening comprehension

LE TRANSISTOR A TOUT CHANGÉ

Listen to the recorded passage then answer the following questions in English:

le poste	set, station	*éteindre*	to switch off
la T.S.F.	wireless	*exigence* (f)	demand

1. What change in listening habits did the transistor bring?
2. How did the public tend to view radio listening before the transistor came on the market?
3. How did this attitude affect the kind of programmes broadcast?
4. What features characterize the transistor?
5. How and why have programmes changed?

Comprehension

LA TÉLÉ EST EN PANNE!

. . . Un certain silence règne ici, celui qui consiste en l'absence de paroles. Il n'y a pas de lieu communautaire où l'on pourrait se réunir et parfois demander un service. Les affiches aussi sont interdites. Alors il ne reste que les brèves rencontres dans les ascenseurs – quand ils marchent. Les quelques secondes que nécessite l'élévation dans les étages supérieurs favorisent d'inoubliables tête-à-tête. Il s'agit de regagner au plus vite son étage et de ne pas retarder les impatients qui attendent au rez-de-chaussée. Tout se passe en trois temps. Cela commence par un 'bonjour', continué par une interrogation sur le bouton qui convient—'quel étage?' – et finit par un rapide 'Au revoir' sur lequel se termine l'ensemble de la conversation et, en général, l'échange entre voisins. Il ne reste qu'à se résigner et à se forger une saine philosophie: chacun chez soi, chacun pour soi . . . et la télévision pour tous.

La télé est en panne! . . . Dès que l'on prend connaissance de l'étrange nouvelle, on va se renseigner. Est-ce que le sinistre atteint tout le pays? Non, chez les voisins d'en face la télé marche. Ah! Quelle injustice! C'est atroce! Les gens se rassemblent par petits groupes. La solidarité naît dans le malheur. Dans l'ascenseur, après avoir appuyé sur le bouton, on prend le temps de se lamenter. Mais l'endroit où l'on se rassemble pour parler, c'est devant la loge des gardiens. L'angoisse se manifeste. Les réclamations arrivent. La gardienne est affolée – que peut-elle faire? Elle accuse l'antenne et dit qu'un technicien va venir. En entendant cette nouvelle, les gens sont soulagés. Mais le technicien n'arrive pas.

Les gens continuent à envahir l'escalier. On vient pour s'informer et puis on reste et on parle. Le même mal atteint tous ces gens et alors ils communiquent, ils se font même des confidences, là, dans l'escalier. On parle de tout. On parle de l'acteur populaire qui passe dans le film ce soir, le film qu'on ne pourra pas regarder. On parle des dettes occasionnées par l'achat d'une télé-couleur . . . et ainsi de suite. Le passage du dépanneur ne résout rien car après son départ on s'aperçoit que la moitié de la maison est encore privée de télé. Devant la loge, sur l'escalier, les sinistrés sont en colère. Ils énumèrent les raisons qu'ils ont de se plaindre.

Une privilégiée passe au milieu des victimes. D'un ton apaisant, elle dit: 'Ne vous en faites pas. Mon mari est un peu bricoleur. Il vous fera le nouveau réglage.'

Irait-on jusqu'à s'entraider?

Toutes ces alarmes n'étaient que vaines car dès le soir la télé marche pour tout le monde.

'Bonjour. Quel étage? Au revoir.' Tout le monde est calme dans l'escalier. Les choses sont rentrées dans l'ordre. Il n'y a plus besoin de se parler.

Eveline Laurent in *Le Monde*
6.10.74. (adapted)

Answer the following questions in English:

1. What is the problem facing the inhabitants of the tower block?
2. What factor adds to their discontent?
3. What 'beneficial' effect does the incident have on the people involved?
4. What does the caretaker propose doing?
5. What do the people do meanwhile?
6. Does the technician solve the problem?
7. Who then arrives on the scene?
8. How does she hope to remedy the situation?
9. Assess the part played by television in the lives of the inhabitants of the flats.
10. What do you think of their way of life? Would you like to live in this kind of environment? Why?

Oral work

Votre copain/copine et vous, avez-vous les mêmes goûts?

Demandez à votre copain/copine de vous indiquer le nombre d'heures qu'il/qu'elle passe à écouter les différentes émissions à la radio ou à la télé, puis faites une comparaison avec le nombre d'heures par semaine pendant lesquelles vous écoutez les programmes que vous préférez.

GENRE D'ÉMISSION	A LA RADIO		A LA TÉLÉ	
	lui/elle	moi	lui/elle	moi
Musique classique				
Musique moderne/populaire				
Émissions dramatiques				
Documentaires et reportages				
Actualités				
Sport				
Films				

Reading passage

Télé-ennui

Que de nombreux téléspectateurs s'étonnent ou se scandalisent du fait que les informations soient orientées me paraît relever d'une ingénuité que j'admire. Rien n'était plus prévisible, et pour moi prévu, et c'est d'ailleurs sans importance.

En effet, il est facile de fermer son poste à ce moment-là, d'autant plus que les nouvelles données par la télé à 20h00 sont déjà dans les quotidiens du matin (sauf peut-être les résultats sportifs).

Non, le plus grave n'est pas là, ce qui est grave, c'est que sous prétexte de culture ou de je ne sais quoi, la télévision, sur les trois chaînes, soit devenue mortellement ennuyeuse. Il est pénible de constater qu'avec des moyens techniques aussi perfectionnés on ne puisse présenter que des 'téléfilms' aussi pauvres. De même, peut-être par souci d'économie, la plupart des films diffusés sont 'minables'.

Seule échappe à cette critique la diffusion en direct des spectacles sportifs et encore, à la condition qu'on ne nous coupe pas la finale du tournoi de Nice à deux jeux de la fin pour nous passer un dessin animé que mes petits enfants eux-mêmes ont traité de 'débile'.

B. de Villemandy (Boulogne) in 'Dialogue avec nos lecteurs'
Le Figaro, 16.4.82.

Oral work

Discuss in French some of the programmes shown on television last week. Your partner expresses views similar to those in the passage above. You try to counter the arguments.

TELEVISION JOURNALIST HENRI APPIAT INTERVIEWS A FRENCH JOURNALIST AND BROADCASTER

Appiat: . . . Votre activité vous met en contact quotidien avec les deux moyens de communication de masse les plus puissants, la télévision et la radio. J'aimerais vous demander ce que vous pensez personnellement sur les chemins que ces deux moyens de communication doivent suivre dans l'avenir, sur leurs rôles respectifs, leurs qualités et leurs défauts; comment peuvent-ils se comparer face au public et face aux professionnels que vous êtes.

Journaliste: Je vous dirais, d'abord, que j'ai toujours préféré la radio à la télévision. Il m'est quelquefois arrivé de penser que j'avais fait une bonne émission de radio. Je crois que la télévision n'est pas un art, c'est un mode d'expression; tandis que la radio peut être parfaite, notamment dans la propagation rapide des nouvelles et aussi dans tout ce qui concerne le domaine de la musique. Quand je ferme les yeux, j'écoute mieux la musique que quand je regarde les instrumentistes jouer. C'est pour cela qu'à la radio la musique me paraît beaucoup plus pure qu'à la télévision où je suis gênée parce que je dois suivre les gestes du violoniste, du pianiste ou du chef d'orchestre. Je crois donc que la télévision a comme avenir de montrer un certain nombre de faits très rapidement, de donner dans le domaine de l'information des titres pour ne pas lasser l'attention, la double attention, qu'on sollicite du spectateur et qui est la vue plus l'ouïe, tandis que la radio, elle, peut aller beaucoup plus au fond des choses. Pour moi, il me semble que non seulement la radio ne disparaîtra jamais, mais que dans deux ans, trois ans, elle retrouvera la plénitude qu'elle avait avant la création de la télévision.

Appiat: Vous pensez donc que la radio permet chez l'auditeur une concentration intellectuelle et une concentration de l'attention plus grande que la télévision?

Journaliste: J'en suis persuadée. La télévision fait appel au regard et à l'oreille, c'est-à-dire à la vue et à l'ouïe. L'intelligence des spectateurs est donc obligée de se partager—qui dit: intelligence dit: concentration—tandis qu'à la radio il n'y a que l'oreille qui écoute, que l'oreille qui travaille et la communication entre le cerveau, donc de l'intelligence et de l'oreille, alors, cette communication se fait plus facilement. Je m'enrichis personnellement beaucoup plus à une bonne émission de radio qu'à une bonne émission de télévision.

Answer the following questions in English:

1. What are the journalist's views on radio and television?
2. Which does she prefer? Why?
3. Do you agree with her?

SOLUTION TO JEU: LA COUPE DE FRANCE DE RUGBY (Page 88).

A chaque partie, une équipe et une seule est éliminée. Pour arriver au gagnant de la coupe, il faudra éliminer 160 équipes, donc faire jouer 160 parties.

Translation into French

1. The film was extremely boring.
2. It was the best performance of the play I have seen.
3. It is an extremely entertaining play.
4. Lying on her bed, the girl listened to pop music for hours on end.
5. When the boy came home, his father asked him where he had been and what he had been doing.
6. How long have you been watching this film?
7. What are you doing?—I'm listening to a concert on the radio.
8. She listened to the news as she laid the table.
9. They started by working but ended up watching television.

Translation into French

'Good heavens! Hasn't that film finished yet?' said Anne to her brother Peter, somewhat annoyed.
'No, it hasn't, but it won't be long.'
'How long have you been sitting there watching it?' asked Anne angrily.
'Since 7 o'clock. It's very exciting.'
'What is on the other channels?'
'I don't know.'
'You can tell how it's going to end. You don't have to see it all, do you?'
'Shh!'
'Oh come on, change the channel!'
'Go away! When you're watching a programme you enjoy, you don't like me to come in and change to something else, do you? I've been working hard today and I want to relax watching this film.'
'But you've been sitting there for hours.'
'So what?'
'You're becoming very lazy. Is there nothing else you can do instead of watching television?'
'No. I'm too tired. Leave me alone.'

Essay work

Write 300 words on one of the following:

1. A la question: *La télévision est-elle bénéfique ou nuisible?* que répondriez-vous? Êtes-vous un partisan ou un détracteur de la télévision?

Pour les partisans la télé est . . .
– un bon élément de culture et d'information pour élargir les connaissances (actualités, télévision scolaire, documentaires).
– un moyen de rapprocher les parents et les jeunes en les mettant au courant des connaissances nouvelles.
– un moyen de regrouper la famille en empêchant les membres de déserter le cercle familial.
– un moyen de distraction moins coûteux que le cinéma, le théâtre ou la discothèque.
Pour les détracteurs la télé peut . . .
– être nuisible au travail scolaire.
– développer une passivité intellectuelle.
– provoquer l'anxiété chez les enfants (programmes où figurent la violence, le crime).
– ruiner les échanges familiaux et sociaux.
– faire coucher tard les enfants: les enfants sont trop fatigués pour travailler à l'école le lendemain.

2. *La télévision, monopole de l'état ou indépendante?* Êtes-vous favorable ou hostile au monopole de l'état en ce qui concerne la télévision?

3. A votre avis, quel est le rôle le plus important de la télévision: élargir les connaissances, distraire ou informer?

4. Vous êtes invité à la station de radio locale pour expliquer aux auditeurs un projet organisé par votre école pour gagner beaucoup d'argent. Cet argent est destiné à contribuer au bonheur des personnes âgées, malades et handicapées. Décrivez la conversation que vous avez eue avec le reporter.

5. Choisissez un film que vous avez vu récemment et faites-en la critique en répondant aux questions suivantes:
Quel est le titre du film?
Où est-ce que l'action se déroule?
Est-ce que l'histoire est fondée sur un roman que vous avez lu?
Si oui, est-ce qu'on a fait une bonne adaptation du roman?
Est-ce que l'action est simple ou compliquée?
Racontez brièvement l'histoire du film.
Qu'est-ce que vous pensez de
   (a) la distribution des rôles?
   (b) la mise en scène?
   (c) les effets sonores et lumineux?
Résumez en quelques mots vos impressions et les raisons pour lesquelles on doit aller voir ce film.

8 La santé

— Voilà docteur,
je n'ai jamais
été malade,
et
ça commence
à m'inquiéter.

CHEZ LE MÉDECIN.
Un vieux paysan malade pour
la première fois de sa vie,
décide d'aller chez le médecin.
'Voilà, je ne sais pas ce que j'ai,
cela fait plusieurs jours que j'ai
mal au ventre.
— Bon, nous allons voir ça.
Déshabillez-vous.
— Pourquoi? Vous ne croyez
pas ce que je dis?'

PSYCHIATRE

— Je suis guéri!... Ça va donner un coup
à l'impératrice...

Reading comprehension

POUR AVOIR UN TEINT DE PÊCHE, NE MANGEZ PAS D'ORANGES!

Nous sommes très nombreux à ne pouvoir nous passer au petit déjeuner du sacro-saint jus d'orange en plus des toasts, croissants ou brioches arrosés de thé ou de café. N'est-ce pas une boisson des plus toniques, gage d'un départ du bon pied?

Erreur, affirment des médecins. Non seulement cet apport supplémentaire de calories n'est pas tellement énergétique, mais il est nuisible pour la santé. Rien de plus faux que le proverbe arabe qui dit que 'l'orange est d'or le matin, d'argent à midi et de plomb le soir'. Si la comsommation de fruits n'est pas à recommander dès l'aube, c'est que l'organisme, pas encore tout à fait réveillé (cœur plus lent, circulation ralentie), ne serait pas à même de brûler complètement les acides qui s'y trouvent. Pour certains, ils peuvent même se révéler très nocifs à la longue.

Nous avons demandé conseil à un spécialiste, le docteur Robert Masson, qui devrait, logiquement, être partisan d'une grande consommation de fruits puisqu'il ne jure que par les produits naturels. Quelle ne fut pas notre surprise de l'entendre dire que, bien souvent, des grandes fatigues, des manques de tonus, des insomnies, des crises de crampes ou de spasmes, n'ont d'autre origine qu'une trop grande consommation de fruits.

Les agrumes qui ont le plus grand taux d'acidité ne rendent pas malades parce qu'on en mange trop, mais parce qu'ils ne conviennent pas du tout à tel ou tel organisme. On ne sait pas assez que la consommation de fruits doit être personnalisée. Bien des gens ignorent que s'ils aiment les fruits, les fruits, eux, ne les aiment peut-être pas.

Mais comment le savoir? Le docteur répond qu'on doit se regarder dans une glace. Il y a des signes qui ne trompent pas. On peut facilement dessiner le portrait-type de celui qui a tout intérêt à manger des fruits, comme de celui qui doit en éviter la consommation.

Maintenant, à vos miroirs, pour savoir si vous pouvez être frugivore ou non!

Avez-vous le teint coloré, le lobe des oreilles rouge et puissant? Sans doute n'êtes-vous pas très frileux et avez-vous les mains chaudes. Cela signifie que vous avez de bonnes réserves sanguines. Vous pouvez consommer des fruits en excès, vous ne vous en porterez que mieux.

Les traits de votre visage sont-ils bien dessinés, le menton bien marqué? Vos dents sont bien blanches, vous n'avez que peu de caries. De plus, vos ongles sont solides. Vous êtes à classer parmi ceux qui ont de bonnes réserves minérales et à vous aussi, il est permis de manger autant de fruits que vous voulez.

Vous grimacez très peu, vous donnez une impression de grande maitrise. Pas de poches sous les yeux, mais des paupières bien marquées. De plus, vous n'avez pas de problème de sommeil, soyez-en certain, vous disposez d'une bonne réserve nerveuse. Tout vous est permis.

Mais si vous êtes de ceux qui ont le teint pâle, les mains froides, si vous êtes du type longiligne, c'est-à-dire, plutôt grand, mince, aux muscles longs, si vous plaignez souvent d'avoir froid, de vous sentir irrité et si votre miroir révèle que vous avez la paupière inférieure creuse, alors vous avez peu de réserves minérales. S'il se trouve que vous mangez beaucoup de fruits, en particulier des agrumes comme les oranges, les citrons, les pamplemousses, les ananas, votre organisme s'épuise à brûler tous les acides qu'ils contiennent.

Gilbert Fouzon, *Ici Paris Hebdo*, 1983

Answer the following questions in English:

1. What widespread belief is challenged in this passage?
2. 'La consommation de fruits doit être personnalisée.' What does this mean? Why is it considered necessary?
3. What kind of person is:
   (a) unlikely to be adversely affected if he or she takes citrus fruit?
   (b) likely to suffer as a result of taking citrus fruit?

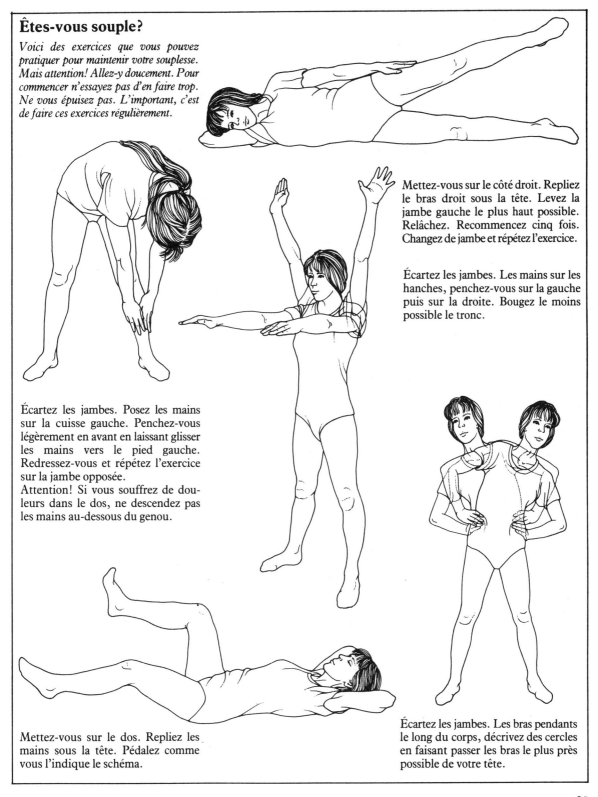

Êtes-vous souple?

Voici des exercices que vous pouvez pratiquer pour maintenir votre souplesse. Mais attention! Allez-y doucement. Pour commencer n'essayez pas d'en faire trop. Ne vous épuisez pas. L'important, c'est de faire ces exercices régulièrement.

Mettez-vous sur le côté droit. Repliez le bras droit sous la tête. Levez la jambe gauche le plus haut possible. Relâchez. Recommencez cinq fois. Changez de jambe et répétez l'exercice.

Écartez les jambes. Les mains sur les hanches, penchez-vous sur la gauche puis sur la droite. Bougez le moins possible le tronc.

Écartez les jambes. Posez les mains sur la cuisse gauche. Penchez-vous légèrement en avant en laissant glisser les mains vers le pied gauche. Redressez-vous et répétez l'exercice sur la jambe opposée.
Attention! Si vous souffrez de douleurs dans le dos, ne descendez pas les mains au-dessous du genou.

Mettez-vous sur le dos. Repliez les mains sous la tête. Pédalez comme vous l'indique le schéma.

Écartez les jambes. Les bras pendants le long du corps, décrivez des cercles en faisant passer les bras le plus près possible de votre tête.

Reading comprehension

EN FAMILLE, LES PLAISIRS DES PARCOURS-SANTÉ

Samedi matin, au bois de Vincennes, on tourne en rangs serrés autour du lac. Serré à droite, on est prié de respecter le sens de la circulation! Dans les allées et sur les sentiers, les colonnes de joggers se croisent, se suivent et s'étirent le long des circuits cyclistes, des terrains de football encombrés et des parkings bondés.

La vogue du 'sport pour tous' poursuit son chemin. Un coin de forêt, des sentiers et des clairières aménagées d'obstacles et accessoires divers: la foulée du jogger est devenue un 'parcours-santé'. Le parcours-santé, c'est un itinéraire fléché, généralement en forêt, comportant un certain nombre de relais, sortes de mini-gymnases naturels, équipés de troncs d'arbres, barres, etc. A chaque relais, une pancarte avec les exercices à pratiquer.

Natation, cyclisme et marche sont les sports le plus souvent conseillés aux femmes. Le parcours-santé, complet à lui seul, peut plus ou moins les remplacer tous. Hors des contraintes des sports codifiés et des équipements spécialisés, on pratique une activité physique alliant à l'effort de la marche et de la course certaines activités complémentaires choisies en toute liberté. En assurant un effort complet, et par définition un développement musculaire harmonieux, un parcours-santé effectué régulièrement convient tout particulièrement aux femmes: la forme sans les épaules de nageuse et les cuisses de footballeur.

Lancés par les services ministériels chargés de la Jeunesse et des Sports, les parcours-santé s'intègrent à la politique du sport-santé. Pas de compétition ni de performance. Pas d'arbitre ni de chronomètre. Chacun évolue à sa mesure, en suivant ou non le fléchage, en respectant ou non les étapes proposées par les panneaux cloutés sur les arbres. Ici, on franchit des troncs d'arbres, là on saute dans un fossé d'un mètre cinquante avant de repartir immédiatement en courant, plus loin, on enchaîne des tractions sur une barre fixe avant de s'aventurer en équilibre sur une poutre. Après quelques centaines de mètres de footing, la séance change de style: assouplissements en tous genres, suivis de quelques minutes de marche, puis de mouvements de musculation. Certains parcours-santé comportent même des obstacles plus martiaux: troncs au ras du sol pour ramper ou palissades à escalader.

Cette variété de possibilités et le choix entre différents niveaux de difficultés expriment la démarche et l'esprit des parcours-santé: l'effort à la carte.

L'important, c'est le mouvement. Les parcours-santé, aménagés ou naturels, répondent au double objectif de permettre en douceur l'approche du sport et de favoriser la prise de conscience du sport-santé. La formule est parfaite pour ceux et celles qui renouent avec le sport individuellement, entre amis ou en famille. Le site permet en effet d'initier les enfants à l'activité physique dans les meilleures conditions. Les petits imitent les grands, trouvent d'autres utilisations aux accessoires, imaginent de nouveaux enchaînements, butinent d'obstacle en obstacle. C'est amusant de faire comme les grands — et parfois mieux! — et la notion de jeu profite à l'aspect éducatif. Une certaine façon de commencer le sport sans s'en apercevoir.

Inutile d'ailleurs de les couver du regard en permanence: le tracé du circuit forme plusieurs boucles de longueurs différentes (en moyenne 2000 mètres pour la plus large) et les apprentis sportifs ne s'échapperont jamais bien loin.

Enfin, rien n'oblige à se conformer rigoureusement à l'itinéraire et aux exercices proposés par le fléchage et les accessoires.

Pour tous, le risque de douleurs musculaires existe et certains joggers réguliers s'étonneront de souffrir de quelques courbatures après leur premier parcours. C'est pourtant naturel dans la mesure où un parcours-santé présente précisément l'avantage de faire travailler des muscles peu ou rarement sollicités. Un premier parcours-santé doit être effectué en douceur et suivi d'une revue de détail des points faibles qui n'auront pas manqué de se révéler. Cette sorte d'autodiagnostic permet d'évaluer son véritable niveau de forme et d'y adapter les efforts suivants.

Abridged and adapted from an article by Jean-Michel Dhal in *Marie-Claire*, No. 359, July 1982

Answer the following questions in English:

1. What is a *parcours-santé*?
2. Why are they considered to be particularly suitable for women?
3. In what ways do these *parcours-santé* differ from other sports in the demands they make on participants?
4. What is the essential characteristic of the *parcours-santé*?
5. Explain how the family can participate.
6. (a) What are beginners warned to expect? Why?
   (b) What precautions should be taken?

📼 Listening comprehension

LES PROGRÈS DE LA MÉDECINE

Listen to the recorded passage then answer the questions below in English:

> *le cerveau* brain
> *guérir* to cure
> *un tiers* a third

1. What did Professor Barnard achieve?
2. What will doctors be able to do by the year 2000?
3. What will they probably not be able to cure?
4. What advances are likely to be made in the treatment of heart disease?
5. How will advances in medicine affect life expectancy?

📼 Listening comprehension

CHEZ LE MÉDECIN

Listen to the recorded conversation between the doctor and his patient then answer the questions below in English:

1. What are the patient's symptoms?
2. What does the doctor diagnose?
3. What information does he pass on to the patient?
4. What *two* things does he do for his patient?
5. What prescription is she given?
6. There is something else which might help to cure her ailment. What is it?
7. When will the doctor see the patient again?

Reading comprehension

LES DERNIERS INSTANTS D'UNE VEDETTE DE L'OPÉRA

La Callas croyait n'avoir qu'une mauvaise grippe. Mais c'est son cœur qui était malade. Il a brusquement cessé de battre vendredi dernier à 13h 30. Une fin inattendue qui a bouleversé et aussi surpris tous ses amis. Tous ceux que nous avons interrogés et qui nous ont raconté avec précision la mort de la Diva, sont en effet unanimes:

– Nous ne savions pas, disent-ils, que Maria était cardiaque. Elle l'ignorait elle-même, et jamais elle n'avait eu de problèmes de ce côté. Pourtant, depuis quelque temps, la Callas ne se sentait pas très bien. Au début de la semaine, elle avait mal à l'épaule gauche, comme un léger rhumatisme; des migraines aussi et elle était fatiguée. Elle avait donc appelé mardi un médecin généraliste. Le praticien, après l'avoir examinée, avait diagnostiqué une grippe. Maria Callas a succombé à une crise très forte et comme foudroyante. Tout s'est passé très vite ce vendredi seize septembre. Ce vendredi qui, pour la cantatrice a commencé comme tous les autres jours. Elle se lève vers midi, car elle s'est couchée très tard. La Callas aimait, en effet, beaucoup veiller. Elle lisait durant de longues heures avant de trouver le sommeil (elle était également un peu insomniaque). C'est ce qu'elle avait encore fait jeudi, après avoir dîné seule en regardant la télévision.

Vendredi à midi, il fait beau derrière les volets fermés de l'appartement. Six pièces au deuxième étage d'un immeuble grand bourgeois, 36 avenue Georges Mandel. Un cadeau d'Aristote Onassis. C'est pourquoi la Callas aimait beaucoup cette demeure.

Ce matin-là donc, comme tous les matins, elle a regardé les marronniers qui ombrent l'avenue (à leur propos elle a dit un jour: 'J'aime revenir à Paris pour retrouver mes chers marronniers') puis elle a lu les journaux et déjeuné: café, œuf à la coque. A 13h 25, elle s'est levée pour passer à la salle de bains avant de s'habiller.

C'est alors qu'elle s'est sentie mal. Elle appelle Bruna, sa femme de chambre (en fait, Bruna est plus que cela, une confidente, une amie aussi). Bruna accourt, elle apporte un café fort. La Callas avale quelques gorgées puis retombe, inerte. Elle est morte. Il est 13h 30.

Pendant ce temps, les autres domestiques (la Callas employait outre Bruna, un chauffeur, un valet et une femme de chambre) s'affairent, appellent un médecin. Lorsque celui-ci arrive à 14h 15, il ne peut que constater le décès et délivrer le permis d'inhumer.

Devant la porte de fer forgée du 36, c'est alors le carrousel des journalistes. Maria Callas est éclairée une dernière fois par les projecteurs de l'actualité. Des projecteurs qui, depuis quelque temps, l'avaient un peu laissée dans l'ombre depuis que la Diva menait une existence tranquille.

Le Figaro

Answer the following questions in English:

1. What did Maria Callas think she was suffering from?
2. What in fact caused her death?
3. In what respect was this surprising?
4. What symptoms was she aware of at the beginning of the week she died?
5. What did the doctor diagnose?
6. What are we told about the singer's habits?
7. Who was first to assist her on the fateful Friday?
8. What happened after she died?

Translation into French

1. It is alarming that they cannot find the cause of your illness.
2. Does the doctor want you to go to hospital?
3. It is a pity you did not go to see the doctor sooner.
4. The children do not want you to go.
5. Would you like me to look after them until you return?

Reading comprehension

SMOKING AMONG THE YOUNG

Trois garçonnets assis sur un banc de square fument avec application. Quel âge ont-ils? Douze ans, à peine. Des promeneurs passent, indifférents. Les fumeurs en culotte courte ne surprennent plus personne. Mais ils inquiètent ceux qui sont responsables de la santé publique. Eux, ils sont alarmés par l'importance du tabac chez les jeunes, qui fument de plus en plus tôt et de plus en plus. Ils battent même les adultes sur ce terrain. 46% des quinze à dix-huit ans sont des fumeurs. La proportion n'est que de 40% chez les adultes.

Une grande campagne de désintoxication est organisée depuis avril dernier par le Ministère de la Santé et de la Famille. La première arme utilisée dans cette campagne, c'est l'image télévisée avec une série de flashs, mettant en scène des adolescents écrasant une cigarette et commentés par ce slogan: une cigarette écrasée, un peu de liberté gagnée. Sur ce même thème, la campagne s'est poursuivie à l'école, où la cigarette permise dans les classes après mai 1968, en est bannie depuis l'an dernier. Si les autorités ne croient pas à l'argument des maladies dues au tabac, qui, pour les jeunes, apparaissent comme des dangers lointains, ils pensent que les jeunes peuvent fort bien réaliser l'état de dépendance dans laquelle ils s'installent quand ils fument.

Les jeunes sont d'ailleurs conscients de ce qui les motive. Les onze, douze ans sont poussés par la curiosité, le désir de faire comme les adultes, en particulier comme les parents. C'est une manière de s'affirmer surtout quand les gamins sont anxieux, qu'ils manquent d'affection, ou qu'ils s'ennuient.

A partir de treize ans, ils fument souvent pour faire comme les copains, pour faire partie du groupe, même s'ils n'apprécient pas particulièrement le goût de la cigarette. Après quinze ans, le besoin de fumer n'est pas dicté par les autres. On goûte le plaisir que la cigarette procure. L'habitude s'installe et finit par devenir un besoin.

Dans les établissements scolaires, les jeunes fumeurs et non-fumeurs ont réfléchi au problème du tabagisme. On a lancé un concours d'affiches. Celui qui a gagné le premier prix, c'est José-Gil Saez, âgé de quatorze ans, élève du lycée de Montpellier, et dont l'affiche illustre bien l'esprit de la campagne. On y voit le profil d'un adolescent enchaîné à sa cigarette et celui d'un bébé à sa sucette. Avec ce commentaire 'A chacun ses chaînes.'

C'est également en offrant des loisirs intéressants aux écoliers, en multipliant les terrains de sport, qu'on pourra lutter contre la cigarette, qui est trop souvent un palliatif contre l'ennui et l'inaction. Les parents ont aussi un rôle à jouer. C'est à eux de découvrir les raisons qui entraînent les jeunes à fumer. C'est à eux d'agir avec diplomatie pour que les enfants ne deviennent pas esclaves du tabac. C'est surtout à eux de remettre en question s'ils sont eux-mêmes des parents fumeurs. L'exemple existe aussi à la maison.

Answer the following questions in French:

1. Describe the attitude of the public and that of the Public Health authorities towards smoking among the young.
2. What has been done to try to remedy the situation?
3. What explanation is given for smoking among the over-fifteens?
4. What activities might young people be encouraged to take up in order to fight boredom and idleness?
5. What advice is given to parents?

Vous fumez ? C'EST VOTRE DROIT.

Mais...   SAVEZ-VOUS QUE LA FUMÉE INTOXIQUE AUSSI LES AUTRES ?

Nous avons besoin d'air pur

Nous vous saurions gré de

NE PAS FUMER ICI

LES ENFUMÉS

EN ONT "RAS-LE-NEZ"

Neutre, Imp. Paris

Le droit de fumer ne donne pas celui d'enfumer son voisin

Ligue contre la fumée
du tabac en public
8, rue de Lucca, 68000 Colmar

Comité National
contre le Tabagisme
12, rue Jacob, 75006 Paris

100

Oral work

On a visit to Paris you are approached by a researcher who is carrying out a survey on smoking for a teenage magazine. Imagine that your partner is the researcher who asks you the following questions:

1. Avez-vous résisté à la tentation de fumer? Pourquoi?
2. Avez-vous réfléchi sur le problème du tabagisme?
3. Est-ce que vous vous opposez aux vœux de vos parents sur cette question?
4. Est-ce que vous vous fiez aux résultats des recherches sur le tabagisme? Pourquoi?
5. On dit que les jeunes fument pour répondre à un besoin de s'affirmer? Qu'en pensez-vous?
6. S'il est vrai que les jeunes commencent à fumer par curiosité, que diriez-vous à un ami pour l'encourager à résister à cette tentation?
7. Est-ce que le tabac nuit à la santé? Connaissez-vous quelqu'un qui en a souffert?
8. Qu'est-ce que le gouvernement peut faire pour informer le public et alerter les gens des dangers du tabagisme? Doit-on prohiber le tabac? Pourquoi?

Role-playing

Work in pairs with one student taking the part of the doctor and the other the part of the patient. The patient should choose an answer from the alternatives following the dialogue.

Médecin: Bonjour Mademoiselle/jeune homme. Alors, qu'est-ce qui ne va pas?
Patient: C'est que j'ai (.1.), docteur.
Médecin: Et à part ça, comment vous sentez-vous?
Patient: Je trouve que (.2.) et que (.3.).
Médecin: Pourtant votre respiration est bonne . . . Il est possible que vous travailliez trop.
Patient: Ça se peut, docteur. J'aime beaucoup mon travail. Je suis toujours occupé à faire quelque chose. Sans le travail, je ne sais pas ce que je deviendrais . . .
Médecin: Mais il est nécessaire que vous puissiez vous reposer un peu. On ne doit pas travailler tout le temps. Vous travaillez trop, peut-être. C'est pourquoi vous manquez d'énergie.
Patient: Alors, docteur, qu'est-ce que je dois faire? Je (.4.)
Médecin: Oui, comme ça je suis persuadé que ça ira mieux.

(1) – une migraine
  – mal à la gorge
  – des boutons
  – une angine
  – une douleur à la jambe
  – mal au ventre
  – un rhume
  – une mauvaise toux
  – la grippe

(2) – je m'épuise facilement
  – je me fatigue très vite
  – je souffre d'une fatigue chronique
  – je respire difficilement
  – je supporte mal la chaleur
  – je tousse
  – j'éternue tout le temps
  – je me sens faible
  – je ne veux pas manger
  – je transpire

(3) – je suis déprimé(e)
  –   maussade
  –   malheureux (-se)
  –   hors de moi

(4) – je prends des vitamines?
  – je me couche plus tôt le soir?
  – je garde le lit?
  – je me repose de temps en temps pendant la journée?

Essay work

1. Your penfriend mentioned in his/her last letter that he/she was studying too hard and not getting enough exercise. He/she has started to put on weight. In your reply, advise your friend on the kind of food he/she should try to avoid and suggest some keep-fit exercises he/she might do.

2. Êtes-vous un jogger? Que pensez-vous du jogging?

3. Vous avez mal aux dents. Vous vous rendez chez le dentiste. En entrant dans son cabinet de consultation, vous êtes saisi(e) de panique. Décrivez vos émotions et racontez comment vous vous êtes tiré(e) d'affaire.

Vocabulaire:
se faire arracher une dent	to have a tooth extracted
avoir une anesthésie locale	to have a local anaesthetic
avoir peur de la roulette	to be afraid of the drill
avoir les mâchoires enflées	to have swollen cheeks

4. You are cycling through France with a friend. Your friend falls from his/her bike and you think he/she has broken his/her arm. Describe how you get in touch with a doctor, what you say to him and what advice you are given to help your friend until he/she can receive proper treatment.

Role-playing 1

On of you has a French exchange partner spending a fortnight with you. He/She becomes ill the day after a picnic with you and some friends. The doctor is called and after a thorough examination concludes that your partner has picked up a virus. Your partner was supposed to telephone his/her parents that evening. You phone them and explain what has happened.

The other plays the role of the father/mother.

Role-playing 2

THE FATHER/MOTHER

Find out what the symptoms are;
what the doctor said and when he/she's coming back;
what the partner's parents think.

Translation into French

'Good morning Madame Delfour,' said Dr Lefèvre as Madame Delfour walked into the surgery, accompanied by her daughter, Cécile.
'Good morning, Doctor. I've come to see you about my daughter.'
'Oh, what is the matter with her?'
'Well, doctor, she has not been feeling well for two days. She is no better today so I thought I had better come to see you. Perhaps it is something serious.'
'Let's see. Has she any spots?'
'No, I don't think so,' replied Mme Delfour.
'Any pains?'
'Yes, she complains she has a sore stomach.'
'I see. Does she eat well?'
'Normally she does but these last two days she has been off her food.'
'It seems she has indigestion. I would like you to give her hot drinks, some soup if you have it, and if her condition does not improve in a couple of days you must come back without delay.'
'You don't think she requires pills or medicine, doctor?'
'I don't think so at the moment, Mme Delfour. We'll see how she is in a few days.'
'Sorry to trouble you, doctor.'
'It's no trouble. I'm here to help you, Mme Delfour. Goodbye.'

9 La ville et la campagne

Le Centre Beaubourg under construction

🎞 Comprehension

LE CENTRE BEAUBOURG

Sur une partie de l'ancien site des Halles de Paris, rasées il y a quelques années et jusque devant l'église St Merri, on a construit un monstre de vitre et de métal, destiné à renfermer la plus grande bibliothèque publique d'Europe, sept cinémas, des théâtres, des salles de concert, des salles d'exposition, des salles de cours d'artisanat, de musique, de danse, d'art dramatique, et autres. Ce projet, fort louable en soi, se trouve enfermé dans un lieu d'une laideur repoussante, qui détruit la beauté des sites qui l'entourent. C'est ainsi que, débouchant de l'étroite et ancienne rue Quincampoix, on tombe immanquablement sur ce monstre transparent et multicolore. Les noms des rues voisines ont chacun leur histoire: rue Brisemiche, rue du Renard, rue de la Verrerie, rue des Blancs Manteaux, rue Pierre au Lard, rue Aubry le Boucher.

Au milieu de tout cela, sur le plateau Beaubourg, surnommé autrefois Beau Bourg—pour sa beauté—dans un quartier d'où les petits artisans ont disparu, d'où les Halles ont disparu, se trouve un immense centre culturel. Pour recréer l'atmosphère du quartier d'autrefois, on a reconstruit de petits ateliers, de petits magasins, on encourage les artistes, les petits fabricants d'art à revenir.

Une polémique s'est engagée sur le Centre Georges Pompidou. Pourquoi Georges Pompidou? C'est le Président lui-même qui sélectionna la maquette du Centre parmi tous les projets qui lui furent présentés. Les Parisiens disent en riant que cette maquette était celle d'une usine atomique à construire au Texas, mais qui ne fut pas retenue. Pompidou, amateur de graphisme et de formes nouvelles, le retint avec enthousiasme. Le bâtiment a coûté cher, très cher même à construire. Il a coûté tellement cher que l'État a dû en arrêter momentanément la construction. Il coûte très cher à entretenir. Est-il possible d'investir tant d'argent dans un bâtiment? Sera-t-il utilisé pour justifier une telle dépense? Les Parisiens l'utiliseront-ils seulement? Était-il utile de détruire tout un quartier ancien? Était-il utile de défigurer ce qui en reste? L'avenir le dira.

Il est cependant difficile d'imaginer que la saleté qui régnait dans ce quartier, son insalubrité totale pouvaient être laissées telles quelles sous prétexte de conserver des sites anciens, devenus inutilisables.

La polémique avait déjà eu lieu à propos de la destruction des Halles. C'est en fait véritablement à ce moment-là que le quartier a perdu son originalité. Construits à partir de 1850 environ, les pavillons de Baltard (d'après le nom de leur architecte) ont abrité les Halles qui, depuis le 16e siècle, s'étaient toujours trouvées à cet endroit. Mais il n'était pas possible de conserver le 'ventre de Paris' au centre de la capitale, avec tous les problèmes que cela représente: la circulation, la saleté, les rats et, plus grave encore, la taille du lieu qui, bien qu'immense, ne suffisait plus aux demandes de Paris et de sa banlieue. Le déménagement des Halles de Paris à Rungis a transformé l'aspect, l'atmosphère historique du quartier mais a décongestionné la ville entière. C'était l'habitude des vieux Parisiens de venir manger la soupe à l'oignon ou le pied de porc à quatre heures du matin dans les bistrots des Halles. Avec la disparition des Halles, la soupe a semblé moins bonne, en tout cas moins excitante, et a définitivement disparu.

Ce Paris a disparu à tout jamais, ainsi va le temps. Quelques entreprises de salubrité étaient nécessaires. Il fallait nettoyer les taudis. On pouvait reconstruire. On pouvait faire du plateau Beaubourg un nouveau quartier culturel et ainsi changer quelque peu sa nature, tout en lui conservant ses caractéristiques. Était-il nécessaire de le faire de façon aussi laide?

Answer the following questions in English:

1. What are the main objections to the Beaubourg development expressed by the writer?

2. Are there any redeeming features?
3. Look at the photo of Centre Pompidou. Do you agree with the writer of this passage? Why?

Essay work

Le conseil municipal de votre ville a l'intention de faire construire un centre culturel et sportif. Vous n'êtes pas parmi ceux qui s'opposent au projet. Pourquoi?

Écrivez une lettre à votre correspondant français dans laquelle vous lui racontez ce que vous avez dit dans une lettre au journal régional pour essayer de persuader les lecteurs de l'utilité du projet.

Dimanche à Orly

A l'escalier 6, bloc 21
J'habite un très chouette appartement
Que mon père, si tout marche bien
Aura payé en moins de vingt ans
On a le confort au maximum
Un ascenseur et un' sall' de bain
On a la télé, le téléphone
Et la vue sur Paris, au lointain
Le dimanch' ma mère fait du rang'ment
Pendant que mon père à la télé
Regarde les sports religieusement
Et moi j'en profit' pour m'en aller

Je m'en vais l'dimanche à Orly
Sur l'aéroport on voit s'envoler
Des avions pour tous les pays
Pour l'après-midi . . . j'ai de quoi rêver
Je me sens des fourmis dans les idées
Quand je rentre chez moi la nuit tombée

A sept heures vingt-cinq, tous les matins
Nicole et moi on prend le métro
Comme on dort encore on n'se dit rien
Et chacun s'en va vers ses travaux
Quand le soir je retrouve mon lit
J'entends les Boeings chanter là-haut
Je les aime mes oiseaux de nuit
Et j'irai les retrouver bientôt

Oui j'irai dimanche à Orly
Sur l'aéroport on voit s'envoler
Des avions pour tous les pays
Pour toute une vie . . . y a de quoi rêver
Un jour de là-haut le bloc vingt et un
Ne sera qu'un tout petit point.

Pierre Delanoë, Éditions Rideau Rouge, 1963

Answer the following questions in French:

1. Pensez-vous que le poète mène une vie satisfaisante? A quoi le savez-vous?
2. A quoi rêve-t-il?
3. Qu'est-ce qu'il pense de son domicile?
4. Aimez-vous votre environnement? Pourquoi?

🔲 Listening comprehension

CONVERSATION BETWEEN MME.
MARTIN AND THE CONCIERGE M. DUBOIS
Listen to the recorded conversation and answer the questions below in English:

> *crotté* dirty
> *la flaque d'eau* puddle
> *le/la locataire* tenant, occupier

1. What is Monsieur Dubois doing?
2. What does he complain about?
3. Does Madame Martin sympathize with him?
4. What would she like the owner of the block of flats to do? Why?
5. Why does Monsieur Dubois agree?
6. What else does Madame Martin complain about?
7. What happened when she went to see the tenant on the third floor?
8. Why does Madame Martin break off the conversation?

Translation into French

'Here I am at last! Did you think I had forgotten to come?'

'I wasn't sure what had happened. Anyway, you are not very late. I asked you to come at 2 o'clock and it is only 2.15 p.m. now. The sitting-room is through here. Make yourself at home.'

'What a lovely flat! Did you chose the furniture yourself?'

'Only a few items. I bought the rest from the previous owner.'

'It looks very nice.'

'Did you have any difficulty finding the flat?'

'Not really. I had quite a long walk to get here because I got off the bus too soon. I spoke to Mme Dubois, the concierge, on my way in and she said you had been out shopping and that she did not know if you had returned.'

'That's quite right. I was out shopping but I came back about ten minutes ago.'

'And how do you like living in this part of the city?'

'It's all right. It's near my work. I can walk to work in the morning and the shops are still open when I return in the evening.'

'It is a very busy street. Personally, I would prefer a quieter spot. I suppose I will get used to all the activity and noise, if I stay here for a while.'

'When the television is on, I am not really aware of the traffic down below. After all, we are on the fourth floor.'

📼 Listening comprehension

LA DISPARITION DU CONCIERGE

Listen to the recorded passage then answer the questions below in English:

> *Le revendeur* secondhand dealer
> *la cité* housing scheme

1. Define the role of the concierge.
2. How is entry to many blocks of flats controlled?
3. What chores does the concierge do?
4. What is the traditional image of the concierge?
5. In what way are things different nowadays in high-rise tower blocks?
6. What does the presence of a concierge imply in new blocks of flats?
7. What three reasons does the writer give to account for the disappearance of the concierge in large housing schemes?

Role-playing 1

One of you is returning from a holiday in France. You have a few hours in Paris before you catch your train. You decide to call on a French teenager whom you met at a youth hostel in Scotland the previous summer. You have the address of his/her flat but you don't have his/her telephone number. When you arrive at the flat and ring the bell, there is no answer. Before leaving the block of flats, you talk first to a neighbour and then to the caretaker.

Establish first that this is where your friend lives. Say who you are and why you have come.

The other plays first the role of the neighbour, then that of the concierge.

Role-playing 2

NEIGHBOUR

The person does live there, but you don't know where he/she is. Suggest asking the concierge.

CONCIERGE

The family is away on holiday.
Say where they are and when they'll be back.
Ask the visitor where he/she is from etc.

Reading comprehension

La montagne

Ils quittent un à un le pays
Pour s'en aller gagner leur vie
Loin de la terre où ils sont nés
Depuis longtemps ils en rêvaient
De la ville et de ses secrets
Du formica et du ciné
Les vieux ça n'était pas original
Quand ils s'essuyaient, machinal,
D'un revers de manche les lèvres
Mais ils savaient tous à propos
Tuer la caille ou le perdreau
Et manger la tomme de chèvre

Pourtant que la montagne est belle
Comment peut-on s'imaginer
En voyant un vol d'hirondelles
Que l'automne vient d'arriver

Avec leurs mains dessus leurs têtes
Ils avaient monté des murettes
Jusqu'au sommet de la colline
Qu'importent les jours, les années
Ils avaient tous l'âme bien née
Noueuse comme un pied de vigne
Les vignes? Elles courent dans la forêt
Le vin ne sera plus tiré
C'était une horrible piquette
Mais il faisait des centenaires
A ne plus que savoir en faire
S'il ne vous tournait pas la tête

Pourtant que la montagne est belle etc. . . .

Deux chèvres et puis quelques moutons
Une année bonne et l'autre non
Et sans vacances et sans sorties
Les filles veulent aller au bal
Il n'y a rien de plus normal
Que de vouloir vivre sa vie
Leur vie? Ils seront flics ou fonctionnaires
De quoi attendre sans s'en faire
Que l'heure de la retraite sonne
Il faut savoir ce que l'on aime
Et rentré dans son HLM
Manger du poulet aux hormones.

Jean Ferrat, Productions Musicales Alleluia—Gérard Meys, 1964

Lisez plusieurs fois le texte de la chanson 'La Montagne'
puis répondez aux questions suivantes:

1. Quelle est la raison principale pour laquelle les gens quittent la campagne?
2. Quels sont les attraits de la vie citadine selon le texte?
3. Quelle qualité possèdent les campagnards âgés?
4. Comment était la vie campagnarde avant l'exode rural dont parle la chanson?
5. Pensez-vous que le chanteur regrette le passage de ce genre de vie? A quoi le savez-vous?
6. Comment est-ce que la vie d'agriculteur peut être considérée comme difficile et peu sûre?

Reading comprehension

Comme un arbre

Comme un arbre dans la ville
Je suis né dans le béton
Coincé entre deux maisons
Sans abri, sans domicile
Comme un arbre dans la ville
J'ai grandi loin des futaies
Où mes frères des forêts
Ont fondé une famille
Comme un arbre dans la ville
Entre béton et bitume
Pour pousser je me débats
Mais mes branches volent bas
Si près des autos qui fument
Entre béton et bitume.
Comme un arbre dans la ville
J'ai la fumée des usines
Pour prison, et mes racines
On les recouvre de grilles
Comme un arbre dans la ville
J'ai des chansons sur mes feuilles
Qui s'envoleront sous l'œil
De vos fenêtres serviles
Comme un arbre dans la ville
Entre béton et bitume
On m'arrachera des rues
Pour bâtir où j'ai vécu
Des parkings d'honneur posthume
Entre béton et bitume
Comme un arbre dans la ville
Ami, fais, après ma mort
Barricades de mon corps
Et du feu de mes brindilles
Comme un arbre dans la ville.

Catherine and Maxime le Forestier,
Editions de Misère, 1973

Answer the following questions in English:

1. What do we learn of Maxime le Forestier's attitude to urban life, urban planning and nature from this song?
2. Comment on the expressive effect of:
   (a) *coincé* (1.3)
   (b) *serviles* (1.22)
   (c) *parkings d'honneur posthume* (1.27)
   (d) *barricades* (1.31)
3. What is the poet's final reaction?
   Do you agree with him?
   Can you suggest a constructive alternative?

Reading comprehension

LE BRÉVIAIRE DU PROMENEUR

L'automne est la saison des promenades à la campagne. Le marcheur ou le flâneur doivent respecter un bon nombre de règles restrictives. Ils ne les connaissent pas et, par ignorance, les transgressent souvent. *L'Express* a rédigé pour vous le bréviaire des chemins et des champs.

1. Le respect de la nature. Déranger le moins possible en tout domaine. Éviter, bien entendu, le bruit. Éviter le piétinement, car il détruit le sol en le rendant dur comme du béton. A moins d'y être invité par une pancarte mentionnant un dépôt d'ordures et le numéro de l'arrêté municipal qui l'a créé, abandonner des détritus est condamnable.

2. Les animaux. Domestique ou sauvage, un animal ne doit jamais être approché ni touché. Sauf, bien sûr, pendant la période de la chasse, et en se conformant aux règlements permanents sur la police de la chasse.
—Le dénichage est prohibé.
—Tous les rapaces sont protégés.
—Un cerf en rut, une laie peuvent être dangereux. Ils chargent.
—Caresser un petit faon, c'est le condamner à mort dans les quarante-huit heures.
—La présence d'un renard en plein jour est fort suspecte. Il est, à coup sûr, enragé. La ligne actuelle de démarcation de la rage part du Calvados, passe par l'Orne, le nord de Paris, en bordure de Chantilly, la Nièvre, pour atteindre le sud du Jura.
—Les animaux de compagnie du promeneur aperçus à proximité d'un renard, s'ils ne sont pas vaccinés contre la rage, seront abattus par les services communaux.
—Éviter de recueillir des animaux sauvages, même s'ils paraissent malades. Faute de savoir les soigner, ils mourront.
—Les insectes aussi doivent être protégés.

3. La flore. Les plantes rares sont protégées. Mais on peut cueillir quelques coquelicots au bord des chemins: ils sont nuisibles et les agriculteurs en seront très contents. Pour les fleurs, les mûres ou les champignons, la cueillette est parfois tolérée, à la réserve près de ne pas détruire les souches.

Dans les forêts domaniales, la tolérance est assortie d'une condition: la «récolte» ne doit pas dépasser la consommation personnelle. Pas question de cueillir 40 kilos de girolles pour les revendre. On ne doit jamais couper ni emporter du bois.

4. Les récoltes, les clôtures et les cabanes. Tout appartient à quelqu'un.

Toute clôture existante est légalement justifiée. Il ne faut donc pas y toucher et l'on doit la refermer après être allé chercher le ballon égaré.

Tout ce qui pousse dans un champ est généralement une plante cultivée, donc, à respecter.

En forêt domaniale ou communale, c'est-à-dire ouverte à tous, il est interdit de se déplacer ailleurs que sur les chemins ou les layons tracés.

5. Etangs et rivières. Sauf dans une propriété privée, et à moins de précisions mentionnées sur des panneaux, on peut se baigner ou faire du canotage sur les eaux intérieures. Quant à la pêche, elle est, comme la chasse, régie et subordonnée à un permis et à un droit. C'est la mairie qui renseignera l'amateur.

6. Chemins et sentiers. A l'exception des chemins privés, mentionnés par des panneaux ou fermés par des barrières, on peut marcher sur tous les sentiers, chemins ou routes.

Ne pas dégager un sentier obstrué ou mal entretenu à moins d'en être propriétaire. Pour éviter le braconnage, certains chemins peuvent même être interdits de nuit.

Sauf signaux contraires, sentiers, chemins sont ouverts à tous, du marcheur aux poids lourds. Dans les forêts domaniales, certaines allées sont réservées aux cavaliers. Les chemins obstrués par des barrières blanches sont interdits aux automobilistes, mais aussi aux deux-roues motorisés.

7. Passerelles et ponts. Sur un terrain privé, le propriétaire est seul juge de l'édification et de l'entretien des passerelles. Ailleurs, c'est la commune. Les Ponts et chaussées ont la charge totale des ponts.

8. Les animaux de compagnie. Ne pas les lâcher ou les garder à portée de rappel. Les gardes champêtres ou les gendarmes peuvent verbaliser le propriétaire d'un animal non tenu en laisse.

9. Le feu. Pas de cigarettes jetées par les fenêtres de voiture ou sur le bord d'un sentier. Le feu peut être aussi dangereux l'hiver que l'été.

10. Les poteaux indicateurs. Ils sont rares. Ils ne sont pas obligatoires. Leur pose et leur entretien ne dépendent que du désir de la commune ou des Ponts et chaussées.

11. Les arbres fruitiers. Ils appartiennent toujours à quelqu'un. Ramasser ne serait-ce qu'un seul fruit tombé à terre est en principe interdit.

12. Les autorisations. Que ce soit pour installer sa tente, pique-niquer dans un pré, glaner des épis ou cueillir quelques pommes, demander la permission au propriétaire. Elle est le plus souvent accordée: on accueille avec plaisir ceux qui ne viennent pas en envahisseurs.

13. Le tir. Le 22 long rifle est l'arme la plus vendue en France, mais interdite pour la chasse. Beaucoup de tireurs font pourtant des «cartons» en ignorant que, s'ils visent une cible (pancarte, arbre, animal) à 20 mètres ou à 100, ses balles ont une portée mortelle qui continue jusqu'à 900 mètres.

14. Les obstructions abusives. La campagne ne permet pas l'anarchie des bords de mer. Les services communaux se chargent de faire respecter les règlements. Il n'y a donc pratiquement pas d'obstructions abusives ou de pancartes illégales. En cas de doute profond, aller examiner le cadastre à la mairie et le signaler aux services communaux.

L'Express, 3–9 October 1977

Answer the following questions in English:

1. There are various restrictions on your freedom when you are out and about in the French countryside. Which of the rules mentioned in the passage were you unaware of?
2. Do you think that all these rules are justified or do some of them impose an unnecessary restriction on the freedom of the individual?

Essay/Oral work

Racontez brièvement une de vos promenades dans votre endroit favori (mer, montagne, campagne, quartier pittoresque d'une ville etc.)

Où se trouve votre coin préféré?
Qu'est-ce qui vous attire à cet endroit?
Vous y allez par tous les temps?
Vous y allez souvent?
Y allez-vous pour être tranquille?
Aimez-vous la solitude?
Pour être heureux, avez-vous besoin d'être parmi vos copains?
Une fois arrivé à l'endroit, comment passez-vous votre temps?

Letter

You have received a letter from a French penfriend whose family moved three months ago from a village in the south of France to a dormitory suburb of Paris. In the letter, he/she expresses disillusionment with urban life, the lack of community life and the difficulty he/she has in making friends.

Reply to the letter and say what you would do to meet people and make new friends.

or

Write, in French, a short article about your town/village. This article is to form part of a pack of materials which your school is sending to a French school. Concentrate on the amenities of the town/village and describe places of interest which you feel will appeal to the foreign visitor.

Essay

VIVRE EN VILLE OU À LA CAMPAGNE?

1. Où aimeriez-vous mieux vivre? Pourquoi? Choisissez des deux listes ci-dessous les points sur lesquels vous voulez insister et qui vous semblent les plus importants.

En ville

Une ambiance cosmopolite

On ne connaît peut-être pas ses voisins

Nuisances: le bruit, la pollution, la circulation

Le manque d'espace, l'encombrement

Les ghettos, les vieux quartiers insalubres, les grands ensembles

Les problèmes sociaux: la délinquance, le vice, le chômage

Le citadin a bien souvent un plus grand choix de marchandises: grand magasin, supermarché, hypermarché

La culture: café, cinéma, théâtre

La mode

A la campagne

L'étroitesse d'esprit des campagnards

Le commérage

Les gens qui s'entr'aident

Le calme, un environnement salubre, la beauté de la nature

L'abondance d'espaces verts

Pas assez d'emplois, le chômage

Peu de distractions

Prix des marchandises souvent plus élevés et les petits commerçants ne peuvent pas offrir à leurs clients un si grand choix.

2. La vie citadine peut se résumer en trois mots: métro, boulot, dodo. Êtes-vous d'accord?

Oral work

POUR OU CONTRE?

Discutez avec votre partenaire!

Êtes-vous *pour* ou *contre* . . .
(a) les grands ensembles
(b) les résidences secondaires
(c) la chasse
(d) les zoos
(e) l'architecture moderne

Comprehension and writing

LES PETITES ANNONCES

1. *Try to guess what information is being communicated in the abbreviations of these adverts:*

> A vendre Centre ville 3P gd séjour, 2 chbres, cuis. équip., bain, ch. centr. imm. réc., asc. 35 000F, tél (59) 27.09.63

> A louer Studio, quart. des facs, cuis., s.de b., 4ème ét., sans asc., 800F/mois tt compris. tél: 643. 31.97 heures des repas seul.

> A vendre Mais. de camp. 30 kms Pau Gd jardin. 4 chbres., Séj. dble., 2 s. de b. gde cuis., cave. gar. tt. cft.
> Écrire au journal n° 5110 pour plus amples rens.

2. *Your family wants to arrange an exchange with a French family. You would spend one month abroad while the French family is over in this country. Write an advert for a French newspaper indicating what you want, the accommodation you can offer in exchange and any special conditions which have to be satisfied. Here is a specimen advert:*

> Famille écossaisse. 4 personnes souhaiterait échanger mois de juillet appt. 5P centre d'Edimbourg contre appt. ou villa bord de mer. Côte d'Azur. Pour plus amples rens. écrire . . . .

Role-playing

You see an advertisement in a national newspaper for a cottage to let in the Dordogne. Your parents are interested in renting it during the summer holidays. They ask you as the French scholar to phone and find out the details.

Your partner is the person whom you speak to. He/She has to give appropriate responses to your questions.

Ask if you are speaking to the person in charge of letting the cottage.

Ask how many bedrooms there are.

Ask if the cottage is furnished and if it is in quiet surroundings.

Ask if it is available to rent for three weeks in July.

Give the precise dates i.e. 4th July–25th July.

You are asked how many people are involved.

You answer that there are four, your parents, your brother and you.

You are told that will be all right.

Ask how much it will cost.

Ask if there will be additional expenses (e.g. heating, cooking).

Ask if you have to bring bed linen.

Ask if it is necessary to send a deposit.

Say that you will write to confirm the booking and spell your name, pronouncing the letters of the alphabet in the French manner.

10 La famille

La famille traditionelle

La famille moderne

Que serais-je sans toi

Que serais-je sans toi qui vins à ma rencontre
Que serais-je sans toi qu'un coeur au bois dormant
Que cette heure arrêtée au cadran de la montre
Que serais-je sans toi que ce balbutiement

J'ai tout appris de toi sur les choses humaines
Et j'ai vu désormais le monde à ta façon
J'ai tout appris de toi comme on boit aux fontaines
Comme on lit dans le ciel les étoiles lointaines
Comme au passant qui chante on reprend sa chanson
J'ai tout appris de toi, jusqu'au sens du frisson

Que serais-je sans toi qui vins à ma rencontre . . .

J'ai tout appris de toi pour ce qui me concerne
Qu'il fait jour à midi, qu'un ciel peut être bleu
Que le bonheur n'est pas un quinquet de taverne
Tu m'as pris par la main dans cet enfer moderne
Où l'homme ne sait plus ce que c'est qu'être deux
Tu m'as pris par la main comme un amant heureux

Que serais-je sans toi qui vins à ma rencontre . . .

Qui parle de bonheur a souvent les yeux tristes
N'est-ce pas un sanglot de la déconvenue
Une corde brisée aux doigts du guitariste
Et pourtant je vous dis que le bonheur existe
Ailleurs que dans le rêve, ailleurs que dans les nues
Terre, terre voici ces rades inconnues

Louis Aragon

Vocabulaire:

un quinquet une lampe à huile
la déconvenue une vive déception
la rade un petit golfe presque fermé où les
navires sont à l'abri

 Listening comprehension

UN REPAS DE FAMILLE

Listen to the recorded conversation then answer the questions below in English:

la blanquette	veal stewed in white sauce
(*de veau*)	
la cuillerée	spoonful
la côtelette	chop

1. What is for lunch?
2. How does father react?
3. What is mother's attitude when she hears what father has to say?
4. What things does father like?
5. What suggestion is made to vary the menu?
6. What is wrong with the first course?
7. What is the matter with the veal and the rice?
8. What does he ask for next?
9. Why does he not get it?
10. What happened to the cheese?
11. What else has gone? Why?

Role-playing

(Madame Chausson prépare le dîner quand le téléphone sonne.)

Mais qui est-ce qui téléphone à cette heure-ci? *(Elle décroche)* Allô!

....

Oui, c'est Madame Chausson elle-même. Je vous écoute, Madame.

....

Ah, non, non, non pas du tout. N'hésitez pas!

....

Mais je vous en prie!

....

Oh, vous savez, les petits ont toujours faim. Ils s'impatientent. Que voulez-vous, madame? Chacun sa croix!

....

Mais non! Écoutez! Ne vous gênez pas!

....

Écoutez, mon mari pourrait très bien passer la prendre ce soir. Il va rentrer d'une minute à l'autre. Vous restez à la maison ce soir?

....

Absolument. C'est vite fait avec la voiture.

....

C'est entendu, Madame. De toute façon, ne vous en faites pas pour la clef. Glissez-la sous le paillasson.

....

Ma foi! ça sent le brûlé! Je ne peux vraiment pas parler plus longtemps. Je pourrais vous rappeler, Madame?

....

Alors, vous ne m'en voudrez pas si je . . .

....

Très bien. Alors . . . à plus tard.

(a) Parlez avec votre partenaire. Votre partenaire doit imaginer ce que dit la personne à l'autre bout du fil.
(b) Let's suppose that Mme Chausson is not in and it is her husband who takes the call. How would he say:
   (i) that he is sorry she is not at home,
   (ii) explain where she is and what she is doing,
   (iii) that he does not know when she will be back,
   (iv) that he will tell her about the call when she comes in.

Reading comprehension

LE PROCÈS DES PARENTS

Il est quelquefois difficile de se comprendre d'une génération à l'autre. Les parents, riches de leur expérience, ont une certaine façon de voir les choses. La majorité des enfants aiment leurs parents mais n'arrivent pas toujours à leur expliquer leurs idées, leurs besoins, leurs problèmes . . .

Passe-Partout a réuni plusieurs garçons et filles pour parler de cette question.

Passe-Partout: Trouvez-vous vos parents trop sévères?

Eric (15 ans): Non, je ne leur reproche pas cela. Mon père est terriblement sévère pour le travail, mais je trouve qu'il a raison. C'est son rôle. Il a lui-même très bien réussi dans son métier en travaillant beaucoup. Je comprends très bien; il est inquiet pour mon avenir quand je ne fais rien en classe.

Stéphane (14 ans): Je suis de ton avis, mais chez moi, Maman est très sévère pour tout: elle nous trouve trop bruyants, par exemple. Mais on ne peut déjà pas parler en classe, alors, s'il faut se taire aussi à la maison, je ne sais vraiment pas quand on peut faire du bruit!

Sophie (13 ans): Moi, je me fais toujours gronder parce que ma chambre n'est pas rangée, ou parce que je lis sur mon lit et Maman dit que j'abîme le dessus de lit . . . Ça ne me semble pas important. Ce qui compte, c'est qu'on se sente bien à la maison, non?

Passe-Partout: C'est-à-dire que vous êtes d'accord quand vos parents sont sévères pour les grandes choses, mais pas pour les petits détails?

Hélène (16 ans): C'est cela. Quand je serai grande, j'essaierai de faire comprendre mes idées à mes enfants, mais j'essaierai de ne pas les ennuyer tout le temps dans la vie de tous les jours.

Passe-Partout: Aimez-vous les parents-copains?

Alice (17 ans): Ah non, alors! Chacun son rôle. Les copains, c'est une chose, et les parents, une autre. J'ai une amie qui a une mère comme ça: elle est divorcée, elle s'habille très jeune, elle danse les danses à la mode et essaie de parler avec les mêmes mots que nous. Elle croit être plus près de sa fille en faisant cela mais ce n'est pas vrai. Mon amie rêve de parents aux cheveux gris mais qui s'aiment et restent à leur place de parents.

Passe-Partout: C'est important.

Stéphane: Il y a aussi une autre chose très importante: comment les parents jugent nos amis. J'ai souvent essayé d'amener des copains à la maison. La première fois, on m'a dit: 'Il a les cheveux bien longs, ce garçon . . .' La seconde fois, on m'a demandé: 'Qu'est-ce que fait son père?' La troisième fois, j'ai voulu inviter quelqu'un à déjeuner. Maman m'a répondu: 'Ah non, jeudi, ce n'est pas possible. Ton père est pressé, on déjeunera vite.' Alors maintenant, j'ai compris. Je n'essaie plus, mais je le regrette. Avoir des parents hospitaliers, une maison ouverte à tous, c'est mon rêve.

Hugues (16 ans): Moi, mes parents contrôlent toujours mon emploi du temps. Par exemple, quand je vais chez des amis, on me demande toujours: 'Qu'est-ce tu as fait? Il est sept heures et demie et tu sors de classe à six heures . . .' Je trouve qu'à mon âge on doit avoir un peu de liberté . . .

Eric: Chez moi, c'est le contraire. Je fais tout ce que je veux. Mais alors, en vacances, comme ils ne vont plus au bureau, ils sont tout étonnés parce que j'ai l'habitude de partir sans leur dire où je vais, ce que je fais et avec qui. Tout à coup, ils sont inquiets mais ils ne se rendent pas compte que le reste de l'année, je suis bien obligé de me débrouiller tout seul! Trop de liberté, ce n'est pas bien non plus.

Passe-Partout: Comment cela se passe pour l'argent de poche?

Tous: Aïe! Plutôt mal . . .

Hélène: J'ai des parents très généreux. Chaque fois que j'ai besoin de quelque chose, ils me le donnent. Mais je n'ai pas d'argent à moi. Je suis obligée de demander pour tout: 'Maman, est-ce que je peux avoir une jupe neuve? Maman, est-ce que je peux avoir de l'argent pour aller au cinéma? Maman, j'ai cassé mon stylo, il m'en faut un neuf, etc. Faire la quête comme ça tout le temps, c'est fatigant.'

Alice: Moi, on me donne une petite somme tous les mois depuis que je suis toute petite. Mais j'ai grandi et . . . pas la somme, ou presque pas. Les parents ne se rendent pas compte qu'on a plus de besoin à 17 ans qu'à 13.

Sophie: A la maison, on nous donne de l'argent quand nous avons bien travaillé. On doit le gagner, quoi . . . mais je trouve cela assez naturel.

Hugues: Mes parents me donnent 100 francs par mois; c'est beaucoup. Mais je ne peux pas vraiment en faire ce que je veux. Il faut que j'achète des choses 'sérieuses' comme ils disent. Là encore, c'est de la fausse liberté.

Passe-Partout: Pensez-vous que vous élèverez vos enfants de façon très différente?

Tous: Oui, sûrement. Enfin, c'est ce qu'on pense maintenant. Quand nous aurons leur âge, peut-être ferons-nous les mêmes erreurs qu'eux. Ce n'est pas facile, le métier de parents. On leur reproche ceci et cela, mais l'important . . . c'est qu'on les aime!

Passe-Partout, April 1971, Hachette Littérature Générale

Answer the following questions in English:

1. What is the attitude of Eric's father towards work? Does Eric agree? Why?
2. Explain the meaning of the expression: *parents-copains*. Say what you think of this kind of relationship.
3. Are your parents like Hugues's?
4. Do you subscribe to the view expressed by Eric that *trop de liberté, ce n'est pas bien non plus.*? Why?
5. If you could choose, whose parents would you prefer to have, Helen's or Alice's? Why?

Essay

L'ATTITUDE DES JEUNES ENVERS LEURS PARENTS

Introduction: Dans les relations parents-enfants, c'est surtout au moment où les jeunes ne sont plus des enfants mais des adolescents que les choses peuvent se gâter et on parle alors du conflit des générations.

1. Qu'est-ce que les jeunes attendent de leurs parents?
   – l'argent de poche
   – la liberté de choisir les amis, de sortir quand ils veulent
   Est-ce que les jeunes demandent parfois trop?
2. Qu'est ce qu'ils admirent chez les parents?
   – les parents qui ont confiance en eux, qui ne les agacent pas trop et qui les laissent dépenser leur argent à leur guise
3. Qu'est-ce qu'ils reprochent à leurs parents?
   – les parents qui manquent de tolérance, qui n'ont pas assez de confiance ou de fermeté, qui s'inquiètent trop et qui se disputent devant leurs enfants.

Employez quelques-unes de ces expressions dans votre rédaction:

de nos jours
avant tout
mais
cependant
pourtant
bien entendu
d'une part . . . d'autre part
par contre
tandis que
malgré
en dépit de
grâce à
du moins
de toute façon
après tout
enfin
en fin de compte

Letter

Marie-Christine, votre correspondante française, vous explique un de ses problèmes dans sa dernière lettre:

. . . Mes parents ne s'entendent pas très bien. L'atmosphère à la maison est vraiment désagréable, surtout que mon père est très nerveux.

J'ai seize ans et suis en première. A ce point de vue, ça marche. Mais j'ai peur d'être détraquée. J'ai peur aussi pour mon petit frère (huit ans) qui n'aura jamais connu une atmosphère familiale normale.

Pour ma part, mon seul réconfort est un ami de mon âge que j'aime beaucoup et dont la famille est tout l'opposé de la mienne: il règne chez eux une ambiance formidable. Chaque fois que je le peux, je vais chez eux; ça me remonte le moral, mais après, quand je reviens à la maison, j'ai un cafard épouvantable.

Ma sœur aînée est mariée et elle n'ose à peine venir à la maison parce que son bébé y pique des crises de larmes.

Je me demande si ça vaut la peine de se marier si, au bout de trente ans, c'est pour vivre comme chien et chat . . .

Top, No. 390, 8.5.66

Écrivez une réponse à Marie-Christine pour l'encourager à faire face à ces difficultés et pour lui remonter le moral.

Role-playing 1

One of you has just arrived in France with your exchange partner who has been staying with you for a fortnight. Your partner's mother is very pleased with the way your parents have looked after her son/daughter and wishes to buy them a gift. Your partner's mother wants to know what kind of people your parents are to help her to decide what to buy them.

The other plays the mother.

Role-playing 2

THE MOTHER

Ask if both parents go out to work and if so, what kind of work they do.

Find out what his/her parents like to do in their spare time.

Ask if there is anything typically French which his/her parents would appreciate.

Reading comprehension

. . . Je commençais à aller à l'école. Le matin je faisais déjeuner les garçons, je les emmenais à la maternelle, et j'allais à mon école. Le midi, on restait à la cantine. J'aimais la cantine, on s'assoit et les assiettes arrivent toutes remplies; c'est toujours bon ce qu'il y a dans des assiettes qui arrivent toutes remplies; les autres filles n'aimaient pas la cantine, elles trouvaient que c'était mauvais; je me demande ce qu'elles avaient à la maison; quand je les questionnais, c'était pourtant la même chose que chez nous, de la même marque, et venant des mêmes boutiques, sauf la moutarde, que papa rapportait directement de l'usine; nous on mettait de la moutarde dans tout.

Le soir, je ramenais les garçons et je les laissais dans la cour, à jouer avec les autres. Je montais prendre les sous et je redescendais aux commissions. Maman faisait le dîner, papa rentrait et ouvrait la télé, on mangeait, papa et les garçons regardaient la télé, maman et moi on faisait la vaisselle, et ils allaient se coucher. Moi, je restais dans la cuisine, à faire mes devoirs.

Maintenant, notre appartement était bien. Avant, on habitait dans le treizième, une sale chambre avec l'eau sur le palier. Quand le coin avait été démoli, on nous avait mis ici; on était prioritaires. On avait reçu le nombre de pièces auquel nous avions droit selon le nombre d'enfants. Les parents avaient une chambre, les garçons une autre, je couchais avec les bébés dans la troisième; on avait une salle d'eau, la machine à laver était arrivée quand les jumeaux étaient nés, et une cuisine-séjour où on mangeait; c'est dans la cuisine, où était la table, que je faisais mes devoirs. C'était mon bon moment: quel bonheur quand ils étaient tous garés, et que je me retrouvais seule dans la nuit et le silence! Le jour je n'entendais pas le bruit, je ne faisais pas attention; mais le soir j'entendais le silence. Le silence commençait à dix heures: les radios se taisaient, les piaillements, les voix, les tintements de vaisselle; une à une, les fenêtres s'éteignaient. A dix heures et demie c'était fini. Plus rien. Le désert. J'étais seule. Ah! comme c'était calme et paisible autour, les gens endormis, les fenêtres noires, sauf une ou deux derrière lesquelles quelqu'un veillait comme moi, seul, tranquille, jouissant de la paix! Je me suis mise à aimer mes devoirs peu à peu. A travers le mur, le grand ronflement du père, signifiant qu'il n'y avait rien à craindre pour un bon bout de temps; parfois un bruit du côte des bébés: Chantal qui étouffait, couchée sur le ventre; Catherine qui avait un cauchemar; je n'avais qu'à les bouger un peu et c'était fini, tout rentrait dans l'ordre, je pouvais retourner.

Tout le monde disait que j'aimais beaucoup mes frères et sœurs, que j'étais une vraie petite maman . . .

Christiane Rochefort, *Les Petits Enfants du Siècle*,
Éditions Bernard Grasset, 1978.

Essay/Oral work

Avez-vous une journée aussi chargée que celle de la jeune fille dans ce récit? Décrivez votre journée en vous servant des verbes suivants:

se réveiller, se lever, se dépêcher, se mettre en route, se rendre, se reposer, se coucher

commencer à
s'apprêter à
se mettre à
aider à
se décider à   + *infinitive*
rester à
réussir à
s'intéresser à
passer son temps à
perdre son temps à

Exercises

REVISE THE FUNCTIONS OF 'TOUT'

'Tout' as adjective, pronoun and adverb

Introduisez dans les parenthèses la forme de tout *qui convient:*

(   ) la famille était à la maison. (   ) le monde était content. Ils allaient y rester (   ) la journée. Maman était (   ) pâle car elle était fatiguée mais elle ne se plaignait pas: elle était (   ) heureuse de faire (   ) ce qu'il fallait pour son mari et ses enfants bien-aimés. Ce matin-là, elle avait fait (   ) les achats et elle venait de faire (   ) les corvées ménagères. Elle les avait faites (   ) seule.

Compose sentences using the following expressions:

tout à fait;   tout de même;   tout à coup;
tout d'un coup;   tout de suite;   tout à l'heure
(*n.b.* 'tout' is invariable in these expressions)

Essay

Écrivez la conversation qui a eu lieu entre vous et vos parents au sujet d'une dispute concernant:

(**a**) l'argent de poche
(**b**) vos horaires
(**c**) ce que vous mangez ou ne mangez pas.

Locutions à utiliser:
(**a**) être   accoutumé à   + infinitive
              prêt à
              lent à
              le seul à

le premier à   + infinitive
le dernier à
occupé à
disposé à
destiné à
habitué à

(**b**) Conveying intensity of feeling using *exclamations* and *adverbs of degree*

Quelle horreur! Comme c'est ridicule! Comment ça! Quel dommage! Certainement pas! Absolument ridicule! J'espère bien que non! Je ne suis pas du tout d'accord! Entendu! Bien sûr que oui/non! Quel homme! Espèce d'idiot!
Mais oui! Mais si! Mais non!

Translation into French

Everyone had come down for breakfast except Marianne who had promised her mother the night before that she would not be late in the morning. She was late almost every morning despite the fact that she was usually one of the first to go to bed.

She was still in her room at 7.30 a.m. and all the others had finished their breakfast.

Mme Lefranc started to go upstairs. Just then Marianne's bedroom door opened and Marianne appeared on the landing, already dressed, looking half-asleep and quite pale.

'I'm just coming, Mum.'

'Oh dear, what a girl!' sighed Mme Lefranc as she turned and went back downstairs, 'It's not good enough. Every morning it is the same,' said Mme Lefranc, quite annoyed with her daughter. 'You are the first to go to bed and the last to get up!'

'Don't worry, Mum. It's all right! I've got plenty of time . . .'

'What!' exclaimed Mme Lefranc, quite surprised, 'Didn't you say you had to leave early this morning?'

Exercise

Répondez en français aux questions suivantes en employment le pronom: en

1. Combien d'enfants y a-t-il dans votre famille?
2. Avez-vous des sœurs aînées? Et des frères aînés?
3. Êtes-vous le cadet/la cadette de la famille?
4. Avez-vous une chambre à vous?
5. Avez-vous besoin d'une chambre plus grande?
6. Êtes-vous content de vivre là où vous habitez en ce moment?
7. Vous sortez souvent de la maison le soir?
8. Avez-vous l'habitude de rentrer tard?
9. Parlez-vous de ce que vous avez fait quand vous rentrez chez vous?
10. Y a-t-il trop de contraintes exercées sur vous par vos parents?

Exercise

Join the following pairs of sentences into one using the relative pronoun: dont

1. Qui va nous donner l'argent? Nous en avons besoin.
2. Je n'ai pas encore parlé aux grands-parents. Vous m'avez parlé de leurs grands-parents.
3. J'aime beaucoup leur maison. Les pièces en sont très grandes.
4. Voici les clefs de la maison. Tu en auras besoin si tu rentres avant moi.
5. J'ai parlé longtemps aux enfants. Je ne me souviens pas de leurs noms.
6. Elle est allée voir l'appartement à vendre. Elle en a oublié le prix.
7. Voilà une bonne mère de famille. Ses enfants se comportent très bien.

🖭 Listening comprehension

LES ALLOCATIONS FAMILIALES

Listen to the recorded passage then answer the questions below in English:

> la baisse reduction, lowering
> le taux de natalité birth rate
> le niveau de vie standard of living
> le coût de la vie cost of living

1. What was the situation regarding family size in pre-1940 France?
2. What did this mean from the point of view of population?
3. What change came about from about 1945 onwards?
4. Which is the greater, the birth or death rate in France?
5. What information is given about the birth rate in Europe since 1964?
6. How does the author account for small-sized families in France?
7. How are families helped by the government?
8. There is a common complaint. What is it?
9. What other advantages do large families enjoy?

Il s'en va mon garçon

Il s'en va mon garçon
Il va quitter la maison
A son tour de se battre
D'entrer dans le grand théâtre
Il n'a plus besoin de moi
Et il s'en va

Il s'en va mon garçon
Chanter sa propre chanson
Deux mouchoirs, trois chemises
On a bouclé sa valise
Maintenant il est pressé
De s'en aller

Le voici comme un oiseau débutant
A son premier vol
Étourdi par le printemps
Il tourne la tête
Il jette un dernier regard
Au revoir

Il s'en va mon garçon
C'était ma belle saison
Les Noëls et l'école
Les vacances et la rougeole
Voilà vingt ans de ma vie
Qui sont partis.

Je l'ai fait mais je le connais si mal
Entre nous souvent il y avait des murailles
Après tout, qui sait, il est peut-être génial
L'animal

Il s'en va c'est la vie
Vers ses amours, ses amis
Ils vont bien rire ensemble
Comme tout cela ressemble
A ce jour où moi aussi
Je suis parti.

Pierre Delanoë, Editions Rideau Rouge, 1963

Tu verras, tu seras bien

J'aurais bien voulu te prendre
Avec nous comme autrefois
Mais Suzy m'a fait comprendre
Qu'on est un peu à l'étroit
Il faut être raisonnable
Tu ne peux plus vivre ainsi
Seule si tu tombais malade
On se ferait trop de souci

Tu verras, tu seras bien

On va trier tes affaires
Les photos auxquelles tu tiens
Celles de papa militaire
Des enfants et des cousins
C'est drôle qu'une vie entière
Puisse tenir dans la main
Avec d'autres pensionnaires
Vous en parlerez sans fin

Tu verras, tu seras bien

Oui je vois le chat s'agite
On ne trompe pas son instinct
Mais il oubliera très vite
Dès qu'il sera chez les voisins
T'auras plus de courses à faire
De ménage quotidien
Plus de feu en plein hiver
T'auras plus souci de rien

Tu verras, tu seras bien

Ton serin chante à tue-tête
Allons maman calme-toi
Oui le directeur accepte
Que tu le prennes avec toi
Y'a la télé dans ta chambre
En bas y'a un beau jardin
Avec des roses en décembre
Qui fleurissent comme en juin

Tu verras, tu seras bien

Et puis quand viendra dimanche
On ira faire un festin
Je me pendrai à ta manche
Comme quand j'étais gamin
Tu verras pour les vacances
Tous les deux on sortira
Là où l'on chante où l'on danse
On ira où tu voudras

Tu verras, tu seras bien   Jean Ferrat, Productions Musicales Alleluia

Translation into English

A MOTHER'S EFFORTS TO IMPRESS HER VISITORS

Ma mère quittait rarement la maison. Elle avait réussi ce tour de force: avoir tous les appareils possibles et ne pas avoir une minute à elle. Elle en possédait une trentaine mais sa présence était indispensable. Nous avions, évidemment, une bonne, nommée Georgette. A quoi servait-elle? Je me le demande encore. Ma mère lui défendait de toucher ces appareils magnifiques.

«Si je la laissais faire, ah! ce serait affreux!»

Aussi Georgette passait-elle la plupart de son temps à lire des romans-photos. Autour d'elle, sans cesse, ma mère battait, aspirait, nettoyait, dans ce grand bruit de ménage qui blessait mes jeunes oreilles.

Quand je dis que ma mère travaillait du matin au soir, j'exagère. De temps en temps, elle recevait une amie. Prévenue par téléphone, elle faisait le ménage avec un soin particulier. On la visiterait, n'est-ce pas? Il fallait que tout fût en ordre.

Quand on sonnait à la grille, ma mère se précipitait, un peu affolée — «Mon Dieu, n'ai-je rien oublié?» — tournait rapidement un bouton. Un jet d'eau s'élevait dans le gueule béante du poisson d'acier poli au milieu du jardin.

C'était le jet d'eau des visiteurs.

Au début, il m'avait amusé; deux ou trois fois. La sonnerie de la grille entraînait aussitôt la montée du jet d'eau. Ma mère avait des réflexes parfaits et le sens de l'économie. Elle refermait le jet d'eau dès que les visiteurs avaient le dos tourné. Il m'était interdit d'en user pour mon bon plaisir. Cet objet n'était là que pour les autres.

Jean-Claude Carrière, *Mon Oncle*, Hodder and Stoughton

Essay work

1. Write to your French penfriend and tell him/her what the rest of your family think about what you spend your pocket money on, the clothes you wear, the television programmes you watch, the work (if any) you do about the house.
2. Votre oncle, sa femme et leurs deux enfants viennent de passer une semaine chez vous. Racontez ce qui s'est passé.
3. Vaut-il mieux être fils ou fille unique ou bien enfant d'une famille nombreuse? Avant de traiter le sujet, discutez-le avec vos camarades.
4. Faites le portrait de chaque membre de votre famille.

Reading comprehension

FEMMES AU FOYER, FEMMES AU TRAVAIL: ...UN FAUX DILEMME

Les Françaises sont, si l'on peut dire, coupées en deux par la division commode, mais arbitraire, entre femmes au travail et femmes au foyer, qui a l'avantage de simplifier les statistiques, mais qui brouille les esprits.

Ce n'est pas une découverte, mais c'est un fait. Il y a deux catégories de Françaises: celles qui restent chez elles et celles qui n'y restent pas. Les premières sont censées ne pas travailler et les secondes, ne pas avoir de foyer.

Dans un cas comme dans l'autre, la terminologie courante masque la réalité. Car les femmes au foyer affectuent bel et bien un travail, même si celui-ci n'est pas officiellement reconnu. Quant aux femmes qui exercent une activité professionnelle, on souligne qu'elles font une «double journée de travail» parce qu'à peine rentrées de bureau, de l'entreprise ou du magasin, elles se lancent dans les tâches domestiques, comme n'importe quelle femme au foyer. Elles assument leurs responsabilités familiales.

Les flottements de notre vocabulaire n'auraient qu'une importance relative s'ils n'avaient une incidence sur la mentalité des intéressées et sur celle de leur entourage:

— *J'ai trois enfants d'âge scolaire,* explique Myriam B. . . *C'est dire que mes journées sont bien remplies. Pourtant, ma famille et mes amis, qui, pour la plupart, ont un métier, doivent s'imaginer que je n'ai pas grand'chose à faire. Il ne se passe pas de semaine sans qu'on me demande un service, sous prétexte que j'ai du temps libre. C'est dire que je garde souvent les enfants des autres. Je suis très heureuse de pouvoir être utile, très contente également de rester chez moi mais les réflexions que l'on m'adresse finissent par m'agacer et je songe sérieusement à chercher un travail à mi-temps.»*

Le malaise des femmes au foyer a été maintes fois décrit. Certaines d'entre elles se sentent culpabilisées, dévalorisées par rapport aux femmes qui travaillent. D'autres, au contraire, estiment que seules les femmes au foyer sont en mesure d'assurer convenablement l'éducation de leurs enfants.

Aucun esprit sensé ne conteste l'importance du rôle d'épouse et de mère qui est celui de la femme au foyer. Cependant, affirmer qu'il s'agit là de la vocation féminine par excellence est faire peu de cas de celles qui ne sont ni épouses ni mères, ou qui sont épouses sans être mères ou mères sans être épouses. En d'autres termes, c'est les placer au second rang dans l'ordre de la femme et les condamner à ne jamais être décorées.

Tenir compte de la réalité

A l'inverse, soutenir que seule une activité professionnelle peut libérer la femme expose aux critiques les plus acerbes: « *En quoi le fait de travailler dans une usine peut-il être un facteur de libération? Et taper à la machine, est-ce épanouissant?* » C'est l'argument type des détracteurs du travail féminin.

L'opposition femmes au foyer—femmes au travail est celle de deux philosophies qui ont l'inconvénient de ne pas tenir compte de la réalité. Le travail professionel, pour un grand nombre de femmes, est loin d'être un luxe et il ne les conduit pas automatiquement sur le chemin de la perdition.

Rester chez soi n'est pas synonyme d'oisiveté. Une certaine intolérance conduit à oublier qu'une mère de famille peut être obligée, par veuvage ou divorce, de chercher un emploi et qu'une femme ayant un métier peut être amenée, pour des raisons familiales, à y renoncer, du moins provisoirement. L'une et l'autre devront-elles mépriser le mode de vie qu'elles ont abandonné, englobant dans leur réprobation toutes les femmes qui n'ont pas suivi la même évolution?

« *La distinction entre femmes au travail et femmes au foyer ne profite qu'aux hommes*, déclare Jacqueline D..., vingt-sept ans, employée de bureau. *Paternalistes ou libérateurs, selon la conjoncture économique, ils poussent les femmes dans l'une ou l'autre direction. C'est aux femmes de refuser cette distinction arbitraire. Chacune a le droit de vivre comme elle l'entend.* »

En effet. Mais comment mettre fin à un antagonisme si bien ancré dans les mentalités?

Récemment, Jacqueline Nonon, déléguée à la Condition féminine, a insisté sur la nécessité de rendre les femmes plus solidaires, souhaitant que celles qui sont dans le « peloton de tête » entraînent les plus défavorisées. Compte tenu du fait qu'avec la prolongation de la longévité, rares seront les mères de famille qui, un jour ou l'autre, une fois leurs enfants élevés, n'éprouveront pas le désir de se recycler, on peut penser que femmes au foyer et femmes au travail auraient tout intérêt à cesser d'être persuadées qu'elles appartiennent à des camps différents et à refuser des étiquettes périmées. Ainsi seulement pourront-elles se débarrasser de complexes d'infériorité ou de supériorité qui n'ont pas de raison d'être et réussiront-elles à devenir maîtresses de leur propre destin.

Janine Frossard
in *Le Figaro* 30.3.78

Answer the following questions in English:

1. According to the article, married women in France fall into two categories. What are they?
2. What does this classification fail to take into account?
3. What predicament do mothers who stay at home, like Myriam B., find themselves in? How do they justify staying at home?
4. What criticism is made of working mothers?
5. Why are the categories mentioned in question 1 unrealistic?

11 L'éducation

La rentrée

— Vous verrez, si on ne le contrarie pas, c'est un très bon petit.

— Le plus ennuyeux c'est pour le petit qui va encore manquer la rentrée scolaire . . .

LE PROFESSEUR

Élève Hamlet!

L'ÉLÈVE HAMLET

. . . . Hein . . . Quoi . . . Pardon . . . Qu'est-ce qui se passe . . .
Qu'est-ce qu'il y a . . . Qu'est-ce que c'est?

LE PROFESSEUR (mécontent)

Vous ne pouvez pas répondre 'présent' comme tout le monde? Pas possible,
vous êtes encore dans les nuages.

L'ÉLÈVE HAMLET

Être ou ne pas être dans les nuages!

LE PROFESSEUR

Suffit. Pas tant de manières. Et conjuguez-moi le verbe être, comme tout le
monde, c'est tout ce que je vous demande.

L'ÉLÈVE HAMLET

To be . . .

LE PROFESSEUR

En français, s'il vous plaît, comme tout le monde.

L'ÉLÈVE HAMLET

Bien, monsieur, (Il conjugue:)
Je suis ou je ne suis pas
Tu es ou tu n'es pas
Il est ou il n'est pas
Nous sommes ou nous ne sommes pas . . .

LE PROFESSEUR (excessivement mécontent)

Mais c'est vous qui n'y êtes pas, mon pauvre ami!

L'ÉLÈVE HAMLET

C'est exact, monsieur le professeur,
Je suis 'où' je ne suis pas
Et dans le fond, hein, à la réflexion,
Être 'où' ne pas être
C'est peut-être aussi la question.

Jacques Prévert from *Paroles*, Éditions Gallimard

🔲 Listening comprehension

LES LYCÉES ET LES LYCÉENS

Listen to the recorded passage then answer the questions in English:

> *planer* to hover
> *le débouché* opening (for career)
> *la communauté* community

1. What two characteristics are traditionally attributed to the young by the older generation?

2. What criticism is made of the educational system by many parents and pupils. What effect does this have on the pupils?

3. Why is the '*bac*' so important?

4. Describe in detail the difference in conception between the British grammar or high school and the French *lycée*.

5. State three ways in which young French people like to spend their spare time.

6. Leaving aside individual differences of personality, what two factors account for some of the diversity in the forms of amusement enjoyed by young people?

SÉLECTION CLANDESTINE

Au cours des trente dernières années, le système français d'instruction a connu une transformation si profonde que l'on peut parler de révolution.

La distinction entre l'enseignement primaire et l'enseignement secondaire, qui datait de la fin du siècle dernier, a disparu. Les petites classes des lycées, antérieures à la 6ᵉ, n'existent plus. Les lycées achèvent de perdre les classes du premier cycle, de la 6ᵉ à la 3ᵉ. Les C.e.s., collèges d'enseignement secondaire, reçoivent les jeunes de toutes les classes sociales. Les réformateurs obéissaient, semble-t-il, à l'idéal de l'égalité des chances.

Il va sans dire que la généralisation des C.e.s. n'aboutit pas et ne peut pas aboutir à des établissements de qualité équivalente. Les C.e.s. des grandes villes attirent les enseignants plus que ceux des petites villes: ils comprendront, en moyenne, de meilleurs pédagogues.

En même temps que cette révolution administrative, une autre révolution, moins connue, résulte de la différenciation des sections du baccalauréat. Une section, C, l'emporte sur toutes les autres, à tel point que, dès la classe de seconde, la majorité des meilleurs élèves se détachent des autres. La section qui correspond à celle qui s'appelait latin-grec, et qui conduisait éventu-ellement à l'Ecole normale supérieure (lettres), recrute malaisément. Le grec ne conserve, dans le second degré, qu'une présence fantomatique. Les mathématiques règnent et la culture que l'on appelait celle des humanités devient rare et marginale. La section lettres de Normale supérieure semble condamnée à une rapide décadence, faute de candidats, faute de débouchés pour ceux qui en sortent. Il n'y a plus d'emploi pour eux dans les universités, à la suite du recrutement massif d'assistants et de maîtres assistants, dans les années qui précédèrent et suivirent 1968.

La tradition élitiste de l'enseignement français se prolonge par des canaux non officiels. Quand une classe réunit des élèves de niveau trop différent, nombre de professeurs concentrent leurs efforts sur ceux qui apparaissent capables ou désireux d'apprendre. Le brassage social et scolaire donne souvent des résultats opposés à ceux que l'on visait. Sans compter les institutions non étatiques, qui, même conventionnées, parviennent à maintenir des classes moins hétérogènes et attirent les enfants de la bourgeoisie.

A partir de la classe de seconde, par une pratique nullement officielle mais connue, se rassemble dans un lycée parisien, Louis-le-Grand, un nombre impressionnant des meilleurs élèves des lycées (ou C.e.s.) parisiens et même provinciaux. On y compte sept classes de seconde C. Pour ceux qui atteignent à la terminale, le baccalauréat ne constitue plus une épreuve. Accéder à une classe terminale de Louis-le-Grand est autrement difficile que décrocher un vénérable parchemin, à tout jamais dévalorisé.

Le deuxième cycle de Louis-le-Grand apparaît ainsi l'antichambre des classes préparatoires aux grandes écoles, classes elles-mêmes anti-chambre de Polytechnique (environ 30% de la liste) et de Normale supérieure. Qualité du recrutement, qualité des enseignants, esprit de compétition expliquent les résultats.

Faut-il condamner le rassemblement des forts en thème dès la quinzième (et parfois la quatorzième) année, le « chauffage » précoce de la future élite intellectuelle et parfois sociale? Le jugement ne va pas de soi: certains des bons élèves dépistés par les représentants de Louis-le-Grand réussiront mieux et plus vite qu'ils ne l'auraient fait ailleurs. Il s'agit non pas d'une sélection qui élimine, mais d'une sélection qui favorise, sinon ceux qui possèdent le quotient intellectuel le plus élevé, du moins ceux qui obtiennent les meilleures notes à l'école.

Raymond Aron in *L'Express*,
11–17 September, 1978

Answer the following questions in English:

1. What major changes have taken place in the French educational system?
2. What is the aim of the *Collège d'enseignement secondaire?*
3. Are all *C.e.s.* the same? What differences are there? Which are better, according to the author? Why?
4. What are we told about *Baccalauréat C?* What has it replaced? What has been the result as far as Classics are concerned?
5. In what ways, however unofficial they may be, do the egalitarian aims of educational planners fail to reach fulfilment in this system because of a) the attitude of teachers b) the existence of the private sector?
6. Explain why the system used in *lycée* Louis-le-Grand may be termed 'selective'.
7. Is this procedure viewed favourably or unfavourably?

Essay work

1. Êtes-vous pour ou contre la sélection—apparente ou clandestine—dans les écoles britanniques? Pourquoi?
2. Vous venez de terminez vos études au lycée et dans quelques mois vous serez étudiant(e) à l'université de *. Pendant les grandes vacances vous décidez de trouver une chambre.

   Racontez les difficultés que vous avez eues et écrivez en français la conversation qui a eu lieu avec la propriétaire d'un appartement qui vous a offert une chambre.

Exercise

Parlez avec votre partenaire!

Pourquoi . . .?   — Parce que . . .

Employez les verbes *savoir*, *pouvoir* ou *vouloir* dans vos réponses.

1. Vous êtes un(e) mauvais(e) élève. Votre partenaire est le prof qui pose les questions.
   (a) Pourquoi êtes-vous en retard?
   (b) Pourquoi n'as-tu pas fait tes devoirs?
   (c) Pourquoi ne fais-tu pas plus d'efforts en classe?
   (d) Pourquoi ne réponds-tu pas aux questions que je te pose?
   (e) Pourquoi préfères-tu t'asseoir au fond de la salle de classe?
2. Votre partenaire vous pose des questions sur des copains et copines qui n'étudient plus le français.

(a) Pourquoi est-ce qu'ils n'ont pas opté pour le français cette année?
(b) A votre avis, pourquoi n'ont-ils pas été reçus à l'examen l'année dernière?
(c) Pourquoi n'ont-ils pas travaillé plus dur?
(d) Pourquoi ne faisaient-ils pas attention pendant le cours?
(e) Pourquoi vont-ils quitter le lycée cette année?

Exercises

TENSES WITH 'SI'

(a) *Translate the following sentences into French:*
1. If you do not listen, you will not learn.
2. If you do not work, you will not succeed.
3. If you worked, you would improve.
4. If you have not answered all the questions, you will not pass.
5. If you had studied the text carefully, you would have been able to answer the question.

(b) *Translate into French:*
1. I wonder if I will pass my exams.
2. I wonder if I will be able to go to university.
3. I would like to know if my teacher thinks I could improve if I worked conscientiously.
4. I wonder if my friends are going to the same university as I am.
5. I would like to know if I would be able to change my course after the first year at the university.

1ère B	Lundi	Mardi	Mercredi	Jeudi	Vendredi	
8h45 – 9h40	LV1 Allemand	Hist. Géo 102	Phys.	EPS	SN (B)	Phys (A)
9h45 – 10h40	LV1 Allemand	LV1 Allemand	Maths 105	Maths 102	SN (A)	Phys (B)
10h55 – 11h50	Maths 204	SN	LV1 Allemand	LV2 Anglais	Eco 102	
11h55 – 12h50	Hist·Géo 102	FR 102	EPS	Eco 102	Hist 102	
13h40 – 14h35	FR 102	Eco 102		LV1 Allemand	FR 102	
14h40 – 15h35	FR 102	Hist·Géo 102		Maths 02	Eco 102	
15h40 – 16h35	Eco 102	LV2 Anglais		Maths 02	LV2 Anglais	
16h40 – 17h35				Dessin		

130

Exercise

Give the appropriate tense (either present or future) of the verb in brackets:

. . . Les cours (reprendre) bientôt au lycée et, dès la rentrée, je (être) en seconde. J' (avoir) très peu de temps libre parce que je (devoir) travailler dur pour préparer le bac. Je ne (s'étonner) pas si les profs nous (donner) beaucoup de devoirs. Il me (falloir) obtenir une mention bien si je (vouloir) m'inscrire comme étudiante à l'université. C'est bien dommage que les vacances (se terminer) mais je (être) quand même heureuse de revoir mes copains. Le jour de la rentrée, je (se lever) à 7h15 pour être au lycée de bonne heure. Quand je (voir) mes copains, je les (saluer) et nous (parler) de ce que nous (aller) faire ensemble après les cours . . .

Exercise

THE FUTURE TENSE (AFTER 'QUAND', 'LORSQUE', 'AUSSITÔT QUE, DÈS QUE . . .)

Translate carefully the sentences below and study the difference in sense between (a) and (b) in every case:

1. (a) As soon as the teacher enters the room we have to start working.
   (b) As soon as the teacher enters the room we will have to start working.
2. (a) When he asks us a question we have to answer.
   (b) When he asks us a question we shall have to answer.
3. (a) When he corrects our exercises he points out our mistakes.
   (b) When he corrects our exercises he will point out our mistakes.
4. (a) When he realizes we have not been working he gives us extra homework.
   (b) When he realizes we have not been working he will give us extra homework.

Exercise

THE POSITION OF PRONOUN OBJECTS WITH COMMANDS

Replace the noun or phrase in italics by a pronoun when writing what the teacher actually said

Example: Le professeur vous a dit de lui apporter *votre cahier.*
Qu'est-ce qu'il a dit?
Apporte(z)-le-moi!

Le prof vous a dit de . . .

1. . . .lui écrire le *compte-rendu.*
2. . . .répondre *à la question.*
3. . . .lui montrer *vos devoirs.*
4. . . .expliquer *le problème à votre partenaire.*
5. . . .lui prêter *votre livre.*
6. . . .ne pas faire *de bruit.*
7. . . .ne pas regarder *par la fenêtre.*
8. . . .ne pas courir *dans les couloirs.*
9. . . .ne pas parler *de l'examen aux autres candidats.*
10. . . .ne pas penser *à faire des bêtises.*

Qu'est-ce qu'il a dit?

Role-playing

You have been asked to accompany a French boy/girl on a visit to school. During the lunch hour you discuss the similarities and differences between the British and French systems of education. (kinds of school, organisation of classes, range of subjects, discipline, holidays, public exams. . .)

Give one another information about current practice in schools in your respective countries.

Translation into English

. . .On transporta l'élève dans la loge de la concierge où la concierge qui était une brave femme le lava et tenta de le faire revenir à lui.

Dargelos était debout dans la porte. Derrière la porte se pressaient des têtes curieuses. Gérard pleurait et tenait la main de son ami.

– Racontez, Dargelos, dit le censeur.

– Il n'y a rien à raconter, m'sieur. On lançait des boules de neige. Je lui en ai jeté une. Elle devait être très dure. Il l'a reçue en pleine poitrine, il a fait 'ho!' et il est tombé comme ça. J'ai d'abord cru qu'il saignait du nez à cause d'une autre boule de neige.

– Une boule de neige ne défonce pas la poitrine.

– Monsieur, monsieur, dit alors l'élève qui répondait au nom de Gérard, il avait entouré une pierre avec de la neige.

– Est-ce exact? questionna le censeur.

Dargelos haussa les épaules.

– Vous ne répondez pas?

– C'est inutile. Tenez, il ouvre les yeux, demandez-lui. . .

Le malade se ranimait. Il appuyait la tête contre la manche de son camarade.

– Comment vous sentez-vous?

– Pardonnez-moi. . .

– Ne vous excusez pas, vous êtes malade. Vous vous êtes évanoui.

– Je me rappelle.

– Pouvez-vous me dire à la suite de quoi vous vous êtes évanoui?

– J'avais reçu une boule de neige dans la poitrine.

– On ne se trouve pas mal en recevant une boule de neige!

– Je n'ai rien reçu d'autre.

– Votre camarade prétend que cette boule de neige cachait une pierre.

Le malade vit que Dargelos haussait les épaules.

– Gérard est fou, dit-il. Tu es fou. Cette boule de neige était une boule de neige. Je courais, j'ai dû avoir le souffle coupé. . .

Jean Cocteau, Les Enfants terribles, Éditions Bernard Grasset

Reading comprehension

LA DISCIPLINE DANS LES LYCÉES FRANÇAIS

Si la discipline dans les lycées français est dans son ensemble assez souple, un certain nombre de règles doivent cependant être scrupuleusement respectées.

C'est ainsi que la présence des élèves aux cours est vérifiée par le professeur au début de chaque heure. Lorsqu'un élève est absent, les parents doivent alors justifier cette absence par écrit. Une absence de plus de trois jours nécessite un certificat médical.

La discipline est assurée en majeure partie par les surveillants ou maîtres d'internat. La fonction de surveillant, réservée aux étudiants, consiste d'abord en la surveillance des heures de permanence des élèves. En effet, si un élève a une heure de libre entre deux cours, il doit se rendre dans la salle de permanence où il peut travailler. Le surveillant doit également être présent lors des allées et venues des élèves aux inter-classes et aux récréations. Il fait l'appel au réfectoire et veille au bon déroulement du repas.

A l'internat, maîtres et maîtresses d'internat surveillent l'étude du soir, assistent au coucher des élèves. Une chambre personnelle dans le dortoir leur est également réservée. Le surveillant familièrement appelé 'pion' a bien souvent un rôle difficile. Il est mal vu des élèves et reçoit toujours les tâches peu estimées des professeurs.

Au dessus du surveillant, dans la hiérarchie, nous trouvons le Surveillant Général à qui les élèves doivent s'adresser pour tout problème important. C'est lui qui supervise la discipline dans tout l'établissement. Il est généralement à redouter et mieux vaut ne pas être convoqué à son bureau pour indiscipline.

Les punitions distribuées aux élèves varient selon la gravité de leurs fautes, les traditionnelles heures de colle restant la principale sanction. Certains élèves peuvent être collés tout un samedi après-midi. Dans d'autres lycées, la colle peut durer un week-end entier. Une faute plus grave peut entraîner un avertissement qui sera joint au dossier scolaire. Pour une faute très grave, l'élève sera convoqué devant le Conseil de Discipline qui sanctionnera un renvoi provisoire ou définitif.

Answer the following questions in French:

1. How long do lessons last in a French *lycée*?
2. What is the teacher supposed to do at the start of each lesson?
3. What should the *lycée* pupil present when returning to class after an absence of more than three days?
4. What is the word for someone who is responsible for discipline in the *lycée*. Describe his or her role.
5. Why is this job often done by students?
6. What is a *pion*?
7. Give the meaning of the following expressions: (a) *une heure de colle*; (b) *les heures de permanence*; (c) *un renvoi*.
8. What is the most severe form of punishment?

Listening comprehension

Listen to the passage La Visite de l'Inspecteur *then write a summary of it in French.*

Essay work

Write, in French, a letter to your penfriend about your plans for the future. Tell him/her the kind of work you would like to do or course you wish to follow (with reasons), the entrance qualifications you have to obtain, saying what you think the chances are of obtaining these and, finally, indicate what you will do instead, if you are unsuccessful.

or

Un jour qu'il faisait une chaleur épouvantable un élève s'est endormi en classe. Il a rêvé (décrivez le rêve). Le professeur lui a posé une question à laquelle il n'a pas répondu. Qui l'a réveillé? Décrivez l'embarras, la réaction du professeur et celle des autres élèves et les conséquences de cette inattention.

Imagine you are:
1. the unfortunate pupil
2. one of the other pupils
3. the teacher *or*
4. someone narrating the incident but not involved in it.

Letter

Your French teacher has set you the task of replying in French to the letter given below which has been sent by the Assistante who will be taking your conversation classes this year. Attempt to answer all her questions in your reply.

> le 12 août, 1982
>
> Monsieur/Madame,
>
> Étant nommée Assistante dans votre établissement, j'aimerais vous demander quelques renseignements.
>
> Tout d'abord, à quelle date dois-je me présenter à vous? Disposez-vous d'autre part d'un internat et me serait-il possible d'y résider? Dans le cas contraire, vous chargez-vous éventuellement de me trouver un logement?
>
> En ce qui concerne le lycée, quelle est son importance et quel âge ont les élèves dans les classes qui me seront confiées? Quels sont d'autre part les centres d'intérêt et la taille de votre ville? Quel temps fait-il généralement?
>
> Dans l'attente d'une réponse, veuillez agréer, Monsieur/Madame, l'expression de mes sentiments les meilleurs.
>
> Marie Fourchon

Exercise

Study the examples of official forms which are contained in the Carnet de correspondance *which schools issue to parents. In what circumstances would each of these be used?*

AUTORISATION DE SORTIE

Je demande pour mon enfant ———————

——————— classe de

——————— l'autorisation de quitter

l'Établissement lorsqu'il n'y a pas de classe à la dernière heure, ou aux dernières heures de la demi-journée, par suite de l'absence d'un ou plusieurs professeurs. Je le reprends sous ma responsabilité dès sa sortie de l'Établissement.

Signature:

ATTESTATION

Je soussigné ———————

*Père
Mère de l'élève ———————
Tuteur
          classe de ———————

accepte le règlement du Collège, après en avoir pris connaissance.

Signature:

*Rayer la mention inutile.

BILLET D'ABSENCE

L'élève ———————

de la classe de ——————— a été*
                                    sera

absent(e) du ——————— à ——————— h.

au ——————— à ——————— h.

Motif de l'absence: ———————

———————

Date:

Signature:

*Père, Mère ou Tuteur
(Rayer la mention inutile)

DEMANDE DE DISPENSE D'ÉDUCATION PHYSIQUE

(à remplir par les parents et à remettre au Conseiller d'éducation avant le cours.)

Nom de l'élève ———————

Prénom ———————

Classe ——— Date du cours ———————

Motif de la demande:

———————

———————

Ci-joint certificat médical
                              *Oui/Non

Date:

Signature:

*Rayer la mention inutile

Letter

Votre correspondant(e) français(e) vous explique un de ses problèmes dans sa dernière lettre. Écrivez-lui pour lui donner des conseils.

. . . Je viens d'avoir mes notes trimestrielles qui sont très mauvaises. Je les ai montrées à mon père qui m'a dit très tranquillement: «Je t'ai prévenu depuis longtemps. Si ton deuxième trimestre est insuffisant, je t'inscris comme interne pour l'année prochaine. Or il est insuffisant. Alors tu peux conclure toi-même.»

Je sais qu'il va le faire. Quand il a décidé quelque chose, c'est impossible de le faire changer d'avis. Mais je ne veux pas être interne. J'ai quinze ans et je ne pourrai pas m'habituer. Qu'est-ce que je peux faire? . . .

Top No. 389 1.5.66

Translation

Below is the draft of a letter you wish to send to a French penfriend. You have had second thoughts about writing to your friend in English and have decided to translate the letter into French.

Dear Yvonne/Paul,

Many thanks for your letter. I know how you feel when there's too much homework and not enough time left for other things! We get a lot of homework too.

Now the good news! Our art teacher is organising a trip to Paris at Easter. Mum and Dad said I could go if I saved up the money I earn working in the supermarket on Saturdays. The trip is going to cost about £100.

We'll be visiting all the well-known places such as the Eiffel Tower, Notre-Dame, Montmartre and, of course, the Louvre. Our teachers will be with us on all the visits and will translate what the guides say if we don't understand.

I think we'll be allowed to explore the Latin Quarter in groups of three or four in the evening, if we're not too tired! I suppose we'll end up sitting in a café drinking coffee and watching people go by.

We'll be staying in Lycée Saint Louis in the Boul' Mich! I've never slept in a dormitory before. I hope it won't be too noisy.

I'll be in Paris from 8th April until 17th April. Will you be able to come to Paris when I am there? It would be nice if we could spend a day together. Please let me know if we can meet in Paris. I'll ask if I can spend a day with you instead of going out with the school party.

Looking forward to hearing from you soon.

Yours sincerely,

136

Role-playing

Tell your partner what happened when you showed your mother or father your report card.

Reading comprehension

LES VACANCES SCOLAIRES

L'organisation de l'année scolaire est une absurdité. Les vacances sont trop longues, mal découpées et souvent mal utilisées. Tel est le sentiment des spécialistes dont les rapports se sont accumulés ces dernières années sur le bureau du ministre de l'éducation.

D'où vient le mal? De la durée des vacances, certes, fixée à cent vingt jours—un record que ne nous dispute aucun pays. Mais aussi de l'encyclo-pédisme des programmes qui n'a guère d'équivalent ailleurs. L'écolier français doit ainsi réaliser une sorte de prouesse: assimiler davantage de connaissances que ses camarades étrangers, tout en passant moins de jours en classe. Une prouesse qui se paie le plus souvent par une fatigue excessive, un mauvais sommeil, voire de brutales manifestations de 'ras-le-bol'. . .

Cette situation est relativement récente. Au début du siècle, les vacances n'étaient que de soixante-dix-huit jours en moyenne. D'abord considéré comme positif, le grignotage de l'année scolaire, lié au développe-ment de la civilisation des loisirs, a très vite paru excessif.

Diverses solutions ont été sug-gérées pour y remédier. En 1974, par exemple, le professeur Jean Bernard proposait de ramener à deux mois—du 15 juillet au 15 septembre—les vacances d'été, d'accorder aux élèves trois semaines en hiver, autant au printemps et de réduire les autres congés aux seuls jours fériés. Ainsi aurait été allégé l'horaire hebdo-madaire, tout en gagnant deux semaines de travail.

Les dispositions arrêtées le 2 mars sont beaucoup plus timides. En repoussant les examens et les conseils de classe après le 30 juin, le ministre de l'éducation allonge effectivement l'année scolaire pour les élèves. Mais il ne touche pas d'un iota à la durée officielle des vacances d'été et ne modifie guère le volume hebdo-madaire des cours.

Il est vrai que, malgré son intérêt incontestable sur le plan médical et pédagogique, la réduction des vacances d'été au profit des congés d'hiver et de printemps plus longs aurait posé des problèmes délicats. C'est cette année que doivent entrer en vigueur les premières mesures — modestes — d'étalement des vacances. Des mesures qui prévoient que les salariés de l'automobile partiront en vagues successives du 8 au 30 juillet.

Il est probable que le ministre de l'éducation a voulu aussi éviter de heurter de front les enseignants, extrêmement sourcilleux sur le chapitre des vacances. Une enquête, réalisée il y a une douzaine d'années auprès de professeurs du second de-gré, montrait que, pour deux tiers d'entre eux, la durée des congés avait joué un rôle important dans le choix de leur métier. Cette tendance se serait renforcée avec la féminisation croissante du corps enseignant: beaucoup de femmes ont choisi de devenir professeurs pour continuer à s'occuper de leurs enfants.

B. Le Gendre in *Le Monde*,
4.3.77 (adapted)

Answer the following questions in English:

1. According to certain specialists, what is wrong with the way the school year is organized in France?
2. What adverse effect does the present system have on pupils?
3. What did Jean Bernard propose as a solution?
4. What benefit would the pupils gain from this?
5. What other proposal was considered and what was wrong with it?
6. Why, in your view, was Bernard's proposal not accepted? What evidence is there that his proposal would not have been well-received by the teaching profession?

12 La vie politique et sociale

CENTRE D'INFORMATION CIVIQUE

prenez
vos
responsabilités

VOTEZ

Reading comprehension

L'ÉNERGIE ATOMIQUE: BÉNÉDICTION OU MALÉDICTION?

Ce sont surtout les jeunes parmi les automobilistes qui aiment proclamer par autocollants sur la lunette arrière de leur voiture: «Énergie nucléaire, non merci.» Si enjouée et aimable que soit cette débonnaire protestation, l'appétit d'énergie de cette auto ne rend-il pas par ailleurs l'énergie nucléaire nécessaire?

Le «Non merci» que les «verts» et les adeptes de conditions de vie naturelles opposent à l'énergie nucléaire est, d'autre part, de l'égoïsme pur et simple, car les pays du tiers monde ont de grands besoins à couvrir et sont dépendants des centrales nucléaires, mises au point dans les nations industrielles. Et il ne s'agit pas là de luxe, mais tout simplement de survie.

Dès maintenant, les prix du pétrole dépassent les possibilités financières de nombreux pays pauvres. La misère s'accroît. Seul le courant atomique bon marché peut à la longue les aider à s'en sortir, peut empêcher la famine de se propager. Le pétrole finira par devenir bientôt inabordable, même pour les pays industriels. En outre, il les rend dépendants, les expose même au chantage politique.

Il ne faut pas penser que des économies d'énergie suffiront pour résoudre le problème. Pour faire face à la concurrence mondiale, les nations industrielles ont besoin de davantage d'énergie bon marché. Seule l'énergie nucléaire l'est suffisamment, mais il n'y en a pas assez.

Devant les tribunaux, les adversaires de l'énergie nucléaire aiment représenter les centrales atomiques comme des monstres aux réactions imprévisibles en prétendant que l'énergie atomique n'offre pas assez de sécurité. Il ne faut assurément pas minimiser les risques d'une centrale nucléaire. Personne ne les conteste. Selon le calcul des probabilités, le plus tragique des accidents nucléaires, la fusion complète du cœur du réacteur, pourrait se produire une fois au cours des 17 000 années à venir. L'homme vit depuis bien des décennies au milieu de dizaines de milliers de centrales thermiques classiques, sans qu'une chaudière ait jamais explosé, accident comparable à une catastrophe que pourrait provoquer un réacteur. Ceci est d'autant plus important que les mesures de sécurité prévues pour les centrales thermiques au charbon sont beaucoup moins considérables que celles qu'on applique aux réacteurs nucléaires.

La sécurité a aussi la priorité quand il s'agit du stockage de déchets radioactifs. Ils sont enfermés de manière hermétique dans des dômes de sel souterrains, qui n'ont subi aucune modification depuis des millions d'années. Leur consistance rend tout contact impossible entre les déchets et les eaux souterraines.

Ceux qui renoncent à l'énergie nucléaire, acceptent d'avance des catastrophes qui frapperont la planète entière. Dans les trente années à venir, la population du globe passera de 3, 4 milliards d'hommes actuellement à 7 milliards. Au moins 500 millions d'hommes souffrent déjà de la faim. Le nombre des affamés ne cessera pas de croître si on ne réussit pas à approvisionner bientôt les pays pauvres en énergie bon marché.

Pour certains, une centrale nucléaire n'est qu'une bombe atomique à retardement. Les gens se demandent ce qui arriverait si un tremblement de terre, une chute d'avion ou tout simplement une défaillance humaine perturbait la pile atomique. Beaucoup de scientifiques mettent en garde contre une technologie représentant un danger radioactif s'étendant sur cent mille années, et le malaise règne aussi dans les églises. Surtout les déchets radioactifs sont dangereux pour l'humanité. Ce sont des millions de tonnes d'une substance hautement radioactive avec laquelle les hommes ne doivent jamais avoir de contact. Le moindre contact avec les eaux souterraines entraînerait une catastrophe qui ne pourrait plus être endiguée.

Pour couvrir les besoins énergétiques des vingt années à venir, il suffit d'exploiter de meilleure façon les sources existantes. Il suffit d'investir dans des énergies «inépuisables» l'argent placé actuellement dans l'énergie nucléaire et de moins gaspiller l'énergie disponible. Le charbon peut, lui aussi, regagner en importance, les réserves existantes étant plus considérables que celles d'uranium.

Même les pays en développement n'ont—et ceci à l'encontre des tentations de la prétentieuse énergie nucléaire—absolument pas besoin de l'atome, bombe à retardement qui, au mieux, amène un bonheur de courte durée.

Scala No. 11, 1981 [abridged]

Centrales nucléaires dans le monde
Puissance nette en mégawatts (MW)

	1980	1979	Variations 1979/1980
France	14.400	8.000	+ 80%
Rép. féd. d'Allemagne	8.625	8.865	− 3%
Grande-Bretagne	6.400	6.200	+ 3%
Belgique	1.700	1.700	± 0%
Italie	1.400	1.400	± 0%
Pays-Bas	500	500	± 0%
Ensemble de la CE	**33.025**	**26.665**	**+ 24%**
Suède	5.500	800	+ 45%
Suisse	1.930	1.930	± 0%
RDA	1.760	1.380	+ 27,5%
URSS	13.000	10.800	+ 20%
Reste du bloc oriental	2.100	1.400	+ 50%
États-Unis	55.800	51.800	+ 8%
Japon	15.000	14.500	+ 3%
Canada	5.500	5.500	± 0%
Autres pays	7.400	6.100	+ 21%
Total mondial	**141.015**	**123.875**	**+ 14%**

sl/sources: atw/AIF/IAEO/SAEG

1. Résumez en français en 250–300 mots les avantages et les dangers de l'énergie nucléaire.
2. Si le gouvernement britannique décidait de faire construire une centrale nucléaire à quelques kilomètres de votre ville, comment réagiriez-vous? Et vos copains, qu'est-ce qu'ils en pensent? Faites une enquête parmi vos copains.

	POUR	CONTRE
Êtes-vous pour ou contre l'implantation d'une centrale nucléaire?	. . . .	. . . .
	OUI	NON
Aimeriez-vous qu'on invite les représentants du gouvernement à venir défendre le projet?	. . . .	. . . .
Afficheriez-vous des slogans un peu partout?	. . . .	. . . .
Écririez-vous une lettre (i) au maire?	. . . .	. . . .
(ii) au conseil municipal?	. . . .	. . . .
(iii) à votre député?	. . . .	. . . .
(iv) aux journaux?	. . . .	. . . .
Distribueriez-vous des dépliants dans la ville?	. . . .	. . . .
Organiseriez-vous une réunion des habitants de la ville?	. . . .	. . . .
Participeriez-vous à (i) une manifestation?	. . . .	. . . .
(ii) une grève?	. . . .	. . . .
(iii) une enquête publique?	. . . .	. . . .
(iv) une campagne antinucléaire?	. . . .	. . . .
(v) un débat télévisé?	. . . .	. . . .

📼 Listening comprehension

THE MAYOR OF A SMALL TOWN
INAUGURATES A NEW COVERED
MARKET

*Listen to the recorded speech and then answer the
following questions in English:*

la commune township	
alimenter to supply	
l'afflux flow	
la concurrence competition	

1. How firm was the demand for an indoor market in this 'commune'?
2. Why has the township not had one hitherto?
3. Where and under what conditions did farmers and small traders formerly display their wares?
4. What improved facilities and benefits does the new market offer shoppers and dealers?
5. How will the 'commune' as a whole benefit from the new market?

Essay

*Les éboueurs sont en grève depuis dix jours. Les détritus
s'amoncellent au détriment de l'hygiène publique.*

1. Imaginez un dialogue entre voisins à propos du ramassage des ordures.
2. Le maire doit prendre une décision: que va-t-il faire?
   —Va-t-il faire appel à l'armée pour dégager les rues encombrées?
   —Va-t-il forcer les éboueurs à reprendre le travail?
   —Va-t-il rassurer les habitants et promettre que tout va bientôt rentrer dans l'ordre?

   Décision prise, il écrit un discours. Que diriez-vous à sa place?

Translation into English

Pour être électeur en France, il faut être citoyen français, c'est-à-dire Français d'origine ou naturalisé depuis au moins cinq ans. Afin d'être électeur, le citoyen doit être assez âgé pour voter. Il doit être majeur, c'est-à-dire avoir dix-huit ans. Les moins de dix-huit ans sont trop jeunes pour avoir le droit de vote. Tous les Français qui remplissent ces deux conditions ont le droit d'aller aux urnes, comme on dit. Le vote est facultatif. On se rend au bureau de vote muni de sa carte d'électeur. Après avoir fait constater son identité, on passe dans l'isoloir pour respecter le secret du vote.

L'électeur a des bulletins de vote à sa disposition pour exprimer son choix. Il vote pour un seul candidat. Il met le bulletin portant le nom du candidat dans une enveloppe et il quitte l'isoloir. Avant de sortir du bureau de vote, l'électeur dépose l'enveloppe dans l'urne électorale. Ce n'est que plus tard qu'on saura lequel des candidats a obtenu le plus grand nombre de voix. Afin d'être élu au premier tour, le candidat doit obtenir la majorité absolue des voix. Sans cette majorité absolue, le candidat est obligé d'attendre le deuxième tour où la majorité suffit.

Oral work

Répondez en français aux questions suivantes:

1. Quel âge doit-on avoir pour être électeur en Grande Bretagne?
2. Attachez-vous beaucoup d'importance au droit de vote? Pourquoi?
3. La politique vous intéresse-t-elle?
4. Y a-t-il un homme ou une femme politique que vous admirez beaucoup?
5. Êtes-vous pour ou contre (a) la monarchie (b) la république (c) la dictature?
6. Aimeriez-vous entrer dans la vie politique quand vous serez plus âgé(e)?
7. Habitez-vous une région de la Grande Bretagne qui se veut autonomiste?
8. Vous intéressez-vous aux affaires politiques locales?
9. Quel est, à votre avis, le meilleur parti politique?
10. Que pensez-vous du gouvernement actuel de votre pays?

Essay

A party from your school is visiting a small town in France with which you have been twinned. You have been invited to a reception at the town hall. You have prepared a speech for the occasion.

Use some of the following expressions in your speech if you can:

avoir l'honneur de
 le plaisir de
 la permission de
 la bonté de
 l'intention de + *infinitive*
 l'habitude de
 l'occasion de
 le temps de
 envie de

Translation into French/Essay

You are in France with a group of young people. You have been invited to a civic reception in the Town Hall.
Either
(a) Translate the speech below into French.

Listening comprehension

LA MAJORITÉ À 18 ANS

Listen to the recorded passage then answer the questions below in English:

1. Why does Jean-Claude think the lowering of the age of majority from 21 to 18 is a good thing?
2. Give three examples of the freedom this new status bestows on him.
3. Explain the difference this change of status has meant in his relationship with school.
4. What is implied by the granting of adult status to 18-year-olds?
5. What additional freedom does the law give the 18-year-old?

or
(b) Using the text below as a guide, write, in French, a speech which is to be delivered to a large group of people to thank them for their hospitality.

Monsieur le Maire, Ladies and Gentlemen,

As the group leader of the party from . . . , may I take this opportunity to say a few words on behalf of the group.

I would like to thank all those who have helped to organise and prepare this reception. It is good to know that the town recognises the value of international exchanges. This has been clear to us in the course of our visit.

I must also thank the committee who organised the exchange. Let's hope that this visit is just the first of many visits which will take place in the years to come.

During our stay, we have had the pleasure of meeting many young French people and we have made many new friends, thanks to the efforts of our host families who have welcomed us very warmly into their homes and have introduced us to their friends. We have been very impressed by their kindness and hospitality and we will return home with many happy memories. We appreciate very much all they have done to make our stay both enjoyable and memorable. The experience of living in a foreign country has also been rewarding in the sense that it has given us an insight into the French way of life and has helped to dispel misconceptions about the French.

We are looking forward to welcoming our hosts into our homes next year so that they in turn can experience the British way of life. We hope they will enjoy themselves as much as we have here in France.

Compare and contrast the feelings expressed in the two following poems.

Heureux les épis mûrs

—Heureux ceux qui sont morts pour la terre charnelle,
Mais pourvu que ce fût dans une juste guerre.
Heureux ceux qui sont morts pour quatre coins de terre.
Heureux ceux qui sont morts d'une mort solennelle.

Heureux ceux qui sont morts dans les grandes batailles.
Couchés dessus le sol à la face de Dieu.
Heureux ceux qui sont morts sur un dernier haut lieu,
Parmi tout l'appareil des grandes funérailles.

Heureux ceux qui sont morts pour des cités charnelles.
Car elles sont le corps de la cité de Dieu.
Heureux ceux qui sont morts pour leur âtre et leur feu,
Et, les pauvres honneurs des maisons paternelles.

Car elles sont l'image et le commencement
Et le corps et l'essai de la maison de Dieu.
Heureux ceux qui sont morts dans cet embrassement
Dans l'étreinte d'honneur et le terrestre aveu.

Car cet aveu d'honneur est le commencement
Et le premier essai d'un éternel aveu.
Heureux ceux qui sont morts dans cet écrasement,
Dans l'accomplissement de ce terrestre vœu.

Car ce vœu de la terre est le commencement
Et le premier essai d'une fidélité.
Heureux ceux qui sont morts dans ce couronnement
Et cette obéissance et cette humilité.

Heureux ceux qui sont morts, car ils sont retournés
Dans la première argile et la première terre.
Heureux ceux qui sont morts dans une juste guerre.
Heureux les épis mûrs et les blés moissonnés.

Charles Péguy, *Ève*, Éditions Gallimard

Le déserteur

Monsieur le Président
Je vous fais une lettre
Que vous lirez peut-être
Si vous avez le temps
Je viens de recevoir
Mes papiers militaires
Pour partir à la guerre
Avant mercredi soir
Monsieur le Président
Je ne veux pas la faire
Je ne suis pas sur terre
Pour tuer des pauvres gens
C'est pas pour vous fâcher
Il faut que je vous dise
Ma décision est prise
Je m'en vais déserter.

Depuis que je suis né
J'ai vu mourir mon père
J'ai vu partir mes frères
Et pleurer mes enfants
Ma mère a tant souffert
Qu'elle est dedans sa tombe
Et se moque des bombes
Et se moque des vers
Quand j'étais prisonnier
On m'a volé ma femme
On m'a volé mon âme
Et tout mon cher passé
Demain de bon matin
Je fermerai ma porte
Au nez des années mortes
J'irai sur les chemins.

Je mendierai ma vie
Sur les routes de France
De Bretagne en Provence
Et je dirai aux gens
Refusez d'obéir
Refusez de la faire
N'allez pas à la guerre
Refusez de partir
S'il faut donner son sang
Allez donner le vôtre
Vous êtes bon apôtre
Monsieur le Président
Si vous me poursuivez
Prévenez vos gendarmes
Que je n'aurai pas d'armes
Et qu'ils pourront tirer.

Boris Vian, Editions French Music

144

Reading comprehension

COMMENT S'EN TIRER AU MIEUX AVEC LE SERVICE MILITAIRE

L'idéal (disent ceux qui n'ont évidemment pas la fibre patriotique) c'est de ne pas le faire. C'est ainsi que l'année passée 133 000 jeunes ont 'échappé' au service militaire: 23 000 étaient soutiens de famille; 3 000 autres étaient soit des pupilles de la Nation, soit des jeunes gens dont le père, la mère, un frère ou une sœur ont été déclarés 'mort pour la France'; 107 000 étaient exemptés pour des raisons médicales, c'est-à-dire réformés. Pour être réformé, il faut être malade ou infirme, ce qui n'est évidemment pas souhaitable.

Si vous n'êtes pas réformé, vous pouvez évidemment prétendre que vous êtes objecteur de conscience. Selon la terminologie officielle de l'armée, sont objecteurs de conscience tous les citoyens qui, avant leur incorporation, se déclarent 'en raison de leurs convictions religieuses et philosophiques opposés en toutes circonstances à l'usage personnel des armes.' Si vous êtes dans ce cas, votre demande de reconnaissance du statut d'objecteur de conscience sera soumise à une commission juridictionnelle mixte présidée par un magistrat civil. Bonne chance! Si votre demande est acceptée (520 sur 800 en 1972) vous effectuerez vingt-quatre mois de service national aux Eaux et Forêts. Vous n'êtes pas réformé, votre demande de statut d'objecteur de conscience a été repoussée, vous pouvez encore éloigner le calice en bénéficiant du 'sursis new look'. Voici ce que vous devez savoir.

Ceux qui veulent partir plus tard peuvent demander:
—le report d'incorporation accordé de plein droit jusqu'au 31 octobre de l'année des vingt et un ans. La demande doit être faite lors du recensement ou avant dix-neuf ans.
—le report spécial d'incorporation. La demande doit être faite avant vingt et un ans au bureau de recensement. Cette possibilité est réservée aux scientifiques, linguistes, coopérants, médecins, pharmaciens, dentistes, etc.
Ceux-là sont appelés au plus tard le 31 octobre de l'année de leurs vingt-cinq ans ou de leurs vingt-sept ans (médecins seulement). En échange, ils doivent effectuer seize mois de service militaire.

Vous êtes au bout de rouleau. Il faut partir! Mais vous pouvez encore choisir votre corps.

Ceux qui veulent partir plus tôt doivent faire une demande deux mois avant la date de départ souhaitée. Age minimal: dix-sept ans et neuf mois.

Ceux qui ne demandent rien au moment du recensement (il se fait à dix-huit ans à la mairie du domicile) sont automatiquement appelés dans l'ordre des dates de naissance. Age moyen: vingt ans et trois mois.

Un des meilleurs moyens d'être affecté à l'arme de son choix consiste à suivre avant d'être appelé des cours de préparation militaire élémentaire. Par exemple, pour être dans les troupes aéroportées, il faut faire la préparation militaire parachutiste qui dure une dizaine de jours. Vous pouvez, si vous avez des compétences particulières, solliciter des emplois correspondant à ces compétences pendant votre service.

Troupes de montagne: il faut une bonne pratique du ski (trois étoiles) ou de l'alpinisme.
Sapeurs-pompiers: s'adresser à la brigade des sapeurs-pompiers de Paris ou au bureau de recrutement plus de trois mois avant l'incorporation.
Gendarmerie: s'adresser à la brigade de gendarmerie ou au bureau de recrute-

ment plus de trois mois avant l'incorporation. Éducateur dans une école militaire préparatoire: il faut une expérience des problèmes d'éducation. Les candidatures doivent être déposées au mois de février de chaque année.

Moniteur d'éducation physique et sportive: il faut avoir un diplôme d'éducation physique et sportive. D'autre part, les sportifs de niveau national peuvent faire leur service à l'école interarmes des sports de Fontainebleau.

Assistant de foyer militaire de la marine: il faut posséder des notions de comptabilité.

Instituteur dans la marine: 50 postes offerts.

Postes scientifiques: chercheurs, professeurs, linguistes. Il faut évidemment des diplômes.

Trois solutions, si vous avez envie de faire votre service militaire outre-mer:

Service militaire adapté: si vous avez un C.a.p. ou un B.e.p. vous pouvez servir aux Antilles, en Guyane ou à la Réunion comme: moniteur de formation professionnelle, animateur, aide-moniteur. Vous encadrerez les jeunes recrues locales. S'adresser 57 boulevard des Invalides, 75007 Paris.

La coopération: il faut là aussi des diplômes et déposer une demande de recrutement. La durée du service en coopération est de seize mois. Principaux secteurs: enseignement, équipement technique, agriculture, administration, santé.

L'aide technique: elle est destinée à contribuer au développement des départements et territoires français d'outre-mer. La candidature doit être présentée avant vingt et un ans au bureau de recutement. Durée du service: seize mois.

Un dernier espoir d'échapper au sort commun: l'armée recherche certains spécialistes. N'oubliez pas de faire état auprès de votre bureau de recrutement de votre appartenance à l'une des catégories suivantes: ingénieur-géomètre et topographe, spécialiste de navigation aérienne, contrôleur de circulation aérienne, ingénieur des travaux publics en bâtiment, géographe, atomiste, chimiste, radio-électronicien, informaticien.

Enfin, vous pouvez effectuer votre service comme steward sur les lignes aériennes militaires. Mais il n'y a que deux postes à pourvoir . . .

Paris Match 14.4.73

Essay work /Oral work

Êtes-vous 'pour' ou 'contre' le service militaire? Pourquoi?

Sécurité et liberté

L'insécurité grandit: on hésite à sortir le soir dans certains quartiers; les vols, les cambriolages, les meurtres se multiplient.

La gauche n'est pas à l'origine de cette insécurité; mais que font nos gouvernants pour y remédier? Les propos confus de M. Defferre, les mutations de policiers n'y font rien; encore moins les projets d'abrogation de la loi 'Sécurité et liberté'. Les délinquants ne risquent plus la peine de mort, rarement des peines sévères ou réellement appliquées; pourquoi hésiteraient-ils à récidiver ou à tuer?

Bien sûr, le seul renforcement de la répression ne réglera rien. Il faut remédier aux causes profondes de la délinquance. Le faire serait conforme à l'idéal humaniste dont se réclame le Parti Sociliaste; mais il faut en même temps veiller à la sécurité quotidienne.

Les Français sont souvent illogiques: il se plaignent tout haut du manque de sécurité mais ils protestent dès qu'ils aperçoivent un képi. Je préfère un contrôle d'identité légal à l'insécurité encouragée par une idéologie antirépressive.

Il existe une loi, votée par le Parlement, la 'loi Peyrefitte', toujours en vigueur. Elle a peut-être des défauts, comme toute oeuvre humaine; on peut toujours l'amender.

Mais l'abroger serait opposer bizarrement sécurité et liberté; ce serait surtout sacrifier à une idéologie partisane dangereuse.

Jacques Leclercq (Arras) from 'Dialogue avec nos lecteurs' in *Le Figaro*, 16.4.82

Oral work

POUR OU CONTRE? QU'EST-CE QU'ON DEVRAIT FAIRE?

Discuss in French the following topics with your partner or in a group:

1. Devrait-on donner plus de pouvoirs à la police britannique pour arrêter et fouiller les gens?
2. Est-ce que les policiers britanniques devraient être armés?
3. Est-ce que le verdict émis par les jurés devrait être aboli?
4. Est-ce que la cour de justice devrait payer aux victimes des dommages et intérêts pour actes criminels?
5. Est-ce que la prison est un mal nécessaire? Si non, quelle alternative envisageriez-vous?
6. Est-ce que la peine de mort devrait être rétablie pour certains crimes?

Essay work

1. Write to your French penfriend and tell him/her about the rules and regulations that apply in your school, the privileges and responsibilities you have or feel you ought to have as a senior pupil and what you and your peers feel about junior pupils and their behaviour.

2. You are travelling by train in France. You are questioned by the ticket inspector because you did not punch your ticket before getting on the train. Write, in French, the conversation you had in which you explain why you failed to comply with the regulations and say how the episode ended.

Role-playing

One of you is sitting in the Jardin du Luxembourg in Paris. The other is a young person who approaches and asks for a cigarette. The first person tries to find out as much as possible about the second.

Reading comprehension

La mauvaise réputation

Au village, sans prétention
J'ai mauvaise réputation
Qu'je m'démène ou qu'je reste coi,
Je pass' pour un je ne sais quoi.
Je ne fais pourtant de tort à personne,
En suivant mon ch'min de petit bonhomme;
Mais les brav's gens n'aiment pas que
L'on suive une autre route qu'eux
Non les brav's gens n'aiment pas que
L'on suive une autre route qu'eux.
Tout le monde médit de moi
Sauf les muets, ça va de soi.

Le jour du quatorze juillet,
Je reste dans mon lit douillet,
La musique qui marche au pas
Cela ne me regarde pas.
Je ne fais pourtant de tort à personne,
En n'écoutant pas le clairon qui sonne.
Mais les brav's gens n'aiment pas que
L'on suive une autre route qu'eux.
Non les brav's gens n'aiment pas que
L'on suive une autre route qu'eux.
Tout le monde me montre du doigt,
Sauf les manchots, ça va de soi . . .

Pas besoin d'être Jérémie
Pour d'viner l'sort qui m'est promis
S'ils trouv'nt une corde à leur goût,
Ils me la passeront au cou.
Je ne fais pourtant de tort à personne,
En suivant les ch'mins qui n'mèn't pas à Rome,
Mais les brav's gens n'aiment pas que
L'on suive une autre route qu'eux.
Mais les brav's gens n'aiment pas que
L'on suive une autre route qu'eux.
Tout l'monde viendra me voir pendu,
Sauf les aveugl's, bien entendu.

Georges Brassens, Editions Musicales

1. Est-ce que l'auteur pense que ceux qui le critiquent ont raison? Pourquoi?
2. Comment explique-t-il leur hostilité?
3. A quoi l'auteur fait-il allusion dans la deuxième strophe?
4. L'auteur veut suivre son propre chemin. Est-il possible de faire ce que l'on veut dans la société contemporaine?
5. Quels peuvent être les dangers pour la société si tout le monde fait ce qu'il veut?
6. A votre avis, faut-il faire comme tout le monde pour ne pas mériter les reproches de vos concitoyens?
7. Quels sont, à votre avis, les droits et devoirs de l'individu dans la société?

Essay work

1. Faites le portrait du 'bon' et du 'mauvais' citoyen.
2. 'Ce que le public te reproche, cultive-le, c'est toi.'
   —Discutez

Role-playing 1

One of you is on holiday in France. While out shopping, you cross a busy street, causing the traffic to slow down and drivers to sound their horns. There is a pedestrian-crossing nearby which you did not see. A police officer who has observed your actions comes up to speak to you.

Role-playing 2

POLICE OFFICER
Suggestions for the pupil taking the part of the police officer:
Ask the pedestrian why he/she did not let the traffic pass before attempting to cross the street.
Find out why he/she chose to cross at that particular spot and not at the pedestrian crossing.
Tell the pedestrian that he/she could have caused an accident if cars had swerved to avoid him/her.
Advise the pedestrian to be more careful in future.

Mamadou m'a dit

Refrain:　Mamadou m'a dit
　　　　　Mamadou m'a dit
　　　　　On a pressé le citron　　(bis)
　　　　　On peut jeter la peau

Les citrons c'est les négros,
Tous les négros d'Afrique
Sénégal, Mauritanie,
Haute-Volta, Togo, Mali,
Côte d'Ivoire et Guinée,
Bénin, Maroc, Algérie,
Cameroun et tutti quanti

Les colons sont partis avec des flonflons
Des discours solennels, des bénédictions
Chaque peuple c'est normal dispose de lui-même
Et doit s'épanouir dans l'harmonie
Une fois qu'on l'a saigné aux quatre veines
Qu'on l'a bien ratissé et qu'on lui a tout pris

Refrain

Les colons sont partis
Ils ont mis à leur place
Une nouvelle élite
De noirs bien blanchis
Le monde blanc rigole
Les nouveaux c'est bizarre
Sont pires que les anciens
C'est sûrement un hasard

Le monde blanc rigole quand un petit sergent
Se fait sacrer empereur avec mille glorioles
Après tout c'est pas grave du moment que les terres
Produisent pour les blancs ce qui est nécessaire
Le coton l'arachide le sucre le cacao
Remplissent les bateaux saturent les entrepôts

Refrain

Après tout c'est pas grave
Les colons sont partis
Que l'Afrique se démerde
Que les paysans crèvent
Les colons sont partis
Avec dans leurs bagages
Quelques bateaux d'esclaves
Pour pas perdre la main

Quelques bateaux d'esclaves pour balayer les rues
Ils se ressemblent tous avec leur passe-montagne
Ils ont froid à la peau et encore plus au cœur
Là-bas c'est la famine et ici la misère
Et comme il faut parfois manger et puis dormir
Dans les foyers-taudis on vit dans le sordide

Refrain

Et puis un jour la Crise
Nous envahit aussi
Qu'on les renvoie chez eux
Ils seront plus heureux
Qu'on leur donne un pourboire
Faut être libéral
Et quant à ceux qui râlent
Un bon coup de pied au cul

Vous comprenez Monsieur c'est quand même pas normal
Ils nous bouffent notre pain ils reluquent nos femmes
Qu'ils retournent faire les singes dans leurs cocotiers
Tous nos bons nègres à nous qu'on a si bien soignés
Et puis c'qui est certain c'est qu'un rien les amuse
Ils sont toujours à rire ce sont de vrais gamins

Refrain

François Béranger

Oral work

Posez les questions qui suivent a votre partenaire

1. Décrivez la manière dans laquelle les colons ont quitte les territoires colonisés.
2. Quel était le résultat de la colonisation pour le pays?
3. Qui a remplacé les colons dans l'administration?
4. Est-ce que ce changement a été pour le mieux? Pourquoi?
   Pourquoi est-ce que le monde blanc ne critiquait pas trop ce changement?
5. Décrivez le genre de travail auquel les travailleurs immigrés sont destinés.
6. Selon l'auteur, sont-ils victimes de l'exploitation?
7. Quelles en sont les conséquences en ce qui concerne la qualité de la vie pour les travailleurs immigrés?
8. Comment est-ce qu'on traite les immigrés au moment de la crise économique?
9. Quels préjugés exprime-t-on envers les immigrés?
10. Êtes vous pour ou contre le rapatriement des travailleurs immigrés? Pourquoi?

Reading comprehension

Study the Declaration of Human Rights and then answer the questions on page 153 in English.

DÉCLARATION UNIVERSELLE DES DROITS DE L'HOMME (1948)

L'ASSEMBLÉE GÉNÉRALE
(DES NATIONS-UNIES)

proclame

LA PRÉSENTE DÉCLARATION UNIVERSELLE DES DROITS DE L'HOMME comme l'idéal commun à atteindre par tous les peuples et toutes les nations afin que tous les individus et tous les organes de la société, ayant cette Déclaration constamment à l'esprit, s'efforcent, par l'enseignement et l'éducation, de développer le respect de ces droits et libertés et d'en assurer, par des mesures progressives d'ordre national et international, la reconnaissance et l'application universelles et effectives, tant parmi les populations des Etats Membres eux-mêmes que parmi celles des territoires placés sous leur juridiction.

Article premier
Tous les êtres humains naissent libres et égaux en dignité et en droits. Ils sont doués de raison et de conscience et doivent agir les uns envers les autres dans un esprit de fraternité.

Article 2
Chacun peut se prévaloir de tous les droits et de toutes les libertés proclamés dans la présente Déclaration, sans distinction aucune, notamment de race, de couleur, de sexe, de langue, de religion, d'opinion politique ou de toute autre opinion, d'origine nationale ou sociale, de fortune, de naissance ou de toute autre situation.
De plus, il ne sera fait aucune distinction fondée sur le statut politique, juridique ou international du pays ou du territoire dont une personne est ressortissante, que ce pays ou territoire soit indépendant, sous tutelle, non autonome ou soumis à une limitation quelconque de souveraineté.

Article 3
Tout individu a droit à la vie, à la liberté et à la sûreté de sa personne.

Article 4
Nul ne sera tenu en esclavage ni en servitude; l'esclavage et la traite des esclaves sont interdits sous toutes leurs formes.

Article 5
Nul ne sera soumis à la torture, ni à des peines ou traitements cruels, inhumains ou dégradants.

Article 6
Chacun a le droit à la reconnaissance en tous lieux de sa personnalité juridique.

Article 7
Tous sont égaux devant la loi et ont droit sans distinction à une égale protection de la loi. Tous ont droit à une protection égale contre toute discrimination qui violerait la présente Déclaration et contre toute provocation à une telle discrimination.

Article 8
Toute personne a droit à un recours effectif devant les juridictions nationales compétentes contre les actes violant les droits fondamentaux qui lui sont reconnus par la constitution ou par la loi.

Article 9
Nul ne peut être arbitrairement arrêté, détenu qu exilé.

Article 10
Toute personne a droit, en pleine égalité, à ce que sa cause soit entendue équitablement et publiquement par un tribunal indépendant et impartial, qui décidera, soit de ses droits et obligations, soit du bien-fondé de toute accusation en matière pénale dirigée contre elle.

Article 11
(1) Toute personne accusée d'un acte délictueux est présumée innocente jusqu'à ce que sa culpabilité ait été légalement établie au cours d'un procès public où toutes les garanties nécessaires à sa défense lui auront été assurées.

(2) Nul ne sera condamné pour des actions ou omissions qui, au moment où elles ont été commises, ne constituaient pas un acte délictueux d'après le droit national ou international. De même, il ne sera infligé aucune peine plus forte que celle qui était applicable au moment où l'acte délictueux a été commis.

Article 12
Nul ne sera l'objet d'immixtions arbitraires dans sa vie privée, sa famille, son domicile ou sa correspondance, ni d'atteintes à son honneur et à sa réputation. Toute personne a droit à la protection de la loi contre de telles immixtions ou de telles atteintes.

Article 13
(1) Toute personne a le droit de circuler librement et de choisir sa résidence à l'intérieur d'un Etat.

(2) Toute personne a le droit de quitter tout pays, y compris le sien, et de revenir dans son pays.

Article 14
(1) Devant la persécution, toute personne a le droit de chercher asile et de bénéficier de l'asile en d'autres pays.

(2) Ce droit ne peut être invoqué dans le cas de poursuites réellement fondées

sur un crime de droit commun ou sur des agissements contraires aux buts et aux principes des Nations Unies.

Article 15
(1) Tout individu a droit à une nationalité.

(2) Nul ne peut être arbitrairement privé de sa nationalité, ni du droit de changer de nationalité.

Article 16
(1) A partir de l'âge nubile, l'homme et la femme, sans aucune restriction quant à la race, la nationalité ou la religion, ont le droit de se marier et de fonder une famille. Ils ont des droits égaux au regard du mariage, durant le mariage et lors de sa dissolution.

(2) Le mariage ne peut être conclu qu'avec le libre et plein consentement des futurs époux.

(3) La famille est l'élément naturel et fondamental de la société et a droit à la protection de la société et de l'Etat.

Article 17
(1) Toute personne, aussi bien seule qu'en collectivité, a droit à la propriété.

(2) Nul ne peut être arbitrairement privé de sa propriété.

Article 18
Toute personne a droit à la liberté de pensée, de conscience et de religion; ce droit implique la liberté de changer de religion ou de conviction ainsi que la liberté de manifester sa religion ou sa conviction seule ou en commun, tant en public qu'en privé, par l'enseignement, les pratiques, le culte et l'accomplissement des rites.

Article 19
Tout individu a droit à la liberté d'opinion et d'expression, ce qui implique le droit de ne pas être inquiété pour ses opinions et celui de chercher, de recevoir et de répandre, sans considérations de frontières, les informations et les idées par quelque moyen d'expression que ce soit.

Article 20
(1) Toute personne a droit à la liberté de réunion et d'association pacifiques.

(2) Nul ne peut être obligé de faire partie d'une association.

Article 21
(1) Toute personne a le droit de prendre part à la direction des affaires publiques de son pays, soit directement, soit par l'intermédiaire de représentants librement choisis.

(2) Toute personne a droit à accéder, dans des conditions d'égalité, aux fonctions publiques de son pays.

(3) La volonté du peuple est le fondement de l'autorité des pouvoirs publics; cette volonté doit s'exprimer par des élections honnêtes qui doivent avoir lieu périodiquement, au suffrage universel égal et au vote secret ou suivant une procédure équivalente assurant la liberté du vote.

Article 22
Toute personne, en tant que membre de la société, a droit à la sécurité sociale; elle est fondée à obtenir la satisfaction des droits économiques, sociaux et culturels indispensables à sa dignité et au libre développement de sa personnalité, grâce à l'effort national et à la coopération internationale, compte tenu de l'organisation et des ressources de chaque pays.

Article 23
(1) Toute personne a droit au travail, au libre choix de son travail, à des conditions équitables et satisfaisantes de travail et à la protection contre le chômage.

(2) Tous ont droit, sans aucune discrimination, à un salaire égal pour un travail égal.

(3) Quiconque travaille a droit à une rémunération équitable et satisfaisante lui assurant ainsi qu'à sa famille une existence conforme à la dignité humaine et complétée, s'il y a lieu, par tous autres moyens de protection sociale.

(4) Toute personne a le droit de fonder avec d'autres des syndicats et de s'affilier à des syndicats pour la défense de ses intérêts.

Article 24
Toute personne a droit au repos et aux loisirs et notamment à une limitation raisonnable de la durée du travail et à des congés payés périodiques.

Article 25
(1) Toute personne a droit à un niveau de vie suffisant pour assurer sa santé, son bien-être et ceux de sa famille, notamment pour l'alimentation, l'habillement, le logement, les soins médicaux ainsi que pour les services sociaux nécessaires; elle a droit à la sécurité en cas de chômage, de maladie, d'invalidité, de veuvage, de vieillesse ou dans les autres cas de perte de ses moyens de subsistance par suite de circonstances indépendantes de sa volonté.

(2) La maternité et l'enfance ont droit à une aide et à une assistance spéciales. Tous les enfants, qu'ils soient nés dans le mariage ou hors mariage, jouissent de la même protection sociale.

Article 26
(1) Toute personne a droit à l'éducation. L'éducation doit être gratuite, au moins en ce qui concerne l'enseigne-ment élémentaire et fondamental. L'enseignement élémentaire est obligatoire. L'enseignement technique et professionnel doit être généralisé; l'accès aux études supérieures doit être ouvert en pleine égalité à tous en fonction de leur mérite.

(2) L'éducation doit viser au plein épanouissement de la personnalité humaine et au renforcement du respect des droits de l'homme et des libertés fondamentales. Elle doit favoriser la compréhension, la tolérance et l'amitié entre toutes les nations et tous les groupes raciaux ou religieux, ainsi que le développement des activités des Nations Unies pour le maintien de la paix.

(3) Les parents ont, par priorité, le droit de choisir le genre d'éducation à donner à leurs enfants.

Article 27
(1) Toute personne a le droit de prendre part librement à la vie culturelle de la communauté, de jouir des arts et de participer au progrès scientifique et aux bienfaits qui en résultent.

(2) Chacun a droit à la protection des intérêts moraux et matériels découlant de toute production scientifique, littéraire ou artistique dont il est l'auteur.

Article 28
Toute personne a droit à ce que règne, sur le plan social et sur le plan international, un ordre tel que les droits et libertés énoncés dans la présente Déclaration puissent y trouver plein effet.

Article 29
(1) L'individu a des devoirs envers la communauté dans laquelle seule le libre et plein développement de sa personnalité est possible.

(2) Dans l'exercice de ses droits et dans la jouissance de ses libertés, chacun n'est soumis qu'aux limitations établies par la loi exclusivement en vue d'assurer la reconnaissance et le respect des droits et libertés d'autrui et afin de satisfaire aux justes exigences de la morale, de l'ordre public et du bien-être général dans une société démocratique.

(3) Ces droits et libertés ne pourront, en aucun cas, s'exercer contrairement aux buts et aux principes des Nations Unies.

Article 30
Aucune disposition de la présente Déclaration ne peut être interprétée comme impliquant pour un Etat, un groupement ou un individu un droit quelconque de se livrer à une activité ou d'accomplir un acte visant à la destruction des droits et libertés qui y sont énoncés.

Questions

1. Which articles of the declaration do you consider to be the most important? Should they be upheld at all cost? Why?
2. Identify a contemporary problem which you feel leads to a contravention of one of the articles of the declaration. State what the problem is, indicate the way the authorities are dealing with the matter, say what the public thinks and suggest how the situation could be remedied.
3. From your knowledge of world affairs, can you name a country or state where certain articles of the declaration are either occasionally or systematically contravened? Give details.

Grammar summary

Contents

Grammar summary

Words can be classified into nine different categories or parts of speech according to the function they perform in the sentence. These categories are: articles; nouns; adjectives; pronouns; conjunctions; prepositions; verbs; adverbs; interjections (or exclamations).

Articles

THE DEFINITE ARTICLE

le – with masculine singular nouns beginning with a consonant or aspirate 'h', e.g. le crayon; le hublot

l' – with masculine or feminine singular nouns beginning with a vowel or mute 'h', e.g. l'animal; l'hiver; l'eau; l'heure

la – with feminine singular nouns beginning with a consonant or aspirate 'h', e.g. la poule; la haie

les – with all plural nouns, e.g. les abricots; les pommes; les œufs; les olives

The definite article is used in French as it is in English, except in the following cases where it is used in French but usually omitted in English:

(a) *A class, species or commodity (where the noun is used in a general sense)*
J'aime les chiens et les chevaux.
Le thé est moins cher que le café.
Note: The definite article may be translated 'the' where it is used with an adjective which is acting as a noun, e.g. Les riches sont normalement plus heureux que les pauvres: *Rich people . . . poor people* or *The rich . . . the poor.*

(b) *Names of countries, continents, provinces, regions, points of the compass*
la France; l'Europe; la Provence; la Bretagne; le Midi de la France; le Sud
The article is omitted when 'en' is used in front of a feminine country: **en** Italie *but* **au** Portugal

(c) *Parts of the body*
Il a le bras cassé.
Je me suis foulé la cheville.
Elle a mal à la tête.

(d) *Seasons, days of the week, times*
le printemps; l'hiver; l'automne; l'été
l'année dernière; le mois dernier; la semaine prochaine
But *not* with **en:** e.g. en été

Compare: J'ai vu ce film, lundi. (past)
Le Lundi, je vais voir mon ami. (i.e. *on Mondays*)
Lundi, je vais voir mon ami. (future)

(e) *Meals, prices, rates*
Le petit déjeuner; 30 km à l'heure; 5 francs le kilo
(*Note:* English uses an indefinite article here)
but
deux fois par jour; 200 francs par mois

(f) *Titles*
l'inspecteur Berthier; Monsieur l'agent; le docteur Vidal; le professeur Duhamel

(g) *Before a qualified proper noun*
le petit Charles
(With a common noun the article is translated in English, e.g. le pauvre garçon.)

(h) *In direct address*
Où êtes-vous, les enfants?
Bonjour, les élèves. *but* Elèves, levez-vous!

(i) *With an abstract noun*
La patience est une vertu.
(In certain phrasal verbs where an abstract noun is used, the article is omitted: avoir envie de; avoir besoin de; avoir faim; avoir soif; avoir tort; avoir raison; avoir peur; avoir honte etc.)
Note: à + **le** becomes **au**; à + **les** becomes **aux**
de + **le** becomes **du**; de + **les** becomes **des**

THE INDEFINITE ARTICLE: a, an

un with masculine singular nouns, e.g. un hublot; un horaire; un enfant; un chou

une with feminine singular nouns, e.g. une heure; une oie; une machine

des or **de** with masculine and feminine plural nouns, e.g. des garçons, des filles anglaises, de bons élèves★

★ *Note:* **de** rather than **des** is often used with a noun preceded by an adjective:
Il y a de belles poires en vente au marché.
This rule is not always observed in colloquial French and there are a number of exceptions to it:
des jeunes gens; des jeunes filles; des petits garçons; des petits pains; des petits pois: des grands-parents; des grandes personnes; des petits-fils; des belles-mères etc.

The indefinite article is used in French in much the same way as in English. Note the following cases where the article is omitted in French:

(a) After the verb 'être' (except when **c'** or **ce** is the subject) to express nationality, religion, trade or profession, when an *unqualified* noun follows:

Ce jeune homme est Français.
La dame que vous voyez là-bas est catholique.
Mon père est médecin.
but Mon père est un mécanicien très expérimenté.

When describing people **ce** or **c'** is often used. It is a more emphatic form:

C'est une Anglaise; C'est un protestant; C'est un menuisier.

(b) Before a noun in apposition:

L'examinateur est un M. Laforgue, professeur retraité.

(c) After a negative (except **ne . . . que**)
  (i) **un** or **une** changes to **de**, e.g. Je n'ai pas de chien.
  (ii) Cet enfant n'a ni frère ni sœur.
  (iii) After **sans, un** or **une** is usually omitted:
    Il est sorti sans chapeau.
    Il me regardait sans mot dire.

(d) Before the numbers **cent** and **mille**:
  cent livres; mille francs

(e) In exclamations with **quel**
  Quel homme!   Quelle bonne idée!

(f) (i) After **en** meaning 'as a', 'like a'
    Elle était habillée en infirmière.
    Il y est allé en touriste.
  (ii) After **comme** when it means 'in the capacity of':
    L'étudiant travaille comme moniteur pendant les vacances universitaires.
    But when **comme** means 'like', 'as', forming a simile, the article is *not* omitted:
    Il a travaillé comme un forcené.

(g) Although the indefinite article is not used with an unqualified abstract noun used to form an adverbial expression (e.g. Il écoutait avec patience tout ce qu'on lui racontait), it is used if the noun is qualified:

Il écoutait avec une grande patience tout ce qu'on lui racontait.

THE PARTITIVE ARTICLE

du – with masculine singular nouns beginning with a consonant or aspirate 'h', e.g. du vin, du homard

de l' – with masculine or feminine nouns beginning with a vowel or mute 'h', e.g. de l'ail, de l'huile

de la – with feminine nouns beginning with a consonant or aspirate 'h', e.g. de la viande, de la houille

des – with all plurals, e.g. des œufs, des haricots verts, des pommes

Use **de** alone:

(a) after a negative
  Je n'ai pas d'argent
  Il n'y a plus de beurre dans le frigo.

Note: **de** also replaces the indefinite article **un, une** after a negative
– Vous avez un frère? – Non, je n'ai pas de frère.

(b) after expressions of quantity such as: assez de; moins de; autant de; peu de; un peu de; beaucoup de; plus de; tant de; trop de; combien de; plein de; un litre de; un kilo de; des milliers de; une tasse de; un verre de; des bouteilles de; un groupe de; une foule de; etc.

Le panier est plein de provisions.
Il y a tant de gens dans la rue.
J'ai assez d'argent pour payer le taxi.

Exceptions: **bien** (many) is followed by **des: bien des gens. La plupart** and **encore** are followed by du, de la, de l' or des: la plupart de la classe; la plupart des élèves; Encore du café? Encore des frites?

Note that **du, de la, de l', des** can also mean 'of the', 'from the' which is not the same as the partitive use of these forms.

Compare: La mère de la jeune fille était inquiète. (non-partitive)
Je suis rentré du marché à trois heures. (non-partitive)

Study the use of **des** in the examples below:
On voyait des arbres au loin. (partitive)
Les feuilles des arbres tombent en automne. (non-partitive)

Also, **de** may form part of a compound preposition where it is not translated:
à côté de; près de; au-dessus de; au-dessous de

The same applies when **de** is part of certain phrasal verbs:
se souvenir de; s'approcher de; se méfier de;

Expressions of quantity

CARDINAL NUMBERS

1	un, une	30	trente
2	deux	31	trente et un
3	trois	32	trente-deux etc.
4	quatre	40	quarante
5	cinq	50	cinquante
6	six	60	soixante
7	sept	70	soixante-dix
8	huit	71	soixante et onze
9	neuf	72	soixante-douze etc.
10	dix	80	quatre-vingts
11	onze	81	quatre-vingt-un
12	douze	90	quatre-vingt-dix
13	treize	100	cent*
14	quatorze	101	cent un
15	quinze	102	cent-deux
16	seize	200	deux cents
17	dix-sept	201	deux cent un
18	dix-huit	1000	mille **
19	dix-neuf	2000	deux mille
20	vingt		
21	vingt et un		
22	vingt-deux etc.		

*cent takes the plural –s when preceded by a number, and not followed by a number.

    quatre cents pages
    quatre cent cinquante pages
**mille never takes a plural –s

ORDINAL NUMBERS

In general a cardinal number can be made into an ordinal number by the addition of –ième.

Note the following:
    first: premier, première
    second: second, seconde, deuxième
    fourth: quatrième (drop 'e' of the cardinal)
    fifth: cinquième (add 'u')
    ninth: neuvième (change 'f' of the cardinal to 'v')

When both cardinal and ordinal numbers are used in a sentence, the cardinal precedes the ordinal, *e.g.* Relisez les trois premières pages du livre. (*the first three pages.*)
The numerical noun is formed by adding –**aine** to the cardinal. This expresses an approximate number, thus:
    Une trentaine de personnes sont venues.

Note also: un millier de – *thousand*; des milliers de – *thousands of*

FRACTIONS, PERCENTAGE, SCORES

un demi-kilo: ½ *kilo*	le cinquième: *fifth*
un kilo et demi: 1½ *kilos*	les trois quarts: *three*
la moitié: *half*	*quarters*
le quart: *quarter*	vingt pour cent: *20%*
le tiers: *third*	neuf sur vingt: *9/20*

Expressions of quantity in common use are:

assez de: *enough*	combien de?: *How many?*
moins de: *less*	plein de: *full of*
autant de: *as much*	un litre de: *a litre of*
peu de: *little, few*	un kilo de: *a kilogram of*
un peu de: *a little, a few*	une livre de: *a pound of*
beaucoup de: *many, much*	500 grammes de: *500*
plus de: *more*	*grams of*
tant de: *so much, so many*	des milliers de: *thousands of*
trop de: *too many, too much*	des centaines de: *hundreds of*

Note:
    bien des: *many*
    la plupart de, du, de la, de l', des: *most, the majority of*
    la plus grande partie de, etc.: *the greater part of*
    encore du, de la, de l', des: *more*

DIMENSIONS

Combien de mètres de haut a la Tour Eiffel?
Quelle est la hauteur de la Tour Eiffel?

Elle a trois cents mètres de haut.

Notre salon **a** 6 mètres de long **sur** 5 mètres de large.
or
Notre salon **est** long de 6 mètres **et** large de 5 mètres.

– Quelle est la profondeur de la rivière à cet endroit?
– Là, elle a 3 mètres de profondeur.

To express distance away from a spot, the preposition à is used:
    – Pardon monsieur, la station-service, c'est loin d'ici?
    – C'est à deux kilomètres d'ici.

The noun

GENDER

The noun is defined as either masculine or feminine gender. These two categories contain not only nouns which refer to animate objects (i.e. people and animals) but also to inanimate objects as there is no neuter category for nouns.

Types of noun

(a) Nouns where different words denote a difference of gender:
    le garçon, la fille   le mari, la femme
    le cheval, la jument   le coq, la poule
(b) Nouns which modify their final syllable to denote a change of gender:
    (i) Many masculine nouns form the feminine by adding –**e**:
        le marchand, la marchande; le voisin, la voisine; l'ami, l'amie; le commerçant, la commerçante
    (ii) Most nouns ending in –**eur** change to –**euse** in the feminine:
        le voyageur, la voyageuse; un auto-stoppeur, une auto-stoppeuse
        but l'empereur, l'impératrice
    (iii) Nouns in –**teur** usually change to –**trice** in the feminine:
        le moniteur, la monitrice; un acteur, une actrice; le directeur, la directrice
        but not l'auteur, le docteur
    (iv) Nouns ending in –**f** change to –**ve** in the feminine:
        le captif, la captive; le veuf, la veuve
    (v) Nouns ending in –**er** change to –**ère** in the feminine:
        le berger, la bergère; le fermier, la fermière
    (vi) Nouns ending in –**el**, –**en**, –**et**, –**on** double the final consonant and add –**e** in the feminine:
        le contractuel, la contractuelle; le Parisien, la Parisienne; le chien, la chienne; le cadet, la cadette; le patron, la patronne
    (vii) A number of nouns (mostly ending in –**e**) do not change to form the feminine:
        artiste; enfant; concierge; locataire; élève; malade; propriétaire; rebelle
    (viii) Nouns which change their sense with a change in gender:
        le critique: *critic*

le livre:	*book*
le manche:	*handle*
le mode:	*mood*
le tour:	*turn, trick*
le voile:	*veil*
le poste:	*situation, station, television or radio set*
le somme:	*nap*
le page:	*page-boy*
le poêle:	*stove*

la critique:	*criticism*
la livre:	*pound weight or pound sterling*
la manche:	*sleeve*
la Manche:	*English Channel*
la mode:	*fashion*
la tour:	*tower*
la voile:	*sail, sailing*
la poste:	*post office*
la somme:	*sum of money*
la page:	*page (of a book)*
la poêle:	*frying pan*

(ix) Nouns with one gender only:

A number of nouns, mainly denoting professions, have a fixed gender and are invariable. The following are masculine even when applied to females:

docteur; médecin; professeur; auteur; écrivain; témoin

Agatha Christie était un auteur célèbre.
La vieille dame était le seul témoin de l'accident

The following nouns are always feminine, even though they may be applied to males:

la personne; la sentinelle; la victime; la connaissance

Le vieillard était la victime de l'assassin.

The names of some animals are masculine only while others are feminine only:

l'éléphant (m); le hibou; la fourmi; la souris

If necessary, to avoid ambiguity, add **mâle** or **femelle:**

un éléphant femelle; une souris mâle

Recognition of the gender of a noun from its ending

(a) Nouns ending in the following letters are usually masculine:

Ending	Example
– acle	le spectacle
– age	le courage
	Exceptions: la plage; la cage; la nage; la rage; l'image(f); la page
– ail	le détail
– c	le public
– eau	le chapeau
	Exceptions: l'eau(f); la peau
– ège	le collège
– er	le plancher
	Exceptions: la mer; la cuiller
– eil	l'orteil
– eur (non-abstract)	le vendeur
	(*See abstract nouns in* –**eur** below)
– ice	le caprice
	Exceptions la police; la malice certain feminine professions: l'actrice; la directrice; la cantatrice
– ier	le policier
– ment	le médicament
	Exception la jument
– on	le patron
	Exceptions (see –**son** and –**çon** below)
– ou	le genou
– our	l'amour
	Exceptions la cour; la tour (see **le tour** under nouns which change sense with a change in gender.)

(b) Nouns ending in the following letters are usually feminine:

– ade	la promenade
– aille	la bataille
– aison	la conjugaison
– ance	la correspondance
– ée	la journée
	Exceptions le lycée; le musée
– elle	la passerelle
– ence	la prudence
	Exception le silence
– ère	la misère
	Exceptions le caractère; le mystère; le ministère
– esse	la tristesse
– ette	la cigarette
	Exception le squelette
– eur (abstract)	la faveur
	Exceptions l'honneur (m); le bonheur; le malheur
– euse	la vendeuse
– ie	la maladie
	Exceptions l'incendie (m); le génie
– ière	la lumière
	Exception le cimetière
– ille	la famille
– ine	la vitrine
– ion	la passion
	Exceptions le pion; l'espion (m); le million
– ise	la franchise
– onne	la patronne
– son, – çon	la prison, la rançon
	Exceptions le poison; le poisson; le maçon

le balcon; le soupçon

– té, ité	la fierté, l'amitié
Exceptions	le côté; l'été
– tude	l'inquiétude
– ue	la queue
– une	la fortune
– ure	la nature
Exception	le murmure

NUMBER

Most nouns are either singular or plural. The plural is usually indicated by adding -s to the singular form of the noun: *e.g.* le garçon, les garçons; le jardin, les jardins.

Exceptions:

(a) Nouns ending in **–s**, **–x** or **–z** in the singular do not change:

le bras, les bras; le bus, les bus; la croix, les croix; le nez, les nez

(b) Nouns ending in **–au**, **–eau**, **–eu** change to **–aux**, **–eaux**, **–eux**:

le landau, les landaux; le manteau, les manteaux; le neveu, les neveux; le jeu, les jeux; le cadeau, les cadeaux; le tableau, les tableaux

(c) Nouns ending in **–al** usually change to **–aux**:

le journal, les journaux
(Note the following exceptions: les bals, les festivals, les récitals, les régals)

Nouns ending in **–ail** usually take **–s** but sometimes take **–x**:

le détail, les détails	*but:* les coraux
l'éventail, les éventails	les émaux
l'épouvantail, les épouvantails	les soupiraux
	les travaux
le gouvernail, les gouvernails	les vitraux

(e) Nouns ending in **–ou** normally add **–s** but the following seven are exceptional and take **–x**:

le bijou, les bijoux	le hibou, les hiboux
le caillou, les cailloux	le joujou, les joujoux
le chou, les choux	le pou, les poux
le genou, les genoux	

A few nouns are only used in the plural:

les affres; les alentours; les appas; les archives; les arrhes; les décombres; les entrailles; les environs; les fiançailles; les funérailles; les mœurs; les ténèbres

Some nouns used in the plural in French are translated into English in the singular:

faire des progrès; donner des conseils; faire quelque chose de toutes ses forces; avoir des difficultés/des ennuis

These nouns can also be used in the singular, e.g. le progrès moderne; demander conseil à un agent

COMPOUND NOUNS

(You may find exceptions to the following *general* rules)

(a) Compounds made up of an adjective and a noun usually have the same gender as the noun. In the plural, both adjective and noun agree.

le petit-fils,	les petits-fils
le beau-père,	les beaux-pères
la belle-mère,	les belles-mères
le grand-père,	les grands-pères
(*but:* la grand-mère,	les grand-mères)
la basse-cour,	les basses-cours
le coffre-fort	les coffres-forts
le rond-point,	les ronds-points
le petit-pain,	les petits-pains

(b) (i) Compounds made up of two nouns usually have the same gender as the leading noun, and both vary in the plural:

le chou-fleur, les choux-fleurs

(ii) When two nouns are joined by a preposition, the gender of the compound is that of the leading noun, and it is the only one which varies in the plural:

un arc-en-ciel,	les arcs-en-ciel
le verre à vin,	les verres à vin
la tasse à thé,	les tasses à thé
la pomme de terre,	les pommes de terre
le chemin de fer,	les chemins de fer
le chien de garde,	les chiens de garde
le timbre-poste,	les timbres-poste (**de** understood)

(c) Compounds made up of a verb and a noun are usually masculine gender. In the plural the verb is invariable, but the noun sometimes varies. (Plurals should be checked in a dictionary.)

le casse-croûte,	les casse-croûte
le tire-bouchon,	les tire-bouchons
le gratte-ciel,	les gratte-ciel
le faire-part,	les faire-part
le remonte-pente,	les remonte-pentes
un coupe-papier,	les coupe-papier

It is possible for a singular compound to contain a plural element if the sense permits:

le casse-noisettes; le cure-dents; le sèche-cheveux; un ouvre-boîtes; un taille-crayons;

(d) Compounds made up of two verbs are usually masculine gender:

le laisser-passer; le savoir-faire; le savoir-vivre; le va-et-vient
These expressions are invariable.

(e) Compounds made up of a preposition and a noun have the same gender as the noun:

un après-midi, les après-midi
une arrière-pensée, les arrière-pensées

Proper nouns are usually invariable, e.g. les Ermont. But when they refer to historically significant names or describe things associated with well-known people, the plural **–s** is used:

les Bourbons

On a essayé de voler des Renoirs du musée.

The adjective

Adjectives agree with the nouns or pronouns they describe in gender and number.

GENDER

The feminine form of an adjective is generally formed by adding **–e** to the masculine singular, except where the masculine singular already ends in **–e**: e.g. brun, brune *but* jaune, jaune

Exceptions:

(a) Masculine adjectives ending in **–el, –en, –et** double the last consonant and add **–e**:

naturel, naturelle; corporel, corporelle; cruel, cruelle; ancien, ancienne; parisien, parisienne; muet, muette; cadet, cadette

(Some adjectives ending in **–et** change to **–ète** in the feminine: e.g. complet, complète; discret, discrète; secret, secrète; inquiet, inquiète. Also, masculine adjectives ending in **–al** form the feminine regularly by adding **–e**: e.g. amical, amicale; principal, principale; radical, radicale).

(b) Masculine adjectives ending in **–er** change to **–ère** to form the feminine:

fier, fière; cher, chère; léger, légère; ménager, ménagère

(c) Adjectives ending in **–eur**:

(i) Those formed from verbs with the present participle in **–ant** change to **–euse**:

chanteur, chanteuse; flatteur, flatteuse; rêveur, rêveuse; trompeur, trompeuse; menteur, menteuse; travailleur, travailleuse

(ii) Those ending in **–teur** whose stem is not a verbal stem, i.e. not having a present participle ending in **–ant**:

conservateur, conservatrice; accusateur, accusatrice; créateur, créatrice; directeur, directrice

(iii) The following adjectives form the feminine by adding **–e**:

majeur; mineur; meilleur; extérieur; intérieur; inférieur; supérieur

(d) Adjectives ending in **–eux** (except **vieux**) change the **–x** to **–se**:

heureux, heureuse; courageux, courageuse; luxueux, luxueuse

(e) Adjectives ending in **–f** change to **–ve**:

vif, vive; actif, active; neuf, neuve; sportif, sportive

(f) Adjectives ending in **–c** change to **–che** or **–que**:

blanc, blanche; franc, franche; public, publique; turc, turque

Note the following special cases:

bas, basse	gentil, gentille
bref, brève	gras, grasse
doux, douce	gros, grosse
épais, épaisse	long, longue
faux, fausse	mou (mol), molle
favori, favorite	nul, nulle
fou (fol), folle	sec, sèche
frais, fraîche	

NUMBER

The plural of most adjectives is formed by adding **–s** to the singular form, except where the masculine singular already ends in **–s** or **–x**, in which case there is no change:

un chapeau gris, des chapeaux gris; une chaussette grise, des chaussettes grises; un garçon heureux, des garçons heureux; une fille heureuse, des filles heureuses

Beau, nouveau, vieux

Masculine	*Feminine*
beau/bel★, beaux	belle, belles
nouveau/nouvel★, nouveaux	nouvelle, nouvelles
vieux/vieil★, vieux	vieille, vieilles

★ before a masculine singular noun beginning with a vowel or mute 'h'

Examples: un beau garçon; un bel enfant; de beaux enfants; une belle fille; de belles filles; le nouveau professeur; les nouveaux professeurs; le nouvel élève; une nouvelle année; de nouvelles sensations; un vieux monsieur; de vieux amis; un vieil homme; une vieille dame; de vieilles grand-mères

POSITION

Generally speaking, the adjective is placed after the noun, although the choice of position is sometimes a question of style or of emphasis. However, a few common adjectives are usually placed in front of the noun. These are:

autre; beau; bon; gentil; grand; gros; haut; jeune; joli; long; mauvais; petit; premier, deuxième, etc; tel; tout; vaste; vieux; vrai.

Adjectives which are always placed after the noun are those of

(a) nationality: la nation française
(b) religion: un pays catholique
(c) colour: une fleur blanche (except when used figuratively:
e.g. un noir chagrin)

When several adjectives qualify a noun, they retain their normal position:

une belle villa italienne; un joli chapeau blanc; une jolie petite maison; un long voyage pénible; un enfant intelligent et sympathique; une jeune femme exceptionnelle.

The adjective may be separated from the noun or pronoun

it qualifies by a verb such as **être, devenir, sembler, paraître**:

> Anne-Lise est très intelligente.
> Il devenait de plus en plus maigre.
> Elle semblait fatiguée.

Some adjectives change their sense when they change their position in relation to the noun:

> un **cher** ami = affectionate; un repas **cher** = expensive
> un **grand** homme = great; un homme **grand** = tall
> un **pauvre** vieillard = wretched; un ouvrier
> **pauvre** = not rich
> ma **propre** voiture = own; ma voiture
> **propre** = clean
> la **dernière** page = last of a series; la semaine
> **dernière** = just past
> un **certain** monsieur = particular; la preuve
> **certaine** = positive, without doubt
> un **ancien** élève = former; une maison
> **ancienne** = ancient, old

COMPOUND ADJECTIVES

In compound adjectives of colour, the compound is invariable:

> une robe vert foncé; une chemise bleu clair

In compounds made up of two adjectives:

> la sauce douce-amère (both adjectives agree)

In compounds of nationality only the final adjective agrees:

> l'Association franco-britannique

DEGREE

The *positive* degree is used to describe one person, one thing or one class or group only.

The *comparative* degree is used when one person or thing or one class of persons or things is compared with another.

The *superlative* degree is used when one person or thing or class of persons or things is compared with two others or more.

Positive:
> grand/grands/grande/grandes

Comparative:

plus	grand/grande/grands/grandes	que
moins	grand/grande/grands/grandes	que
aussi	grand/grande/grands/grandes	que
ne pas aussi ⎱ si ⎰	grand/grande/grands/grandes	que

Superlative:

le plus grand	le moins grand
la plus grande	la moins grande
les plus grands	les moins grands
les plus grandes	les moins grandes

Ce jeune homme est plus grand que son père.

C'est l'élève la plus intelligente de la classe. (*Note:* After a superlative, 'in' and 'of' are translated by **de**.)

The adjectives **bon** and **mauvais** have irregular comparative and superlative forms, namely, **meilleur** and **pire**.

DEMONSTRATIVE ADJECTIVES:

this; that; these; those

Masculine	*Feminine*
ce, cet*; ces	cette; ces

*cet is used before a masculine singular noun beginning with a vowel or mute 'h'.

These adjectives are used for people and things:

> cet homme; ces hommes; cette dame; ces dames;
> ces femmes; cet avion; cette ville; ces maisons.

As **ce, cet** and **cette** can be translated 'this' or 'that', and **ces** can mean either 'these' or 'those', some way of distinguishing the two possible translations may be desirable. For this reason –**ci** or –**là** is added to the noun:

> Ce livre-ci est plus cher que ce livre-là: *This book is dearer than that book.*

POSSESSIVE ADJECTIVES

	Masculine singular	*Feminine singular*	*Plural*
my	mon	ma, mon*	mes
your	ton	ta, ton*	tes
his/her	son	sa, son*	ses
our	notre	notre	nos
your	votre	votre	vos
their	leur	leur	leurs

* Use **mon, ton, son,** with a feminine singular beginning with a vowel of mute 'h': e.g. mon amie

The possessive adjective agrees with the noun it qualifies:

> ma voiture; mes gants; tes gants; son stylo (i.e. *his* or *her*); nos amis; vos camarades; leurs parents

To avoid ambiguity between **son/sa/ses** meaning *his* or *her*, a distinction can be made by adding **à lui** (*his*) or **à elle** (*her*) after the noun:

C'est sa voiture à lui.	*It is his car.*
C'est sa voiture à elle.	*It is her car.*
Elle lit ses lettres à lui.	*She is reading his letters.*
Il lit ses lettres à elle.	*He is reading her letters.*

In some descriptive phrases the possessive adjective is not used.

The sentence **Ses yeux sont bleus** could be expressed **Il/ Elle a les yeux bleus.**

> Il est sorti, le chapeau à la main: *He went out with his hat in his hand.*

INTERROGATIVE ADJECTIVES:

Which? What?

Masculine	*Feminine*
quel; quels	quelle; quelles

The interrogative adjective agrees with the noun it

qualifies. It may be separated from the noun by the verb **être**:

(a) in *direct* questions:
   Quel livre lisez-vous?
   Quel est le numéro de votre maison?
   Quels sandwichs préférez-vous?
   Quelles réponses a-t-il données?
   Quelles questions lui avez-vous posées?

(b) in *indirect* questions:
   Dites-moi quel livre vous lisez.

(c) These adjectives are also used as exclamations:
   Quel idiot! *What an idiot!*

INDEFINITE ADJECTIVES:

aucun/aucune:	*no, not any*
autre:	*other*
d'autres:	*other*
certain/certaine certains/certaines }	*some, particular*
chaque:	*each/every*
tout:	*each/every*
même, mêmes:	*same*
nul/nulle:	*no*
pas un/pas une:	*not a*
plusieurs:	*several*
quelque, quelques:	*some*
tel/telle de tels/de telles }	*such (a)*
pareil/pareille:	*such, similar*
tout/toute tous/toutes }	*all/every*
n'importe quel/quelle n'importe quels/quelles }	*any*

Indefinite adjectives can be put into categories according to their sense:

(a) to express *singularity*: chaque jour; un certain monsieur; tout homme doit faire son devoir

(b) to indicate *absence of number or quantity*: Nul travail n'est assez satisfaisant pour lui; pas une seule personne; il n'y a aucune raison.

(c) to express *indefinite quantity*: quelque temps après; plusieurs personnes; quelques instants plus tard.

(d) to express *difference, similarity or identity*: une autre maison; d'autres exemples; la même chose; les mêmes conséquences; une telle situation; de tels problèmes; par un temps pareil;

(e) to express *totality*: tout le vin; tous les jours; tous les gens; toute la journée; toute la vie.

Pronouns

Conjunctive (unstressed) pronouns

Subject	Object (direct)	Object (indirect)
je	me	me
tu	te	te
il	se, le	se, lui, y, en
elle	se, la	se, lui, y, en
on	se	se
nous	nous	nous
vous	vous	vous
ils	se, les	se, leur, y, en
elles	se, les	se, leur, y, en

Choosing the correct pronoun

Certain pronouns, namely, **me, te, se, nous,** and **vous** may function as *direct* or *indirect* object depending on the verb they are used with:
   Il *me* voit. *He can see me.* (**me** is direct object)
   Il *me* donne de l'argent. *He gives me money* (**me** is indirect object)

It is important to analyse the sentence carefully and determine the function of the pronoun. For this it is important to be aware of any differences that exist between French and English usage. For example, *to telephone someone* in French is 'téléphoner à quelqu'un'. This tells us that the person phoned is the *indirect* object of the verb coming after the preposition à.

The pronouns **le, la, l'** and **les** may refer to people, animals or inanimate objects but always function as the direct object of the verb: Je l'ai déjà vu. *I have already seen it.*

The pronouns **lui** and **leur** refer to people or animals. They are always indirect objects:
   Il leur a offert les billets. *He offered them the tickets.*

y

The pronoun **y** refers to a place or to an idea expressed in a noun after the preposition **à, dans, sur, au-dessus de, au-dessous de, derrière, devant** etc., or in a clause. It does not refer to people.
   Je vais à l'école tous les jours.
   J'y vais tous les jours.
   Vous avez renoncé à cette idée? – Oui, j'y ai renoncé.
   Est-ce qu'il a pensé à tout ce qui est arrivé? – Non, il n'y a pas pensé.
But: Je pense à tous ceux qui sont malades.
   Je pense à eux. (See uses of the disjunctive pronoun below.)

en

The pronoun **en** is used to replace a phrase introduced by **de**:

(a) phrases: **beaucoup de, combien de** etc.
   Combien de livres avez-vous? – J'en ai deux.
   Voulez-vous de l'essence? – Non, je n'en veux pas.
   N'avez-vous pas d'argent? – Non, je n'en ai plus.
   Vous avez assez de provisions? – Oui, nous en avons assez.

Il y a beaucoup de bagages dans le coffre, n'est-ce pas?
– Oui, il y en a beaucoup.

(b) verb + **de**

Vous avez besoin d'essence? – Oui, j'en ai besoin.

Nous nous approchons du carrefour? – Oui, nous nous en approchons.

Ils parlaient de l'accident, n'est-ce pas? – Oui, ils en parlaient.

Elle vous a informé de cette catastrophe? – Oui, elle m'en a informé.

Je sors du garage. J'en sors à toute vitesse.

Il s'approche de la ville. Il s'en approche à cinq heures.

Le train s'éloigne de la ville. Il s'en éloigne lentement.

Je suis content de vous trouver en bonne santé. J'en suis heureux.

Note: When the object of these verbs is a person, **en** is not used as a replacement, the disjunctive pronoun is used instead:

Est-ce que vous vous souvenez de notre ancien professeur de mathématiques?
– Oui, je me souviens de lui.

(c) possessive **de** phrases

Vous voyez cette voiture-là? Je viens d'en changer un pneu.
(i.e. de cette voiture)

(d) **en** is untranslated when used in idioms: e.g. s'en faire: *to worry;* en vouloir à quelqu'un: *to bear someone a grudge;* s'en aller: *to go away.*

Disjunctive (stressed or emphatic) pronouns

The disjunctive pronouns are **moi, toi, lui, elle, soi, nous, vous, eux, elles.**

The disjunctive pronoun is used:

(a) where two object pronouns cannot be combined. (See Table 1.)

(b) for emphasis: Moi, j'y vais.
Je te comprends, toi.

(c) in comparison:
Il est plus intelligent qu'/que moi, toi, lui, elle, nous, vous, eux, elles.
. . . comme moi, toi etc.

(d) after **C'est, C'était:**
for identification: Qui est là? C'est moi!*
Qui a fait cela? – C'est moi qui l'ai fait.
for possession: A qui est ce billet? – C'est à moi.
*One says **C'est nous, C'est vous,** but **Ce sont eux, Ce sont elles.**

(e) after prepositions and verbs followed by prepositions:
chez lui; parmi nous; pour eux; avec elles; devant lui; après moi, etc.
Je compte sur toi.
Il est venu avec moi.
Nous sommes allés avec eux.
Qu'est-ce que vous pensez de lui?
Je pense souvent à toi.
Elle m'a présenté à lui.

(f) after **ne . . . que:**
Il n'y a que moi/toi . . .

(g) with **aussi, même, seul:**
Lui seul est capable de le faire.
J'irai moi-même.
Eux aussi peuvent venir.

(h) in a composite subject or object:
Lui et moi, nous . . .
Je vous vois, toi et lui.

(i) with **ni . . . ni:** ni elle ni son frère sont venus me voir.

(j) where the verb is omitted:
Elle, gentille? Mais tu ne la connais pas du tout!

Note that there is no agreement of the past participle in compound tenses with the following pronouns:
lui, leur, y, en

The pronouns **me, te, se, nous, vous** may cause agreement when used as direct object pronouns but not when they are the indirect object of the sentence.

Position of pronouns

Subject pronouns are placed in front of the verb except in the interrogative inverted form and some other special cases (see Inversion p. 169). It is only separated from the verb by **ne** and the conjunctive object pronoun:

Il parle.   Il ne parle pas.   Il ne me parle pas.
J'écoute.   Je n'écoute pas.   Je ne l'écoute pas.
Est-ce qu'il parle?   Est-ce qu'il ne parle pas?
Il parle?   Il ne parle pas?

But:
Parle-t-il?   Ne parle-t-il pas?

In compound tenses the subject pronoun is placed after the auxiliary verb in the inverted form of interrogative word order:

Avez-vous parlé à ce garçon? N'avez-vous pas parlé à ce garçon?

Note the double subject in questions of the following type:
Le monsieur, est-il arrivé?

Object pronouns usually come in front of the verb:
Je le vois.   Je ne le vois pas.   Ne le casse pas!

In compound tenses, the auxiliary verb has the pronoun object immediately before it:
Je l'ai déjà vu.   Je ne l'ai pas encore vu.

In sentences where there is a finite verb and an infinitive, the pronoun object is placed in front of the infinitive of which it is the object:
Je vais le voir.

Pronoun objects are placed after the verb in the affirmative imperative:
Regarde-le   Écoute-la!

Note: **–me** and **–te** change to **–moi** and **–toi** (except before **y** and **en**):
Regarde-le!   Écoute-la!

But: Parlez m'en!

When more than one pronoun is used, they are placed in the following order:

Table 1

1	2	3	4	5
me, m'				
te, t'				
se, s'	le	lui	y	en
nous	la	leur		
vous	les			

Limits

(a) You can only have one pronoun from any given column.

Je te l'ai dit.   Je leur en ai donné.

Je les y ai vu.

(b) You cannot combine column 1 and column 3 (since column 1 is often the indirect object). To say, for example, '*He introduced me to them*' is: Il m'a présenté à eux.

(c) You cannot combine columns 3 and 4:

A Paris on a dit à Yves de changer de train.

A Paris on lui a dit de . . . *or* On y a dit à Yves de . . .

(d) With the exception of **il y en a**, columns 4 and 5 are not combined.

In a positive command, pronoun objects come after the verb in the following order:

Table 2

1	2	3	4	5
le	moi, m'			
la	toi, t'	lui	en	y (là)
les	nous	leur		
	vous			

Limits:

(a) You cannot combine columns 2 and 3 (compare 1 and 3 in Table 1)

(b) Columns 1 and 4 cannot be combined.

(c) Columns 3 and 5 cannot be combined.

(d) When columns 1, 2 and 4 combine with column 5, the form to use is **là**:

Mets-le là. *Put it there.*

Study the following examples

1. Il m'a donné le ticket de quai.
2. Elle nous a envoyé une carte-postale.
3. Il m'a rendu l'argent que je lui avais prêté.
4. La voyageuse nous a dit qu'elle s'était trompée de train.
5. Le contrôleur nous a demandé de lui montrer nos billets.
6. Je vous rendrai visite au mois d'août.
7. Je t'ai téléphoné pour te conseiller de ne pas le faire.
8. Elle m'a écrit cette lettre il y a cinq jours.
9. Je leur ai promis de leur rendre visite bientôt.
10. Je ne te permets pas de lui poser cette question.
11. Il me faut rester à la maison.
12. Elle m'a offert un cadeau.
13. Tu leur as permis d'y aller, n'est-ce pas? – Non, je leur ai ordonné de ne pas y aller.
14. Nous leur avons offert nos places.
15. Il nous a fallu changer de train à Lyon.

RELATIVE PRONOUNS

Relative pronouns are used to link clauses. They are never omitted in French in the way they sometimes are in English.

Qui (who, which, that) refers to people and things. It is the subject of the verb which follows it:

Regardez ce monsieur qui est devant le magasin.

Que (whom, which, that) also refers to both people and things. It is the object of the verb which follows it:

Je connais le monsieur que vous avez rencontré hier.

Je n'ai pas encore lu le roman que mon ami m'a prêté.

Dont (whose, of whom, of which,) is used for people and things:

Je ne connais pas le garçon dont tu parles.

La maison dont vous voyez la photo est à vendre.

Voici l'argent dont vous avez besoin.

C'est une affaire dont je me souviens très bien.

C'est un monsieur dont je connais la femme. (n.b. the word order with 'dont' is subject, verb, object)

Dont is replaced by **de qui** (persons) or **duquel** (persons and things) when another preposition is involved:

C'est le monsieur **avec** la femme de qui je parlais.

Voilà la maison à la porte de laquelle j'ai sonné.

(for interrogative 'Whose' see below.)

The relative pronoun to use after a preposition when referring to a person is **qui:**

C'est l'enfant à qui elle a donné de l'argent.

La dame avec qui je causais hier est professeur.

After a preposition the relative pronouns usually used to refer to things are **lequel, laquelle** etc.

Voilà l'arbre sous lequel je jouais quand j'étais petit.

Montre-moi l'auto dans laquelle tu es monté pour aller au travail.

Donne-moi les raisons pour lesquelles tu as décidé d'y aller.

After *parmi* and *entre*, **lequel** etc. may refer to people:

Les habitants du quartier parmi lesquels il a passé toute sa jeunesse gardent un bon souvenir de lui.

Les piétons entre lesquels il se faufilait le regardaient avec reproche.

Note the use of **où** as a relative pronoun: e.g. le champ où on travaille; le jour où . . .

Ce qui, ce que, ce dont do not refer to a specific noun in the sentence. They are usually translated by 'what' (except in section (b) below).

(a) in a noun clause:

Dites-moi ce qui est dans votre main.

Il m'a expliqué ce qu'il y avait dans cette boîte.
Il m'a raconté ce que Jean lui a dit.
Je vais vous expliquer ce dont j'ai besoin.
Note also constructions of the type:
Ce qui m'étonne, c'est . . .
Ce que je ne comprends pas, c'est . . .

(b) to refer to a previously mentioned idea:
Il posait beaucoup de questions, ce qui me gênait un peu.
On lui a demandé de partir, ce qu'il a fait sans rien dire.
Je lui ai offert quelque chose à boire, ce dont il avait besoin.

(c) after **tout**:
Tout ce qui est sur la table n'est pas pour vous.
Tout ce qu'il fait ne me plaît pas.
Il a mis dans son sac tout ce dont il a besoin.

DEMONSTRATIVE PRONOUNS

Masculine	
Singular	*Plural*
celui-ci: *this one*	ceux-ci: *these*
celui-là: *that one*	ceux-là: *those*
celui de: *that of (the one belonging to)*	ceux de: *those of (the ones belonging to)*

Feminine	
Singular	*Plural*
celle-ci: *this one*	celles-ci: *these*
celle-là: *that one*	celles-là: *those*
celle de: *that of (the one belonging to)*	celles de: *those of (the ones belonging to)*

It is sometimes desirable to avoid repetition of nouns in replying to questions of the type given under **lequel** when one wishes to distinguish one thing (or group of things) from another:

ce
cet   } followed by a noun and **–ci** or **–là** may be
cette } replaced by pronouns in the above table:
ces

Ce fromage-ci est plus cher que celui-là.
Cette viande-ci est plus chère que celle-là.
Ces poireaux-ci sont plus frais que ceux-là.
Ces tomates-ci sont plus mûres que celles-là.

Quel pull préférez-vous?
Lequel préférez-vous?
– Je préfère ce pull-ci/ce pull-là.
　　celui-ci/celui-là.

Quelle cravate préférez-vous?
Laquelle préférez-vous?
– Je préfère cette cravate-ci/cette cravate-là.
　　celle-ci/celle-là.

Quels gants préférez-vous?
Lesquels préférez-vous?
– Je préfère ces gants-ci/ces gants-là.
　　ceux-ci/ceux-là.

Quelles chaussures préférez-vous?
Lesquelles préférez-vous?
– Je préfère ces chaussures-ci/ces chaussures-là.
　　celles-ci/celles-là.

When it is understood what noun is referred to, you can say:
Celui-ci est plus cher que celui-là.
Celle-ci est plus chère que celle-là.
Ceux-ci sont plus frais que ceux-là.
Celles-ci sont plus mûres que celles-là.

'The one', 'the one(s) belonging to', 'the one(s) who/which':

Mon vélo et celui de mon frère sont dans le garage.
Cette maison-là est beaucoup plus grande que celle de mes parents.
Cet élève-ci n'est pas celui que je cherche.
Celui qui arrive est son meilleur ami.
Ceux que vous voyez sur les murs sont mes meilleurs tableaux.
Je ne reconnais pas ces gens-là, ni ceux qui sont assis, ni ceux qui sont debout.

The former, the latter

Celui-ci, celle-ci, ceux-ci, and **celles-ci** can mean 'the latter' and **celui-là, celle-là, ceux-là, celles-là** 'the former':
Mme Renoir a croisé Mme Bourdet dans la rue. Celle-ci rentrait à la maison.
Dans la cour les filles parlaient tandis que les garçons jouaient au football.
Ceux-ci ne prêtaient aucune attention à celles-là.

Ceci, cela/ça: this, that

These pronouns are used when referring to a fact, situation or thing which has not been named. There is no distinction of gender with these pronouns. **Ceci** is usually used when the thing it refers to follows, whereas **cela** refers to an idea already mentioned. **Ceci** can express the idea of proximity to the speaker, while **cela** implies things further away:
Notez bien ceci: il fera de son mieux.
Mon fils n'est pas encore rentré. Cela m'inquiète.
Laissez cela et prenez ceci.

Cela is used in many expressions (usually in its shortened form **ça**) in colloquial French:

C'est ça.	Ça va sans dire.
Ça ne fait rien.	Ça m'est égal.
Mais non, pas comme ça!	Regardez-moi ça!
	Ça suffit!

C'est, Il est

(a) To describe people using **être** + a noun:
Qui est-ce?

166

– C'est François.
– C'est nous.
– C'est un de mes amis.
– C'est un Français.
– C'est un mécanicien.
– C'est un Protestant.

But note: (omission of indefinite article if 'il' or 'elle' is used)
Il est Français.
Il est mécanicien.
Il est Protestant.

Note also:

Qui est Pierre? – Il est le frère de Jean-Luc.
Où est Pierre? – Il est au lycée.

(b) To describe things:

Qu'est-ce que c'est? – C'est une table.
– Ce sont des billets.
Où sont les billets? – Ils sont sur la table.
Où est la table? – Elle est dans le salon.

Generally speaking, **c'est** is used when a noun or pronoun follows. **Il est, elle est,** etc. are used with nouns of nationality, religion and profession used adjectivally, and sometimes when the definite article precedes the noun. **Il est** etc. are normally found in sentences where there is an adjective, adjectival clause or adverbial expression when the pronoun refers to a previously mentioned noun.

(c) To refer to a previously mentioned *idea* (i.e. *not* a specific noun) use **c'est**:

Tu peux venir ce soir? – Non, ce n'est pas possible.
Je n'arrive pas à résoudre ce problème. C'est difficile.
Vous avez raison. C'est évident.

If the idea follows the pronoun we find **il est** + adj. + **de** + infinitive:

Il est difficile **de** résoudre ce problème.

But if the explanatory phrase precedes the pronoun use **c'est** + adj + **à** + infinitive:

C'est difficile à résoudre.

(d) When referring to places and distances **c'est** is generally used:

Le Quartier latin, c'est pittoresque, n'est-ce pas?
Tours, c'est loin d'ici? – C'est à 30 km.

(e) When describing time by the clock, use **il est**:

Il est cinq heures du soir. *But:* C'est l'heure du dîner.

(f) **Il est** is used in impersonal expressions such as:

Il est temps de partir.
Il est tard.
Il est possible.

POSSESSIVE PRONOUNS

Masculine	Singular Feminine	
le mien	la mienne	*mine*
le tien	la tienne	*yours*
le sien	la sienne	*his, hers, its*
le nôtre	la nôtre	*ours*
le vôtre	la vôtre	*yours*
le leur	la leur	*theirs*

Masculine	Plural Feminine	
les miens	les miennes	*mine*
les tiens	les tiennes	*yours*
les siens	les siennes	*his, hers, its*
les nôtres	les nôtres	*ours*
les vôtres	les vôtres	*yours*
les leurs	les leurs	*theirs*

It is important to remember that the pronoun agrees with the number and gender of *the thing possessed*, and not the number and gender of the *possessor*:

J'ai oublié mes clefs. Tu as **les tiennes?**
Elle a ton billet et **le sien.**
A qui est ce porte-feuille? — C'est **le mien.**

With être, the possessor can be indicated by using a stressed pronoun:

A qui est ce porte-feuille? — Il est à moi.

Study the following:

A qui est ce disque?
cette photo?

– C'est mon disque/ma photo.
ton/ta
son/sa
notre/notre
votre/votre
leur/leur
– C'est le mien/la mienne.
le tien/la tienne.
le sien/la sienne.
le nôtre/la nôtre.
le vôtre/la vôtre.
le leur/la leur.
Il/elle/c'est à moi.
toi.
lui.
elle.
nous.
vous.
eux.
elles.
A qui sont ces disques?
ces photos?
– Ce sont mes disques/photos.
tes
ses
nos
vos
leurs
– Ce sont les miens/les miennes.
les tiens/les tiennes.
les siens/les siennes.
les nôtres/les nôtres.
les vôtres/les vôtres.
les leurs/les leurs.
– Ils/elles sont à moi.

toi.
lui.
elle.
nous.
vous.
eux.
elles.

Note: Possession may also be expressed by *appartenir à:*

	m'	
	t'	
Cette bague	lui	appartient
	nous	
	vous	
	leur	

INDEFINITE PRONOUNS

Like indefinite adjectives, indefinite pronouns can be divided into the following categories:

(a) Singularity: each, everyone, someone, something
    Chacun de mes collègues approuve ce plan.
    Chacune de mes sœurs est mariée.
    Quelque chose d'intéressant.
    Quelqu'un m'a dit que vous me cherchiez.

(b) Absence of number or quantity: none, nobody, nothing
    Y avait-il beaucoup de gens? – Personne.
    Aucun des élèves n'aime le nouveau professeur.
    Personne n'est arrivé.
    Je n'ai rien vu.

(c) Indefinite quantity: some
    Quelques-uns de mes amis sont déjà partis.
    Quelques-unes de ces femmes pleuraient.

(d) Difference or identity: same one(s), others
    Vous en avez d'autres.
    Donnez-m'en un autre.
    quelque chose d'autre
    autre chose
    personne d'autre
    Les uns disent que oui, les autres disent que non.
    Ce sont toujours les mêmes qui paient.

(e) Totality: all, everything
    Tout est prêt.
    J'ai tout expliqué.
    Je vous remercie tous.

    Note also: N'importe qui, quoi, quel, comment, où, quand; je ne sais qui etc.
    N'importe qui aurait pu le faire. *Anyone at all could have done it.*
    Elle dit n'importe quoi. *She says anything she likes.*
    Venez n'importe quel jour. *Come any day.*
    n'importe comment. *anyhow.*
    n'importe où. *anywhere.*

    Je ne sais qui me l'a dit. *Someone or other told me so.*
    Il l'a fait je ne sais comment. *He did it somehow or other.*
    Je vous reverrai je ne sais quand. *I shall see you again sometime.*
    Je ne sais quoi. *Something or other.*
    Je ne sais où. *Somewhere or other.*

INTERROGATIVE PRONOUNS

(**a**) When the interrogative pronoun refers to a person or persons: Who? Whom?

In direct questions:

(i) Use **Qui** or **Qui est-ce qui** . . . when the pronoun is the subject of the verb:
    Qui chante? *or* Qui est-ce qui chante?

(ii) Use **Qui** or **Qui est-ce que** . . . when the pronoun is the object of the verb:
    Qui appelez-vous? *Whom are you calling?*
    Note: the verb and subject are inverted when **qui** is used to refer to the object; inversion does not occur when using **qui est-ce que** . . . :
    Qui est-ce que vous appelez?

(iii) Use **qui** after a preposition:
    A qui penses-tu? De qui parle-t-il? Avec qui parle-t-elle?
    De qui avez-vous reçu l'argent?

In indirect questions (i.e. when the question is in a subordinate clause after verbs such as **dire, demander, savoir,** *etc.*)

Use **qui**:
    Je voudrais savoir qui chante. (*not* **qui est-ce qui** chante)
    Je vous ai demandé qui vous cherchez.
    Dites-moi de qui vous parlez.

(**b**) When the interrogative pronoun refers to things: What?

In direct questions

(i) When the pronoun is the subject of the verb use **Qu'est-ce qui**:
    Qu'est-ce qui est arrivé?

(ii) When the pronoun is the direct object of the verb use **que** (**qu'** before a vowel or mute 'h') or **Qu'est-ce que***:
    Qu'a-t-il fait?
    Note the inversion as in English with **que** but not with **qu'est-ce que**:
    Qu'est-ce qu'il a fait?
    *Do not confuse the interrogative use of **Qu'est-ce que** . . . ? with its use in exclamations, e.g.
    Qu'est-ce qu'il est impressionnant!
    How impressive it is!

(iii) When the interrogative pronoun is preceded by a preposition use **quoi**:
    De quoi s'agit-il?   Avec quoi fait-il la réparation?
    De quoi parlez-vous?   Sur quoi est-ce qu'on pose les assiettes?

Unlike English the question must never end with the preposition in French.

In indirect questions

The **Qu'est-ce qui** in (i) above becomes **ce qui** and the **Que, Qu'est-ce que** in (ii) above becomes **ce que** thus:
  (a) Je lui ai demandé ce qui est arrivé.
  (b) Vous devez expliquer ce qu'il a fait.
  (c) Elle veut savoir de quoi il s'agit.

Note that in indirect questions there is not the inversion of verb and subject in the subordinate clause that is sometimes found in the direct question forms.

The pronoun *quoi* is sometimes used without a preposition. e.g. quoi de neuf? quoi encore?

Lequel, laquelle etc.

Lequel (de) . . . ? laquelle (de) . . . ? lesquels (de) . . . ? lesquelles (de) . . . ?
These pronouns are the ones to use when asking for a choice between different people or things. It may be used as an alternative to the interrogative adjective and noun. (see p. 162)
  Je vois quatre garçons. Quel garçon est ton frère?
  Alternatively: Lequel est ton frère? (If only *one* is to be chosen.)

  Voici quelques cravates. Quelles cravates préférez-vous?
  Alternatively: Lesquelles (de ces cravates) préférez-vous? (if more than one is to be chosen.)

Note also the following use of the pronoun:
  Pardon monsieur, j'ai une question à vous poser. – Ah bon, laquelle?

Inversion

Inversion of verb and subject is also found in non-interrogative sentences.

Inversion of the verb of narration is required *after* but not *before* direct speech:
Compare: Il a dit, 'Je reviendrai demain.'
  'Je reviendrai demain,' a-t-il dit.

If the subject is a noun and the verb is in a compound tense, the noun subject comes after the past participle.
Compare: Viens ici, a hurlé le professeur.
  Viens ici, a-t-il hurlé.

Inversion is found in some exclamations:
  Vive la République! *Long live the Republic!*

The expressions **ainsi, à peine . . . que, aussi** (consequently), **encore, sans doute,** and **peut-être*** also require inversion.
  A peine était-il arrivé, qu'il s'est disputé avec les autres invités. Aussi lui avons-nous demandé de partir. Peut-être avions-nous tort.
  Scarcely had he arrived when he argued with the other guests. And so we asked him to leave. Perhaps we were wrong.

* The inversion after peut-être can be avoided by
  (a) placing peut-être after the verb:
    Nous avions peut-être tort.
  (b) using **que**:
    Peut-être que nous avions tort.

Non-interrogative inversion is also found in subordinate clauses such as:
  Voilà la maison où habitent mes grands parents.
  There is the house where my grandparents live

Be careful when translating sentences of the type:
  Voilà le garçon que cherchait le professeur.
  There is the boy the teacher was looking for.

Note: The English sentence, 'Never have I seen such a beautiful garden' is translated: **Jamais je n'ai vu un si beau jardin.** The verb and subject are not inverted.

Prepositions
About

vers cinq heures
à cinq heures environ *about five o'clock*

environ deux cents *about two hundred*
une vingtaine de personnes *about twenty people*
Il a parlé de son enfance *He spoke about his childhood*
un programme sur la pollution *a programme about pollution*
Il est sur le point de partir *He is about to leave*

According to

Selon lui, . . . *according to him*

After

après le repas *after the meal*
après avoir mangé *after eating*

As for

quant à moi . . . *as for me; as far as I am concerned*

At

à huit heures *at eight o'clock*
à présent *at present*
à ce moment-là *at that moment*
en ce moment *at the moment*
chez le dentiste *at the dentist's*

Because of

à cause de la pluie *because of the rain*

Before

avant minuit *before midnight*
Écoutez ce disque-ci avant celui-là! *Listen to this record before that one.*

avant de partir   *before leaving*
Note: avoid confusion with 'devant'
devant le café   *in front of the cafe; outside the café*

By

par retour du courrier   *by return of post*
par avion   *by air*
en autocar (vélo, scooter . . .) etc   *by coach* etc.
un roman écrit par G. Simenon   *a novel written by G. Simenon*
Elle a commencé par crier   *She began by shouting*
Il a fini par se taire   *He finished by keeping quiet*
Elle est aimée de tout le monde   *She is liked by everyone.*
dix mètres de long sur six mètres de large   *ten metres long by six metres wide*

For

destined for
Le café, c'est pour qui?   *Who is the coffee for?*
for the sake of
Pendant la guerre beaucoup de soldats sont morts pour la patrie.   *During the war many soldiers died for their country.*
Cette année nous allons en France pour trois semaines.   *This year we are going to France for three weeks.*
Je suis là depuis deux jours.   *I have been here for two days.*
J'ai été à Paris pendant un mois en 1980.   *I was in Paris for a month in 1980.*
Merci de/pour votre lettre   *Thank you for your letter*
On a choisi pour vous   *We have chosen for you*

From

Dis-lui de ma part . . .   *Tell him from me . . .*
à partir d'aujourd'hui }
dès aujourd'hui   } *from today*
un vol en provenance d'Orly   *a flight from Orly*
Note:
J'ai pris la clef **dans** ma poche   *I took the key from my pocket*
J'ai pris le journal **sur** la table   *I took the newspaper from the table*
Il a bu **dans** un verre   *He drank from a glass*
J'ai emprunté de l'argent à un ami   *I borrowed money from a friend*

In

à Paris	en France	en avril
à la campagne	en ville	au printemps
au Canada	en Alsace	en été
		en 1984

à temps   *in time*
dans cette histoire   *in this story*
au vingtième siècle   *in the twentieth century*
le meilleur élève de la classe   *the best pupil in the class*
Le matin, il travaillait; l'après midi, il dormait   *In the morning he worked; in the afternoon he slept.*
Il est neuf heures du matin   *It is nine o'clock in the morning.*

On

au premier étage   *on the first floor*
sur la table   *on the table*
lundi   *on Monday*
le lundi   *on Mondays*
à l'heure   *on time*
de l'autre côté de la rue   *on the other side of the street*
en arrivant à la gare   *on arriving at the station*
à mon arrivée   *on my arrival*
à la télé   *on television*
à pied, à cheval   *on foot, on horseback*

Over

au-dessus de ma tête   *over my head*
On voyait les montagnes par dessus les toits   *We could see the mountains over the roof tops*
Le voleur portait un bas sur le visage   *The thief wore a stocking over his face*

To

au nord, à l'est   *to the north, to the east*
de jour en jour   *from day to day*
Vous êtes très gentil pour moi   *You are very kind to me*
un vol à destination de Londres   *a flight to London*
Je vais à Paris.   *I am going to Paris.*
L'année dernière je suis allé en France.   *Last year I went to France.*
Pour réussir, il faut travailler plus dur.   *To succeed, you must work harder.*

Towards

vers le nord   *towards the north*
vers la fin du mois   *towards the end of the month*
Nous sommes bien disposés envers lui   *We are well disposed towards him*

Under

La salle de séjour est située au-dessous de la chambre   *The living room is under the bedroom*
coucher sous la tente   *to sleep under canvas*
sous peine de mort   *under pain of death*

Up to, up till

Allez jusqu'au bout de la rue   *Go up to the end of the street*

jusqu'à présent   *up till now*

With

Nous sommes sortis avec eux   *We went out with them*

couvert de neige   *covered with snow*

rempli de vin   *filled with wine*

chargé de bouteilles   *loaded with bottles*

content de son travail   *pleased with his/her work*

Le vieillard aux cheveux gris est parti sans mot
dire   *The old man with grey hair left without saying a word*

Conjunctions

Apart from the conjunctions listed on pages 180–181
which take the subjunctive, there are many other
conjunctions in common use which take the indicative.
The most common of these are given below:

après que	*after*
ainsi que	*as well as*
alors que	*when*
aussi	*so*
aussitôt que	*as soon as*
comme	*as*
d'ailleurs	*moreover, besides*
dès que	*as soon as, from the moment that . . .*
depuis que	*since (from the time that . . .)*
donc	*so, therefore*
et	*and*
à mesure que	*in proportion as*
ni . . . ni	*neither . . . nor*
néanmoins	*nevertheless*
parce que ⎫ car ⎭	*because*
à peine . . . que	*scarcely . . .*
pendant que	*while*
tandis que	*while, whilst, whereas*
pourtant	*yet, however*
puisque	*since (reason)*
que	*that, than, as*
sinon	*otherwise*
tant que	*so long as*
vu que	*seeing that*

Examples

Depuis que nous sommes ici, nous nous sommes bien
amusés.
Since we have been here, we have enjoyed ourselves.

Nous partirons aussitôt qu'il arrivera.
We shall leave as soon as he arrives.

Il écoutait la radio pendant qu'il travaillait.
He was listening to the radio while he was working.

Lui, il travaillait tandis que son collègue dormait.
He worked while his colleague slept.

A peine fut-il arrivé qu'on lui donna du travail à faire.
Scarcely had he arrived than they gave him work to do.

Je le ferai tout de suite puisque vous êtes pressé.
I shall do it immediately since you are in a hurry.

Notes

The conjunction 'that' (**que** or **qu'**) is often omitted in
English. It is never omitted in French.

I know (that) he is intelligent. Je sais qu'il est intelligent.

If there is a second subordinate clause to which the
conjunction applies, repeat '**que**':

Il a dit qu'il était fatigué et qu'il voulait se coucher.
He said (that) he was tired and wanted to go to bed.

Other conjunctions apart from **que** are not repeated when
the sense of the conjunction applies to more than one
clause. Instead of repeating the conjunction, **que** is used:

Puisque j'ai le temps et que j'aime lire, . . .
Since I have the time and like reading, . . .

Interjections

Aïe!	*Ow! Ouch!*
Allez-y!	*Go ahead!*
Allons donc!	*Really? Come off it!*
Attention!	*Watch! Careful!*
Bravo!	*Well done!*
Bien!	*Good!*
Eh bien, . . .	*Well, . . .*
Bof!	*Who cares!*
Chic alors!	*Great!*
Chut!	*Sh!*
Comment?	*What?*
D'accord!	*All right!*
Entendu!	*All right!*
Bien entendu!	*Of course!*
Tu parles!	*You bet! You must be joking!*
Au secours!	*Help!*
Tiens!	*(attracting attention) Look!*
	(handing over) Here!
	(surprise) Well!
Au voleur!	*Stop thief!*
Voyons!	*Come now!*

The verb

THE INFINITIVE

The infinitive is the form of the verb which is not bound by
the limits of person, number and tense which characterise
the *finite* parts. It is usually preceded by the preposition
'to' in English, and this is the form the verb is listed under
in the dictionary: **donner** *to give;* whereas **Il donne** is a
finite part of the verb indicating 3rd person singular,

present tense. When the idea the verb expresses is thus limited, the verb is said to be *finite*.

We term regular verbs those which follow the same patterns as set down in the models for –er, –ir, –re verbs (*parler, finir, vendre*), in the tables; those which do not are referred to as *irregular* verbs (see tables pp. 193–197).

TRANSITIVE AND INTRANSITIVE VERBS

There are basically two types of verbs, transitive and intransitive.
A transitive verb is a verb which takes a direct object:
  Le chien chasse le chat.
  Le professeur a puni l'élève.

Intransitive verbs on the other hand are those which do not take a direct object. The subject and the verb taken together make complete sense:
  J'arrive: *I am coming.*
  Il pleut: *It is raining.*

It is possible for verbs to be transitive or intransitive depending on the context in which they are used:
  Le chat mange: *The cat is eating.*
  Le chat mange la souris: *The cat is eating the mouse.*
It should, however, be noted that when this is the case, there is usually a difference of construction in French between transitive and intransitive use, or a difference of sense attached to the verb.

Certain verbs of motion, which are usually intransitive, may be used transitively, but changes are sometimes necessary either in sense and/or in construction, especially in compound tenses:
  Simple tense: Il monte à toute vitesse.
               Il monte l'escalier à toute vitesse.
No apparent difference; no change in sense or construction
  Compound tense: Il est monté à toute vitesse.
               Il a monté l'escalier à toute vitesse.

Now compare:
Simple tense:
  Il sort à 8 heures du matin. *He goes out at 8 o'clock in the morning.*
  Il sort la voiture du garage à 8 heures du matin. *He takes the car out of the garage at 8 o'clock in the morning.* (Change of sense)
Compound tense:
  Il est sorti à 8 heures du matin. *He went out at 8 o'clock in the morning.*
  Il a sorti la voiture du garage à 8 heures du matin. *He took the car out of the garage at 8 o'clock in the morning.* (Change of auxiliary verb and change of sense)

The same happens with **descendre** and **rentrer**.

Included in the group of intransitive verbs are those verbs which require an adjective or noun complement, such as:
être, devenir, paraître, sembler, rester, se montrer, se sentir.

Transitive verbs take a direct and/or an indirect object

after them. The object is direct if it receives the action of the verb without the help of a preposition:
  Je ferme **la porte.** *I am closing the door.* (Object: a thing).
  Le mari aime **sa femme.** *The husband loves his wife.* (Object: a person).
The direct object answers the question: What? Whom? The indirect object answers the question: To whom? For whom?

In French an indirect object is one which is linked to the verb by the preposition à. It can be found in sentences without a direct object:
  J'ai téléphoné à ma mère.
  Nous parlons au professeur.
  J'ai renoncé à l'idée.

Nouns which come after other prepositions in French are not indirect objects: **protester contre; se disputer avec; se souvenir de.** However, the indirect object is often used along with a *direct* object. While the direct object may be said to receive the action of the verb, the indirect object can be said to receive the direct object:
  Il s'achète une moto.
With certain verbs in English the indirect object is commonly placed in front of the direct object, and the 'to' is dropped.

He gave her the ticket.
He gave the ticket to her. } **Il lui a donné le billet.**

The same happens with **prêter; rendre; apporter; envoyer; donner; montrer; tendre; dire.**

REFLEXIVE VERBS

A verb is said to be reflexive when the subject and object are one and the same person. Most transitive verbs can be used reflexively or not, depending on whether the subject and the object are the same or not:

Compare: Elle lui parle. *She is speaking to him/her.*
         Elle se parle. *She is speaking to herself.*

Non-reflexive: La mère couche son bébé.
                The mother is putting her baby to bed.

Reflexive: La mère se couche tard.
            The mother goes to bed late.

The reflexive pronoun is considered the direct object unless
(a) there is something else in the sentence acting as the direct object:
    Elle se lave *She is washing herself* (**se** is the direct object) *She is getting washed.*
    Elle se lave la figure *She is washing her face* (**se** is the indirect object; **la figure** is the direct object).
    Elle s'est foulé la cheville (**se** is the indirect object; **la cheville** is the direct object)
    Elle s'est coupé le pouce *She cut her thumb* (**se** is the indirect object; **le pouce** is the direct object)
(b) or the verb has the preposition à before the object:
    parler à quelqu'un *to speak to somebody*

Il se parle *He talks to himself*
In this case the object **se** is considered *indirect*.

In many cases the reflexive verb is translated by a non-reflexive intransitive verb in English:
(i) Elle se cache *She is hiding*
Elle s'habille *She is getting dressed*
La porte s'ouvre *The door is opening/opens*
La voiture s'arrête *The car stops/is stopping*
(ii) The reflexive may translate the *passive* as in:
(a) Cela ne se fait pas *That is not done*
(b) Cela se voit *That's obvious* (i.e. *can be seen*)
(c) Les pommes se vendent à . . . francs le kilo *are sold at*
(d) Je m'appelle . . . *I'm called . . .*
(e) Cela s'explique facilement *That is easily explained*
(iii) The reflexive can be translated as 'to become . . .', 'to get . . .'
se fâcher; s'inquiéter; s'impatienter; s'ennuyer.

When using a reflexive verb in the infinitive along with a finite verb, be sure to choose the appropriate reflexive pronoun in front of the infinitive:
Je vais **me** reposer.
Nous allons **nous** baigner. (not **se**)
Après **m**'être couché, j'ai lu un roman.

In the plural, **se** may be *reciprocal* (i.e. meaning 'each other') rather than reflexive:
Elles se regardent et se parlent *They are looking at each other and talking to each other.*
The context usually makes it clear whether it is a reflexive or reciprocal **se**. However, some verbs can be used only as reflexive, although they are not true reflexives, because the action of the verb is directed towards someone or something else and not the subject; nor is there a *reciprocal* sense in the use of **se** in the plural. They are better thought of as *pronominal* verbs which behave like reflexive verbs:
se méfier de
se fier à
se souvenir de: Je me suis souvenu de son histoire
s'apercevoir de
se moquer de: Elle s'est moquée de toi
se passer de

THE IMPERSONAL VERB

An impersonal verb, *or a verb used as such*, is one which is conjugated in the 3rd person singular only, with the subject **il** (which cannot be replaced by other subject pronouns.) If **il** refers to a previously mentioned noun, it is not indefinite and the verb construction is not considered impersonal.
Où est le livre? – Il est sur la table.
Here, **il** is not indefinite

The impersonal **il** is indefinite, and one cannot use these verbs with any of the other subject pronouns (**je, tu, elle,** on, nous, vous, ils, elles.)

(a) Some verbs can only be impersonal:
Il fait beau.
Il pleut.
Il tonne.
Il neige.
Il gèle.
Il faut.
Il y a (idiom 'y avoir')

(b) Some verbs can be used as *impersonal* verbs or *personal* verbs depending on the contexts they are used in.

Impersonal
Il est temps de partir
Il est cinq heures du soir
Il est tard
Il arrive parfois que mes amis viennent me voir
Il est tombé de la neige
Il est interdit de faire quelque chose
        défendu
        permis
Il me reste dix francs
Il semble qu'il ait raison
Il faut partir maintenant

Personal
Où est Philippe?
Il est toujours à la maison
Alors, il est en retard
Je suis arrivé ce matin
Je suis tombé dans la neige

	m'		
	t'		
	lui	a défendu de	
On	leur	a interdit de	faire quelque chose
	nous	a permis de	
	vous		

J'y suis resté une semaine
Vous semblez fatigué
On doit partir très tôt

Other common impersonal constructions are:
Il s'agit de . . .
Il est question de . . .
Il vaut mieux . . .
Il va de soi . . .
Il est probable, curieux, etc.

SIMPLE AND COMPOUND TENSES

When the tense of a verb is made up by using one verb only, we say it is a simple tense. Thus the present, future, present conditional, past historic, imperfect, are examples of *simple* tenses.

Compound tenses are made up by using two verbs, either **avoir** or **être** and another verb. **Avoir** and **être** are called *auxiliary* verbs when so used.

Examples of compound tenses are the perfect, future perfect, pluperfect, conditional perfect, and past anterior.

For formation for regular and irregular verbs, see tables.

French verbs have four moods: indicative, imperative, subjunctive and conditional.

INDICATIVE SIMPLE TENSES

THE PRESENT

The present tense expresses:
(a) an action or state in the present:
> Que fais-tu? Je lis le journal.
> *What are you doing? I am reading the newspaper.*
> Où êtes-vous? Je suis au salon.
> *Where are you? I am in the lounge.*
> Comment allez-vous? Je vais très bien, merci.
> *How are you? I am very well, thank you.*

To stress that the action is in progress, **en train de** + infinitive can be used:
> Qu'est-ce qu'il est en train de faire? *What is he doing?*
> Il est en train de . . . *He is busy . . .*

(b) The present tense can express habitual action:
> Que fait-il le matin? Il lit le journal.
> *What does he do in the morning? He reads the newspaper.*
> Jouez-vous d'un instrument de musique? Oui, je joue du piano.
> *Do you play a musical instrument? Yes, I play the piano.*
> Quel est votre passe-temps favori? Je joue au golf.
> *What is your favourite pastime? I play golf.*

(c) The emphatic form of the present tense is rendered in English by 'do', 'does'.
The emphatic form is conveyed by an adverb of degree in French:
> J'espère bien que . . .
> Je souhaite vivement que . . . *I do hope that . . .*
> J'aime bien . . .
> J'aime tellement . . . *I do like . . . .*

(d) **THE HISTORIC PRESENT**
This is the present tense used as a past tense. It dramatises events which have already taken place and generally makes the narrative more vivid for the reader or listener. In the passage below it is found alongside other past tenses:
> C'est alors qu'elle s'est sentie mal. Elle appelle Bruna, sa femme de chambre (en fait, Bruna est plus que cela, une confidente, une amie aussi.) Bruna accourt, elle apporte un café fort. La Callas avale quelques gorgées, puis retombe, inerte. Elle est morte. Il est 13h 30. Pendant ce temps, les autres domestiques (La Callas employait outre Bruna, un chauffeur, un valet et une femme de chambre) s'affairent, appellent un médecin. Lorsque celui-ci arrive, à 14h 15, il ne peut que constater le décès et délivrer le permis d'inhumer. Devant la porte de fer forgée du 36, c'est alors le carrousel des journalistes. Maria Callas est éclairée une dernière fois par les projecteurs de l'actualité. Des projecteurs qui, depuis quelque temps, l'avaient un peu laissée dans l'ombre depuis que la Diva menait une existence tranquille.

(e) The present tense of **Il y a** and **voilà . . . que, depuis, depuis quand,** etc. denotes what has happened and still continues into the present.
> Vous apprenez le français depuis cinq ans, n'est-ce pas?

But note usage with negative verb:
Il n'a pas plu depuis deux jours:
It has not rained for two days or
It has not been raining for two days

(f) **Je viens de** + infinitive is used to express an immediate past action.

THE FUTURE

Uses of the future

(a) The future tense denotes what will happen:
> Je viendrai demain *I shall come tomorrow*
But note that 'will' does not always imply the future. It may indicate *willingness:*
> He will not go Il n'ira pas. (future)
> He will not go Il ne veut pas y aller. (unwillingness)
> Veux-tu m'expliquer cette phrase?
> *Will you explain this sentence to me?* (willingness)

(b) To translate the hidden or implied future after 'when':
> Quand j'aurai dix-huit ans, j'apprendrai à conduire

(c) To denote possibility, conjecture, probability:
> Quel âge a-t-elle? Elle aura trente ans.

Formation

(a) When the future tense of a verb is formed in the *regular* way, we start with the infinitive and add to it one of the following endings as appropriate:

Je donner + **ai**	nous donner − **ons**
tu donner + **as**	vous donner + **ez**
il donner + **a**	ils donner + **ont**
elle donner + **a**	elles donner + **ont**

Note: When forming the future tense of an **–re** verb, remove the final **–e** before adding the appropriate ending:
> **vendre – je vendrai**

(b) Some common verbs do not form their future tense as outlined above. Instead of using the infinitive as it stands, the verbs listed below either modify their infinitive or use something which in no way resembles it. These irregular forms of the future tense have to be learnt by heart.

avoir: *to have*	aurai, auras, aura, aurons, aurez, auront
être: *to be*	serai, seras, sera, serons, serez, seront

appeler: *to call*	j'appellerai . . .
acheter: *to buy*	j'achèterai . . .
aller: *to go*	irai, iras, ira, irons, irez, iront
s'asseoir: *to sit down*	je m'assiérai . . .
courir: *to run*	je courrai . . .
cueillir: *to gather*	je cueillerai . . .
devoir: *to owe,* *to have to*	je devrai . . .
envoyer: *to send*	j'enverrai . . .
faire: *to do, make*	je ferai . . .
falloir: *to be necessary*	il faudra . . .
jeter: *to throw*	je jetterai . . .
mourir: *to die*	je mourrai . . .
pleuvoir: *to rain*	il pleuvra . . .
recevoir: *to receive*	je recevrai . . .
apercevoir: *to see*	j'apercevrai . . .
savoir: *to know*	je saurai . . .
pouvoir: *to be able to*	je pourrai . . .
tenir: *to hold*	je tiendrai . . .
valoir: *to be worth*	il vaudra
venir: *to come*	je viendrai . . .
vouloir: *to wish, want*	je voudrai . . .
voir: *to see*	je verrai . . .

Future action can be expressed by using the present tense of **aller** + infinitive:

Je vais voir mon ami à cinq heures.
I am going to see my friend at 5 o'clock.

The simple future would be: Je verrai mon ami à cinq heures.

The immediate future can also be expressed by **sur le point de** + infinitive:

Le train est sur le point de partir.   *The train is about to leave.*

Sometimes the future tense is required in French where in English the present tense is used. This is so after 'When' and other conjunctions of time, if future time is implied:

When I'm in Paris next week I'll visit the Louvre.
Quand je serai à Paris . . .

Future time is implied, so use the future to translate the present.

In the sentence: *When I'm in Paris, I visit the Louvre* the future is not implied so use the present tense in French:
Quand je suis à Paris . . .

Future perfect* is used to translate the English perfect if future time is implied:

When I've seen the film, I will tell you what I think of it.
Quand j'aurai vu le film . . .

* For the future perfect, see p. 178.

THE PAST HISTORIC

The past historic is used mainly in written French to describe an action (or series of actions) which are completed. It is the basic past tense for narrating past events. It tells the reader what occurred and what happened next.

The past historic is always one of these types:

Group 1
je donn-**ai**
tu donn-**as**
il donn-**a**
nous donn-**âmes**
vous donn-**âtes**
ils donn-**èrent**

Group 2
je fin-**is**
tu fin-**is**
il fin-**it**
nous fin-**îmes**
vous fin-**îtes**
ils fin-**irent**

Group 3
je cour-**us**
tu cour-**us**
il cour-**ut**
nous cour-**ûmes**
vous cour-**ûtes**
ils cour-**urent**

Exceptions: venir = *to come*; tenir = *to hold*, which are conjugated as follows:

je vins	nous vînmes
tu vins	vous vîntes
il vint	ils vinrent

All verbs in **–er** (including **aller**) are conjugated in the past historic like **donner** (Group 1).

All verbs in the **finir** and **vendre** group (regular –ir and –re verbs) are conjugated in the past historic like **finir** (Group 2).

Past historic of common irregular verbs:

Group 2

dormir: *to sleep*	je dormis
partir: *to depart*	je partis
sortir: *to go out*	je sortis
servir: *to serve*	je servis
sentir: *to feel*	je sentis
ouvrir: *to open*	j'ouvris
couvrir: *to cover*	je couvris
offrir: *to offer*	j'offris
conduire: *to lead*	je conduisis
construire: *to construct*	je construisis
produire: *to produce*	je produisis
craindre: *to fear*	je craignis
joindre: *to join*	je joignis
plaindre: *to pity*	je plaignis
s'asseoir: *to sit down*	je m'assis
battre: *to beat*	je battis
cueillir: *to gather*	je cueillis
dire: *to say*	je dis
écrire: *to write*	j'écrivis
décrire: *to describe*	je décrivis
faire: *to do*	je fis
fuir: *to flee*	je fuis
s'enfuir: *to flee*	je m'enfuis
mettre: *to put*	je mis
permettre: *to permit*	je permis
promettre: *to promise*	je promis
prendre: *to take*	je pris
comprendre: *to understand*	je compris
apprendre: *to learn*	j'appris

surprendre: *to surprise*   je surpris
rire: *to laugh*   je ris
sourire: *to smile*   je souris
suivre: *to follow*   je suivis
poursuivre: *to pursue*   je poursuivis
voir: *to see*   je vis

Group 3

avoir: *to have*	j'eus
être: *to be*	je fus
apercevoir: *to perceive*	j'aperçus
recevoir: *to receive*	je reçus
boire: *to drink*	je bus
connaître: *to know*	je connus
paraître: *to appear*	je parus
courir: *to run*	je courus
croire: *to believe*	je crus
devoir: *to owe*	je dus
falloir: *to be necessary*	il fallut
lire: *to read*	je lus
mourir: *to die*	il mourut
plaire: *to please*	je plus
pleuvoir: *to rain*	il plut
pouvoir: *to be able*	je pus
savoir: *to know*	je sus
se taire: *to be silent*	je me tus
vivre: *to live*	je vécus
vouloir: *to wish*	je voulus

THE IMPERFECT

Parler	*Finir*
je parlais	je finissais
tu parlais	tu finissais
il parlait	il finissait
elle parlait	elle finissait
nous parlions	nous finissions
vous parliez	vous finissiez
ils parlaient	ils finissaient
elles parlaient	elles finissaient

Vendre
je vendais
tu vendais
il vendait
elle vendait
nous vendions
vous vendiez
ils vendaient
elles vendaient

Formation: Take the nous form of the present tense of the verb, e.g. **Nous parlons.**
    Remove the –ons
    Add the ending **–ais** etc. as appropriate:
      je parl**ais**; nous parl**ions** etc.
Note: This rule works for all verbs except **être:**
    j'étais
    tu étais
    il était
    nous étions
    vous étiez
    ils étaient

Uses of the imperfect

The imperfect is used to describe:
(a) actions which are incomplete at the time when something else happened or was happening:
> Pendant que le voyageur **dormait,** le train est entré en gare.
> *While the traveller was sleeping, the train entered the station.*
> Il **était** onze heures du soir et nous **regardions** la télé quand on a frappé à la porte.
> *It was eleven o'clock in the evening and we were watching television when there was a knock at the door.*
> Comme il **expliquait** la plaisanterie, il **souriait.**
> *As he explained the joke, he was smiling.*

This idea of simultaneous actions can be expressed otherwise, e.g. **en souriant.**

(b) actions which are repeated or habitual in the *past* to translate 'would', meaning 'used to':
> Quand j'**étais** jeune, je **faisais** souvent des promenades en vélo à la campagne.
> Le soir, elle se **promenait** seule dans le jardin public.

Words which commonly introduce the imperfect are: d'habitude; souvent; régulièrement; à plusieurs reprises; le lundi; tous les jours etc.

(c) to describe *people* or *places* – characteristics and qualities, states, positions:
> Le garçon était sympathique.
> La maison était déserte.
> Il avait les cheveux blonds.
> La maison se trouvait loin de l'autoroute.
> La maison était située à 5 km de la ville.

(d) to describe *time of day or weather*, to fill in background details in a narrative:
> Il était cinq heures du soir.
> Le ciel était bleu.
> Il faisait beau.

But note that if a precise moment in the past is meant:
> Quand il fut vingt et une heure . . .

When the weather conditions are seen as lasting a certain length of time, but at the time of narration conditions have changed, then one is entitled to use other tenses apart from the imperfect:
> Hier soir, il a neigé. Avant mon arrivée, il avait plu pendant des heures entières.

(e) With verbs of perception, 'could' is expressed by using the imperfect:*
> Par la fenêtre, on **voyait** les gens passer dans la rue.
> De la salle voisine, on **entendait** quelqu'un parler.
> Du sommet de la montagne, on **voyait** la ville.
> Comme nous approchions de la maison, nous **entendions** des voix.

* There is no need to use **pouvoir** in these sentences.

Note that in translating the imperfect in French, it is not always appropriate to use *was doing, were doing, used to do*. Sometimes the imperfect is best expressed in the simple past tense in English:

La chambre **donnait sur** la cour . . . . *overlooked* . . .
Que feriez-vous si vous **gagniez** beaucoup d'argent? . . . *won* . . .

Other uses of the imperfect:

To replace the present tense when changing from direct to indirect speech:

'Où est-il?', a-t-elle demandé. (*direct*)
Elle a demandé où il était. (*indirect*)

The imperfect is used to translate other tenses in English when **depuis, il y a, voilà,** are used in French as in the following examples:

Il y a }
Voilà } trois jours qu'il était là.

Il était là depuis deux ans, quand il a décidé de partir.

Note also:

Il venait d'arriver   *He had just arrived*

INDICATIVE COMPOUND TENSES

THE PERFECT

This tense is used to express what has happened or has been happening. It is translated into English either by the verb 'to have' followed by a past participle or by the simple past tense, depending on which form fits the context best.

(a) J'ai fini mes devoirs.   *I have finished my homework.*

(b) J'ai travaillé toute la matinée.   *I worked/have been working/have worked all morning.*

(c) J'ai fini mes devoirs il y a cinq minutes.   *I finished my homework five minutes ago.*

The perfect tense, like the past historic, is used to denote a past event or succession of past events which are seen as completed and the action of the verb answers the question: What happened? or What happened next?
It is used in both written and spoken French.

Il est arrivé rue Descartes à cinq heures. Il a cherché le numéro puis il est monté au quatrième étage. Il a sonné. Personne n'a répondu . . .

Parler	*Finir*
j'ai parlé	j'ai fini
tu as parlé	tu as fini
il a parlé	il a fini
elle a parlé	elle a fini
nous avons parlé	nous avons fini
vous avez parlé	vous avez fini
ils ont parlé	ils ont fini
elles ont parlé	elles ont fini

Vendre
j'ai vendu
tu as vendu
il a vendu
elle a vendu
nous avons vendu
vous avez vendu
ils ont vendu
elles ont vendu

Formation: The parts of the present tense of **avoir** + past participle which is found thus:

(a) for **–er** verbs   (i) take the infinitive e.g. **parler**
                      (ii) remove the ending **–er parl**
                      (iii) add **é**   **parlé**

Similarly for **–ir** and **–re** verbs: **fini** and **vendu**

This is the way to form the perfect tense of all verbs except those which are conjugated with **être**: entrer; sortir; arriver; partir; aller; venir; monter; descendre; tomber; rester; naître; mourir; retourner; rentrer; revenir; devenir; and all reflexive verbs. The past participles of irregular verbs have to be learnt by heart (see verb tables).

Entrer	*Se laver*
Je suis entré(e)	je me suis lavé(e)
tu es entré(e)	tu t'es lavé(e)
il est entré	il s'est lavé
elle est entrée	elle s'est lavée
on est entré	on s'est lavé
nous sommes entré(e)s	nous nous sommes lavé(e)s
vous êtes entré(e)(s)	vous vous êtes lavé(e)(s)
ils sont entrés	ils se sont lavés
elles sont entrées	elles se sont lavées

Rules of agreement:

1 J'ai regardé **la télévision** hier soir.
la télévision is the direct object of the verb. If we replace **la télévision** by a pronoun, then the sentence would read: Je l'ai regardée hier soir, since there is now in the sentence a *preceding direct object*. If this preceding direct object is anything other than *masculine singular* there is a change made to the spelling of the past participle. This rule applies to all verbs which form their perfect tense with **avoir**.

2 Verbs that form their perfect tense with **être** follow a different rule:
The spelling of the past participle varies depending on the *subject* of the sentence. For reflexive verbs the spelling of the past participle depends on the *reflexive pronoun* (whether it is a direct or indirect object):

Nous sommes allés au café.

The spelling of the past participle tells us that the 'Nous' is either masculine plural or a mixture of masculine and feminine plural. If the 'Nous' were all feminine then the past participle would be **allées**. In other words, **the past participle of any of the être verbs agrees with the subject of the sentence.** The rule of agreement for reflexive verbs is more difficult, as it is sometimes hard to decide whether the reflexive pronoun is acting as a *direct* or *indirect* object in the sentence:

Je me suis levé à huit heures.

Here we know the speaker is masculine. If the reflexive pronoun **me** were feminine, the past participle should be written **levée**. It can happen that the verb has a direct object which is not the reflexive pronoun:

Elle s'est lavé les mains.

Here the direct object is 'les mains' so that the **s'** (**se**) is considered an indirect object, and in this case there is no agreement shown in the spelling of the past participle.

THE PLUPERFECT

This tense denotes what *had* happened. It is formed by using the imperfect auxiliary (either **avoir** or **être**) with the past participle. Rules of agreement of past participle are the same as for the perfect tense.

Usage:

(a) to translate 'had done'

Il avait déjà vu le film.   *He had already seen the film.*
Elle était déjà partie avant mon arrivée. *She had already left before I arrived.*

(b) *in* **si** = if clauses when the main clause is conditional perfect:

Si j'avais su que vous étiez malade, je serais venu vous voir.
If I had known you were ill, I would have come to see you.

(c) In changing from direct to indirect speech, perfect may become pluperfect:

J'ai déjà payé, a-t-il dit. (*direct speech*)
Il a dit qu'il avait déjà payé. (*indirect speech*)

(d) to express *had just done*, use the imperfect tense of **venir** + de + infinitive

Il venait d'arriver.   *He had just arrived.*

THE PAST ANTERIOR

This tense is translated into English in the same way as the pluperfect. It too denotes what had happened. It is used in certain precise situations after conjunctions of time such as **quand, lorsque, après que, aussitôt que, à peine** and denotes an immediate prior action when the basic narrative tense is the past historic.

Après qu'il eut mangé, il se coucha.

Formation: use the past historic of the auxiliary (**avoir** or **être** as appropriate) + the past participle.

THE FUTURE PERFECT

This tense is formed by using the future of the auxiliary (**avoir** or **être**) + the past participle. It conveys what will have happened:

S'il a plu, les garçons seront rentrés.

It translates the perfect tense after **quand, dès que, lorsque** etc. if future action is meant:

Je sortirai, quand j'aurai fini ce que je fais en ce moment.

I shall go out when I have finished what I am doing at the moment.

It can also be used to denote a conjecture or probability:

Il aura fermé la porte à clef avant de partir.
He will have locked the door before leaving

THE IMPERATIVE

Present indicative	Imperative
–er verbs	(affirmative and negative)
tu parles	(ne) parle (pas)
nous parlons	(ne) parlons (pas)
vous parlez	(ne) parlez (pas)
–ir verbs	
tu finis	(ne) finis (pas)
nous finissons	(ne) finissons (pas)
vous finissez	(ne) finissez (pas)
–re verbs	
tu vends	(ne) vends (pas)
nous vendons	(ne) vendons (pas)
vous vendez	(ne) vendez (pas)

The imperative forms of non-reflexive regular verbs are spelt the same as the present indicative (except for the familiar command of **–er** verbs which ends in **e** and not **s**). Note that there is no subject pronoun in the command form.

The imperative forms of reflexive verbs follow the same pattern as do non-reflexive verbs except that the reflexive pronoun object is retained in stressed form in *positive* commands, and unstressed form in negative commands:

Dépêche-**toi**!   **Ne te** dépêche pas.

Note the position of the pronoun:

Dépêchez-**vous**!   Ne **vous** dépêchez pas.
Dépêchons-**nous**   Ne **nous** dépêchons pas.

Note that pronoun objects are placed immediately before the verb except in a *positive command* (see p. 165 for position of object pronouns).

For 3rd person commands (Let him/Let her/Let them do something) see uses of the subjunctive (p. 181).

The command form ending in **–ons** is translated 'Let's (do something)' where the speaker is expressing a wish or suggesting some action which he is involved in as well as the person(s) addressed:

Commençons!   *Let's begin!*

But if 'Let us' means 'Give us the permission to (do something)', 'Permit us (to do something)', 'Allow us (to do something)', then use **laisser** or **permettre**:

Nous sommes prêts. Partons!   *We're ready. Let's go!*
Prenez l'argent et laissez-nous partir.   *Take the money and let us go.* (Permission has to be granted by another party.)

Compare

Let's live in peace.   Vivons en paix.
Stop that noise! Let us live in peace!   Cessez ce brouhaha, et laissez-nous vivre en paix! (*Allow us to live without noise*).

Note: The infinitive is sometimes used as an imperative:
> Ne pas ouvrir la portière avant l'arrêt du train.
> *Do not open the door until the train stops.*

THE CONDITIONAL

If you know the future tense of a particular verb, the formation of the conditional of the verb is an easy matter. You need only substitute one of the following endings for the future endings. Verbs which form their future tense starting from the infinitive also form their conditional starting from the infinitive: those verbs which use an irregular stem to form the future tense use *the same* stem to form the conditional:

Future	Conditional
(a) Je donnerai:	Je donnerais:
I shall give	*I should/would give*
(b) J'aurai:	J'aurais:
I shall have	*I should/would have*

The endings used to form the conditional are:
–ais; –ais; –ait; –ions; –iez; –aient
The only thing which distinguishes the future from the conditional is the ending.

THE CONDITIONAL PERFECT

This tense is formed by using the conditional of the auxiliary (**avoir** or **être**) + the past participle. It denotes what would have happened. It is used in a main clause when the **si** = if clause is pluperfect:
> Si j'avais su qu'il était arrivé, je vous en aurais fait part.
> *If I had known that he had arrived, I would have let you know.*

Uses of the conditional

It conveys what would happen if a particular condition were fulfilled, and is often translated 'should do', 'would do':

(a) Je devrais partir maintenant.
   I ought to go now.

(b) With a **si** clause in the imperfect, the main clause is usually conditional:
   Si j'étais riche, je ferais le tour du monde.
   If I were rich, I would go round the world.
   (conditional clause), (main clause with verb in conditional).

(c) With a **si** clause in the pluperfect, the main clause is usually in the conditional perfect.
   Si je ne m'étais pas réveillé en retard, je serais arrivé à l'école à l'heure.
   If I hadn't woken up late, I would have got to school on time.

(d) In indirect speech it expresses 'future in the past' action:
   Compare: Il a dit, 'J'irai plus tard.'
   He said, 'I shall go later.' (direct)
   Il a dit qu'il irait plus tard.
   He said that he would go later. (indirect)

The conditional is only found in the 'si' clause in indirect questions and only when it means the English 'would'.
Compare: Je me demande s'il arrivera à temps.
   I wonder if he will arrive on time.
   Je me demandais s'il arriverait à temps.
   I wondered if he would arrive in time.

'Si' clauses in general

Generally speaking, the tenses used in 'si' clauses are the same as in English, except that when the main clause contains the conditional tense, the 'si' clause is in the imperfect.

The conditional is also used in a conjecture or alleged statement:
> Est-ce qu'il vient? Je pense que non.
> Il serait déjà là s'il avait l'intention de venir.

It is important to distinguish between *should* meaning *ought to* (obligation or duty) and *would* indicating *willingness* (from conditional *would do, should do*).

(1) *Would* you post this letter for me?
   (willingness/unwillingness)
   Il ne voulait pas travailler.
   He wouldn't work.

(2) When we were young, we *would* often go to the woods.
   (*Would* indicates 'used to', to express *past habit*:
   see imperfect, p. 176).
   Il travaillait le matin, mais il ne faisait rien l'après-midi.
   He used to/would work in the morning, but did nothing in the afternoon.

(3) Il devrait travailler.   *He **ought to** work.*
   Si je n'avais pas d'argent, je **travaillerais** pour en gagner.
   *If I hadn't any money, I **would work** to earn some.*
   (Conditional, indicating result)

Note also the use of the conditional meaning the 'future in the past' in indirect speech:
> Il a répondu qu'il n'irait pas.
> *He answered that he would not go.*

THE SUBJUNCTIVE

Formation

All verbs, except a few listed below★, form the *present subjunctive* as follows:

Stem: The 3rd person plural of the present indicative minus the **–ent** ending for 1st, 2nd and 3rd person singular, and 3rd person plural.
   The stem of the 1st person plural present indicative is used for the stem of the 1st and 2nd persons plural present subjunctive.

   The endings are: **–e; –es; –e; –ions; –iez; –ent**

   ★ The following verbs form their subjunctive irregularly: **aller; avoir; être; faire; falloir; pouvoir; savoir; valoir; vouloir**

Note: The present subjunctive of **avoir** or **être**

179

followed by a past participle forms the *perfect subjunctive*.

Usage

The subjunctive mood is used mainly in subordinate clauses in French:

(a) after expressions of possibility, improbability, doubt, denial, uncertainty

Il est possible qu'il vienne. *It is possible he is coming/will come.*

Il est possible qu'il soit venu. *It is possible he has come.*

Il est peu probable qu'il vienne maintenant. *It is unlikely he will come now.*

Je doute qu'il vienne maintenant. *I doubt whether he will come now.*

Je ne dis pas qu'il ait raison. *I am not saying he is right.*

Je ne suis pas sûr qu'il soit coupable. *I am not sure he is guilty.*

On the other hand, verbs expressing certainty and probability take the indicative:

Il est probable que tu as raison. *It is probable you are right./You are probably right.*

Je suis certain qu'elle sera contente de vous voir. *I am sure she will be pleased to see you.*

Il est vrai qu'elle est partie. *It is true she has left.*

Je sais qu'il est malade. *I know he is ill.*

Il paraît que vous avez tort. *You appear to be wrong.*

Il me semble que vous avez tort. *It seems to me you are wrong.*

(see (h): **Il semble que** + subjunctive)

(b) after verbs of asking, wishing, ordering, forbidding

J'interdis
Je désire
J'aime mieux
Je veux
Je souhaite
Je préfère
Je demande
J'exige
J'ordonne
Je permets
Je défends
Je conseille
} que vous le fassiez

But: **espérer** takes the indicative:

J'espère qu'il viendra *I hope he will come.*

If the subject of the main and the subordinate clause are the same, avoid the subjunctive and use an infinitive.

Il veut venir. *He wishes to come.*

Il préfère le faire tout seul. *He prefers to do it alone.*

Sometimes it is possible to avoid the subjunctive even when the subjects are different if the verb in the main clause has a construction which will make it possible:

Avoid **Je lui demande qu'il sorte** by using **Je lui demande de sortir.**

(c) after verbs of feeling

Je regrette
Je m'étonne
Je suis désolé(e)
Je suis surpris(e)
Je suis vexé(e)
C'est dommage
Je n'aime pas
} qu'elle soit malade

Je suis content(e)
Je suis heureux(se)
Je suis ravi(e)
} qu'elle soit guérie.

If the two clauses have the same subject, use **de** + infinitive:

Je suis content de vous trouver en bonne santé. *I am pleased to find you in good health.*

(d) after verbs of fearing

J'ai peur qu'il n'ait froid. *I am afraid he is cold.*
Je crains qu'il ne l'ait fait. *I fear he has done it.*

Note: '**ne**' here is non-negative.

Also after **de peur que, de crainte que:**

Il s'est sauvé de peur qu'on ne le punisse. *He fled for fear of being punished.*

If the subjects of the main and subordinate clauses are the same, use **de** + infinitive:

J'ai peur d'être en retard. *I am afraid of being late.*

(e) after verbs of thinking, believing, used negatively or interrogatively: (**penser, croire, dire, être sûr(e)** etc.)

Pensez-vous vraiment qu'il l'ait fait? *Do you really think he did it?*

Je ne crois pas que ce soit possible. *I do not think it is possible.*

However, one does find the indicative also after the interrogative:

Pensez-vous que les jeunes ont trop de liberté de nos jours? *Do you think the young have too much freedom nowadays?*

(f) after a superlative

C'est le meilleur film que j'aie jamais vu. *It is the best film I have ever seen.*

Also after: **le seul; le premier; le dernier**

(g) After the following conjunctions:

avant que + **ne**

Je dois lui parler avant qu'il ne parte. *I must talk to him before he leaves.*

To avoid the subjunctive, use **avant** + noun:

Je dois lui parler avant son départ.

180

But if the subject of main and subordinate clauses is the same, avoid the subjunctive and use **avant de** + infinitive:

> Je dois lui parler avant de partir.
> *I have to speak to him before I leave.*

jusqu'à ce que, en attendant que

> Je resterai ici jusqu'à ce qu'il vienne.

Avoid the subjunctive by using a noun.

> Je resterai ici jusqu'à son arrivée.

Note: 'To wait until' is **'attendre que'**:
> J'attendrai qu'il revienne. *I'll wait until he comes back.*

'Not until' is expressed by **'ne . . . que lorsque'**:
> Je ne m'en irai que lorsque vous aurez répondu à ma question.
> *I shall not go until you have answered my question.*

pour que, afin que   (in order that)

> Il faut partir maintenant pour que nous arrivions à destination avant la tombée de la nuit.
> *We must leave now so that we shall arrive at our destination before nightfall.*

Avoid the subjunctive by using **pour** + infinitive or **afin de** + infinitive:

> Il faut partir maintenant pour arriver à destination avant la tombée de la nuit.

bien que, quoique   (although)

> Bien qu'il ait beaucoup d'argent, il n'est pas heureux.
> *Although he has a lot of money, he is not happy.*

pourvu que, à condition que   (provided that; on condition that)

> Pourvu que vous fassiez ce que je vous dis de faire, vous n'aurez pas de problèmes.
> *Provided that you do what I tell you to do, you will have no problems.*

Sans que   (without)

> Il y va sans que je le sache.
> *He goes there without my knowing it.*

The subjunctive could be avoided here by saying:

> Il y va à mon insu.   *He goes there without my knowing.*

à moins que + **ne**   (unless)

> à moins qu'il ne vienne plus tard . . .   *unless he comes later.*

(h) After impersonal expressions of necessity, approval, disapproval, judgment and opinion

> Il est important que tu fasses de ton mieux.
> *It is important that you do your best.*

> Il est juste qu'elle soit récompensée.
> *It is right that she should be rewarded.*

> Il est naturel qu'il soit ambitieux.
> *It is natural that he should be ambitious.*

> Il est temps que tu partes.
> *It is time you left.*

> Il vaut mieux qu'ils restent chez eux.
> *It is better for them to stay at home.*

> Il faut que nous partions de bonne heure.
> *We must leave early.*

> Il semble que tu aies raison.
> *It seems that your are right.*

> Il se peut qu'il l'ait fait.
> *He may have done it.*

(i) After a negative or indefinite antecedent

> Ce n'est pas qu'elle soit si occupée.
> *It is not that she is so busy.*

> Je cherche quelqu'un qui puisse m'expliquer le problème.
> *I am looking for someone who can explain the problem to me.*

But: use the indicative if the person is known:
> Je connais quelqu'un qui sait le faire.
> *I know someone who knows how to do it.*

> Je ne trouve personne qui veuille le faire.
> *I cannot find anyone who wants to do it.*

> Qui que vous soyez . . . : *Whoever you may be . . .*
> Quoi que je fasse . . . : *Whatever I do . . .*
> Quelque puissant qu'il soit . . . : *However powerful he may be . . .*
> Si malade qu'elle soit . . . : *However ill she may be . . .*
> Non que je sois insensible à vos difficultés . . . : *Not that I am insensitive to your difficulties . . .*

(j) The subjunctive is rarely found in a main clause
But: it is used to express a third person command:
> Que chacun soit là à dix heures précises!
> *Everyone be here at 10 o'clock!*
> Qu'ils viennent faire leurs excuses, s'ils arrivent en retard!
> *Let them come and apologise if they arrive late!*

or to express a wish:
> Vive la République!

Compare the following pairs of sentences:

1. (a) Le médecin défend au malade de quitter le lit.
   (b) Le médecin défend que le malade quitte le lit.

2. (a) Le médecin demande aux parents de venir à l'hôpital.
   (b) Le médecin demande que les parents viennent à l'hôpital.

3. (a) Le médecin permet au malade de voir ses visiteurs.
   (b) Le médecin permet que le malade voie ses visiteurs.

4. (a) Le médecin ordonne aux visiteurs de ne pas trop déranger le malade.

(b) Le médecin ordonne que les visiteurs ne
    dérangent pas trop le malade.

Analyse the sentences below and explain why in **1** *there is
no subjunctive while in* **2** *the subjunctive is used:*

1. (a) Je regrette de vous trouver malade.
   (b) Je voudrais vous souhaiter un prompt
       rétablissement.
   (c) J'espère vivement que vous serez bientôt remis.
   (d) Je préfère ne pas aller à l'hôpital.
   (e) Je serai content de vous voir quand vous
       rentrerez chez vous.

2. (a) Je suis heureux qu'il aille mieux.
   (b) Je doute qu'il doive rester à l'hôpital.
   (c) J'ai peur qu'il ne rentre trop tôt chez lui.
   (d) Il vaut mieux qu'il reste à l'hôpital encore
       quelques jours.
   (e) Il faut qu'on le soigne bien chez lui.

ACTIVE AND PASSIVE VOICE

A verb is said to be in the active voice when the subject of
the sentence carries out the action the verb expresses.

La mère appelle son enfant.   *The mother is calling her
child.*

In the passive voice, the subject of the sentence has
something done to it. With transitive verbs, the subject of
the sentence in the active voice becomes the object of the
verb in the passive voice. Thus the sentence above
becomes:

L'enfant est appelé par sa mère.   *The child is called by
his mother.*

Formation of the passive

The passive voice of a transitive verb is formed by using
the verb **être** + the past participle which agrees with the
subject in number and gender.

Le médecin a été appelé par la mère de l'enfant.
The doctor has been called by the child's mother.

La maison est louée pendant le mois d'août.
The house is let during the month of August.

Les clefs ont été trouvées dans le tiroir.
The keys have been found in the drawer.

When the agent is expressed, it is usually introduced by
par (or **de** after certain participles such as **suivi, aimé,
détesté, accompagné, respecté, escorté, précédé**):

La souris a été mangée par le chat.
The mouse was eaten by the cat.

Le voleur est arrêté par un agent.
The thief is stopped by a policeman.

La dame était suivie de son chien.
The lady was followed by her dog.

La fille est accompagnée de sa mère.
The girl is accompanied by her mother.

Le bébé est aimé de tout le monde.
The baby is loved by everybody.

Le nouveau professeur n'est pas respecté de ses élèves.
The new teacher is not respected by his pupils.

Other tenses are possible:

La clef	est était sera serait a été avait été aurait été fut	trouvée

Le candidat	est sera serait était a été avait été aurait été fut	convoqué

Verbs tend to be used more often in the active voice than in
the passive voice in French. The English passive is often
expressed in the active in French.

Avoiding the passive in French:

(a) If the agent is unexpressed, use **on** + active:

On m'a dit qu'elle était malade.   *I was told she was
ill.*
On m'a donné son adresse.   *I was given his address.*
On a loué la maison pour le mois d'août.   *The house
was let for the month of August.*

Note: The indirect object of French verbs cannot
become the subject of the passive verbs in French.

In English we say:
We were told to go home.
I was shown the photo.
We were promised a ticket.
I was allowed to go.
He was forbidden to do it.
He was offered the money.

When the verb equivalent in French takes an indirect
object (personal) the passive voice is not used;
One cannot say in French: **J'étais demandé** for *I was
asked* . . .

With verbs like **dire, demander, répondre, donner,
permettre, défendre,** use **on** + the active.

On m'a dit que les invités sont déjà arrivés.
On nous a montré les photos.

(b) Verbs like **permettre** and **défendre** can take the
impersonal construction:

Il est permis de stationner ici.
Il est défendu de stationner ici.

as well as the 'personal' construction:

On nous permet de stationner ici.
On nous défend de stationner ici.

Exceptions:
Elle est obéie.
Vous êtes pardonnée.

(c) when the agent is expressed and the verb is transitive, the active voice may be used:
Passive:
La dame est suivie de son chien.
The woman is followed by her dog.
Active:
Le chien suit la dame.
The dog is following the woman.
Similarly:
Le nouveau professeur est aimé de ses élèves.
The new teacher is liked by his pupils.
Les élèves aiment le nouveau professeur.
The pupils like the new teacher.

(d) The passive may be avoided by using a reflexive verb:
Cela ne se dit pas.   *That is not said.*
Elle s'appelle . . .   *She is called . . .*
Un poste ne se trouve pas facilement.   *A situation is not easy to find.*
Ce mot ne s'emploie pas souvent.   *This word is not often used.*

Similarly: **s'étonner; se faire; se vendre; s'expliquer; s'écrire; se comprendre; se fabriquer**

(e) A transitive verb may have a passive sense sometimes after a verb of perception, **laisser** or **faire**, and when **à** + infinitive forms an adjectival phrase:
J'ai vu construire cette villa.   *I saw this bungalow being built.*
Elle s'est fait opérer hier.   *She was operated on yesterday.*
Elle est à plaindre.   *She is to be pitied.*
C'est une expression à retenir.   *It is an expression to be memorised.*

Do not confuse the rule governing the formation of the passive with the formation of the perfect tense of the **être** verbs. The **être** verbs are intransitive and are used in the active voice.
Elle est arrivée ce matin.

Also, the past participle used after the verb 'to be' is sometimes a predicative adjective describing a state rather than an action.
La porte était fermée.   (Nothing happened to the door: this is not a true passive.)

But:
La porte fut fermée à 10 h du soir.   (Something happened to the door: this is a true passive.)

TRANSLATING -ING INTO FRENCH

Some words ending in **-ing** are adjectives, and as such in French agree with the nouns they qualify:
une dame charmante;   une journée fatigante;
un livre intéressant;   une langue vivante;

The **-ing** words above describe a state or characteristic. The adjective agrees with the noun it qualifies.

Sometimes, position or state is rendered by the past participle in French:
Il restait là, adossé au mur.   *He stayed there, leaning against the wall.*

Similarly: **assis; agenouillé; allongé; appuyé; couché; étendu; endormi**
The past participle agrees with the noun it describes.

There are various ways of translating –ing words when they have verbal force (when the –ing form describes an *action*.)

(a) using the French present participle (-**ant** form) to indicate simultaneous action or the manner, motive or cause of an action:
Entendant un bruit, il est sorti pour voir ce qui se passait.
Étant en retard, elle s'est dépêchée.
Voyant l'agent, il s'est sauvé à toutes jambes.

(b) –**ing** may be part of a continuous tense of the verb. It is often expressed by the simple present tense:
Je vais voir mon ami maintenant.   *I am going to see my friend now.*

or by **en train de** + infinitive:
Je suis en train de lire le journal.   *I am busy reading the newspaper.*

with **depuis**: the simple present tense in French translating has/have been doing:
Je vous cherche depuis une heure.   *I have been looking for you for an hour.*

(c) The imperfect tense may translate 'was/were doing' (an action):
La dame dansait.   *The woman was dancing.*
Les enfants chantaient.   *The children were singing.*
Quand je suis arrivé chez mon ami, il regardait la télé.   *When I arrived at my friend's, he was watching television.*

With **depuis**, the imperfect in French translates 'had been doing':
Il travaillait au bureau depuis quatre ans, quand il a eu l'accident.   *He had been working at the office four years when he had the accident.*

'was/were' (plus an adjective describing a state) is rendered by **être** + adjective:
Le livre était passionnant.   *The book was exciting.*

(d) In French, the present participle is not found immediately after a preposition (except for **en**) as it is in English. Prepositions which are followed by an infinitive can translate an –**ing** form in English:
sans hésiter: *without hesitating.*
au lieu de rentrer: *instead of going home.*
sur le point de parler: *on the point of speaking.*
avant d'arriver: *before arriving.*

Elle a commencé par nous accueillir. *She began by welcoming us.*

Il a fini par nous remercier. *He finished by thanking us.*

Il a cessé de pleuvoir. *It has stopped raining.*

Il a passé son temps à lire le magazine. *He passed the time reading the magazine.*

Elle est occupée à faire ses devoirs. *She is busy doing her homework.*

(e) Nouns can sometimes be used to translate an English **–ing** form:

Elle aime la natation. *She likes swimming.*

(f) Verbs of perception which may in English be followed by an **–ing** form, in French are followed by an infinitive or a clause:

J'ai vu passer un homme (*or* qui passait). *I saw a man passing.*

Je l'ai entendu siffler. *I heard him whistling.*

Similarly: **regarder; sentir; écouter.**

The idea of having done or doing something may be expressed as a perfect infinitive:

(i) After **après:**

Après avoir fait ses excuses, il s'en est allé.

Après être montée dans le compartiment, la voyageuse a mis ses valises dans le filet.

Après s'être assise dans la place d'angle, elle a ouvert son livre.

(ii) The perfect infinitive is also found after certain verbs such as: **remercier; regretter; accuser; s'excuser**

Je vous remercie de m'avoir envoyé la carte-postale.

Je regrette de vous avoir fait attendre.

Il m'a accusé d'avoir quitté le magasin sans payer.

Nous nous excusons de vous avoir dérangé.

(g) **En** + *present participle in French:*

In phrasal verbs of motion (to run in, out, up and down) the sense of the preposition is expressed by a verb and the motion is expressed by **en courant:**

Il est entré en courant. *He ran in.*

When **en** is used with the **–ant** participle, it indicates 'on', 'while', 'by', 'as', 'when' doing something, and describes a simultaneous action or the means by which an action is carried out.

En entrant chez moi hier soir, j'ai rencontré un de mes amis. *When returning home yesterday evening, I met one of my friends.*

En travaillant avec acharnement, on réussira. *By working hard, one will succeed.*

To emphasise the simultaneous nature of the actions, add **tout** before **en:**

Tout en parlant, il essayait de regarder le programme à la télé. *While speaking, he tried to watch the television programme.*

NEGATION

ne . . . pas	
ne . . . plus	personne
ne . . . jamais/jamais . . . ne	jamais
ne . . . ni . . . ni/ni . . . ni . . . ne	rien
ne . . . personne/personne . . . ne	non
ne . . . rien/rien . . . ne	sans
ne . . . aucun(e)/aucun(e) . . . ne	
ne . . . nulle part/nulle part . . . ne	
ne . . . plus personne	
ne . . . pas non plus	
ne . . . plus jamais	
ne . . . jamais rien	
ne . . . plus rien	
ne . . . que	
ne . . . guère	
non seulement . . . mais aussi	

Position of negative particles in the sentence

(a) With finite verbs, **ne** is placed in front of the verb before pronoun objects, if there are any:

Je ne le vois pas.

In simple tenses **ne** is placed in front of the verb and the other particle after the verb:

Je ne vois rien

In some cases the order is reversed:

Rien n'est plus sûr.

Personne n'est venu.

Jamais je n'oublierai.

Aucun problème n'est trop difficile pour lui.

In compound tenses the second element of the negative is placed between the auxiliary and the past participle:

Je n'ai rien vu.

except with **personne, aucun, que:**

Je n'ai vu personne.

Je n'en ai vu aucun.

Je n'ai compris que très peu de ce qu'il disait.

(With **ne . . . que**, the **que** is placed immediately before the word it modifies.)

(b) With the infinitive, the two elements of the negative are placed in front of the infinitive (except **personne**):

Être ou ne pas être.

Ne pas se pencher au dehors!

Elle m'a demandé de ne pas le faire.

Ils se plaignent de ne pas avoir compris la question.

Il m'a dit de ne voir personne, de ne parler à personne.

Double negatives

When two negative expressions are used with one verb, one has a positive sense:

Il n'y a plus personne ici. *There is no longer anyone here.*

Sans is treated as a negative, so

sans rien dire: *without saying anything*

sans voir personne: *without seeing anyone*

Rien and **personne** have a positive sense (anything, anybody) and the negative is expressed by **sans**.

Also: Il ne me dit jamais rien.

Tu ne le reverras plus jamais?

Omission of **ne**

(a) When the verb is understood but not expressed in reply to questions of the type given below, **ne** is omitted.

Qui avez-vous vu? – Personne.

Qu'est-ce qu'il fait? – Rien.

Il est déjà parti? – Pas encore.

Vous avez gagné beaucoup? – Pas grand'chose.

Vous allez bien? – Pas mal.

or in exclamations such as

Pas de permis, pas d'assurance! (Si vous n'avez pas de permis, vous n'aurez pas d'assurance!)

Note that **pas** never stands on its own. Other examples are:

Pas du tout!

Pas exactement.

Certainement pas!

Absolument pas!

Pas moi!

Pas aujourd'hui.

Pas possible.

(b) In colloquial French, omission of the subject pronoun and **ne** is common:

Où est-il? – Sais pas, moi.

Tu le connais? – Non, connais pas.

(c) **ne** is not used with **sans** (see above).

Omission of **pas**

Pas may be omitted with the following verbs when these are followed by an infinitive:

(a) cesser – Je ne cesse de me plaindre. **ne** has a negative force here.

oser – Je n'ose lui dire la vérité.

pouvoir – Je ne pouvais l'aider.

savoir – Je ne saurais vous le dire.

(b) In certain set expressions:

n'importe

Si je ne me trompe (in colloquial French **pas** is inserted)

A Dieu ne plaise!

Study the following examples:

1. Je n'ai jamais vu un si beau paysage. Il n'y a rien de pareil chez nous. Nulle part vous ne trouverez de plus beaux paysages.

2. Si vous ne faites pas l'excursion, je n'irai pas non plus. Je n'ai aucune envie d'y aller tout seul.

3. Je vous signale que je n'ai rien fait. Je n'ai vu personne. Je n'ai parlé à personne.

4. Il a cherché sa valise partout mais il ne l'a trouvée nulle part.

5. Elle n'a voyagé ni en France ni en Allemagne depuis la mort de son mari. Elle n'a guère quitté la maison depuis ce temps-là. Peut-être qu'elle n'ira plus à l'étranger.

Uses of **non**

(a) to stand for a complete negative sentence (in reply to a question or command):

Vous venez? – Non. (i.e. Je ne viens pas)

Venez ici! – Non. (i.e. Je ne viendrai pas)

(b) in compound expressions

Je n'irai pas non plus.

Ni moi non plus.

Elle était **non seulement** belle **mais aussi** intelligente.

Negative prefixes

Do not forget the negative prefixes **in–**, **im–**, **il–**, for adjectives and nouns:

utile, inutile; possible, impossible; lisible, illisible

The non-negative **ne** (sometimes called expletive or pleonastic **ne**)

It does not make the verb negative. If a verb follows the **que** of an unequal comparison and the first verb is not negative, **ne** without negative sense is placed before the verb:

Elle est plus intelligente que vous ne croyez. (In colloquial French this **ne** is omitted.)

In subordinate clauses introduced by these conjunctions:

Avant que (optional):	avant qu'il n'arrive
de peur que:	de peur qu'il ne me trouve ici
de crainte que:	de crainte qu'elle ne révèle ce qui s'est passé
à moins que:	à moins qu'il ne parte avant mon arrivée.

(See uses of the subjunctive, pp. 180–181)

MODAL VERBS

Devoir and falloir

Devoir is used to express obligation, pre-arranged action or supposition:

(a) the present

Je dois aller le voir demain. *I have to go and see him tomorrow/I must go and see him tomorrow/I am to go and see him tomorrow.*

On ne doit pas fumer ici. *You're (one is) not allowed to smoke here.*

Elle doit être fatiguée. *She must be tired.*

Elle doit avoir une trentaine d'années. *She must be about thirty.*

Note: **devoir** + **il y a**: Il doit y avoir… *There must be…*

(b) the future

Nous devrons vendre la voiture. *We shall have to sell the car.*

(c) the conditional (ought to, should)

On devrait obéir à ses parents. *One should obey one's parents.*

(d) the imperfect

   (i) to express pre-arranged actions:

      Je devais la rencontrer devant le cinéma.
      I was to meet/to have met her outside the cinema.

   (ii) to express a logical supposition:

      Elle devait être fatiguée.   *She must have been tired.*
      Elle devait avoir 50 ans.   *She must have been fifty.*
      Il devait y avoir d'autres possibilités.
      There must have been other possibilities.

   (iii) to express a habitual compulsory act:

      Il devait faire ses devoirs chaque soir avant de regarder la télévision.   *He had to do his homework every evening before watching T.V.*

(e) the perfect

      J'ai dû faire tout le travail.   *I had to do all the work.*
      Elle a dû quitter la maison avant mon arrivée.
      She must have left the house before I arrived. or *She had to leave the house before I arrived.*

(f) the pluperfect

      Il avait dû partir en vitesse.   *He had had to leave in a hurry.* or *He must have left in a hurry.*

(g) the conditional perfect (ought to have, should have)

      Vous auriez dû partir plus tôt afin d'arriver à temps.
      You should have left sooner so as to arrive in time.

      Note: **devoir** when not followed by an infinitive means 'to owe':

      Je vous dois dix francs.

Necessity may also be expressed by **falloir** but, unlike **devoir**, it can only be used as an impersonal verb. (See p. 173.)

(a) In a general sense:

      Il faut travailler pour gagner sa vie.
      Il ne faut pas brûler les feux.

(b) When applied to particular persons, the indirect object pronoun is used to express the subject of 'must' in English:

      Il nous faut le faire.   *We must do it/We have to do it.*

When **il faut** is followed by **que**, the clause introduced by **que** is in the subjunctive:

      Il faut que je parte.

Il faut may be followed by a noun to express need or lack of something:

      Il faut un billet pour y entrer.
      Il faudra beaucoup d'argent pour faire ce voyage.
      Il me faut une auto pour aller au travail.

Other tenses

      Il a fallu partir très tôt.
      Il fallut partir.
      Il fallait continuer jusqu'à la prochaine station-service.
      Il aurait fallu laisser la voiture au garage, si le garagiste n'avait pas pu la réparer.
      Il faudra rebrousser chemin, s'il pleut.

Il lui faudrait payer les dégâts, si la voiture était endommagée.

Necessity or what one is or is not permitted to do may be expressed in other ways:

(a) avoir à

      J'ai à vous parler.
      Vous avez à signer.

(b) obliger, forcer.

   (i) Je suis obligé d'y aller.
   (ii) On m'oblige à y aller.

(c) interdire, défendre

      Il est interdit/défendu de + *inf*
      On m'interdit de + *inf*
      Note also the following:
      Défense de stationner.
      Il n'est pas permis de + *inf.*

Study the following personal and impersonal verb patterns:

Devoir

Personal subject	Tense	
Je/J'	dois devrai devrais devais ai dû avais dû aurai dû aurais dû	+ *infinitive*

Falloir

Impersonal subject	Pronoun object	Tense	
Il	me te lui nous vous leur	faut faudra faudrait fallait a fallu avait fallu aura fallu aurait fallu	+ *infinitive*

Pouvoir

Pouvoir is used to express to be permitted to, to be able to.

(a) to express the idea of permission.

      Puis-je vous poser une question?   *May I ask you a question?*
      – Certainement, mais je ne sais pas si je pourrai y répondre.   *Certainly, but I do not know if I can (shall be able to) reply.*

The answer expresses the idea of possibility or capability.

Again:

      Je voudrais bien vous aider, mais je ne peux pas car j'ai le bras cassé.

(b) to express the idea of being able to

   'Can' meaning 'to be able to'

Je peux le faire pour vous.
Je pourrai le faire demain.

'Could' meaning 'was/were able to'

Je ne pouvais pas comprendre ce qu'il voulait dire.
L'élève le plus intelligent n'a pas pu résoudre le
problème.
Si vous pouviez me fournir son adresse, je serais
reconnaissant.

'Could' meaning 'would be able to'

Elle se demandait si vous pourriez l'accompagner.

'Could have' meaning 'would have been able to'

J'aurais pu vous prêter de l'argent, si vous m'aviez
demandé.

(c) Possibility

Pouvoir used with the expression **il y a**:
Il peut y avoir: *There may be*
Il se peut que + subjunctive:
Il se peut que tu aies raison. *It may be that you are right.*
You may be right.

(d) Translating 'can' and 'could'

(i) It is not necessary to express 'can' or 'could' with
pouvoir when can and could precede a verb of
perception:
Voyez-vous le garçon? – Oui, je le vois.
(I can see him.)
Par dessus les toits, on voyait les montagnes.
Over the roof tops, you could see the mountains.

(ii) Sometimes 'can', 'could' is translated by **savoir** when
acquisition of a skill is implied 'to know how to':
Vous savez taper à la machine? *Can you type?*
But:
La secrétaire ne peut pas taper cette lettre pour le
moment. Elle est au téléphone.

Note the idiomatic conditional:
Qui a fait cela? – Je ne saurais vous le dire.
Who did that? — I cannot tell you

Vouloir

Vouloir is used to express to wish, to want, to be willing to.
It is important to distinguish 'will' meaning 'willingness to
do something' and the future 'will'.

Compare:

Il ne veut pas y aller. *He does not want to go.*
Il n'ira pas. *He will not go.*

Veux-tu me prêter ce disque? *Will you (Are you willing
to) lend me this record?*
Oui, je te le prêterai, si tu veux. *Yes, I'll lend it to you if
you like.*

It is necessary to determine the sense of 'would' before
translating into French:

(a) *She would not (i.e. was not willing to) tell the truth.*
Elle ne voulait pas dire la vérité.

(b) *Would you shut the door, please?*
Voulez-vous fermer la porte, s'il vous plaît?
(*Alternative:* Voudriez-vous . . .)

(c) If the idea of 'would' meaning 'used to' precedes a
verb, use the imperfect of the verb:
*In the morning he would work; in the afternoon he
rested.*
Le matin, il faisait son travail; l'après-midi, il se
reposait.

(d) Conditional 'would'
If I needed money, I would work to earn some.
Si j'avais besoin d'argent, je travaillerais pour en
gagner.
To say 'Be so kind as to . . .' use **veuille, veuillez**
If you hear from him/her, please let me know.
Si vous recevez de ses nouvelles, veuillez m'en faire
part.

Other tenses

Tu pourras faire ce que tu voudras.
You will be able to do what you want.
Vous désirez? – Je voudrais un kilo de pommes.
What can I do for you? – I would like two pounds of apples.
Je voudrais y aller un de ces jours.
I would like to go there one of these days.
Pourquoi es-tu en retard? – J'ai voulu finir le travail
avant de venir.
*Why are you late? – I wanted to finish the work before
coming.*
Si j'avais eu assez d'argent, quand j'étais plus jeune,
j'aurais voulu faire le tour du monde.
*If I had had enough money when I was younger, I should
have liked to go round the world/I would have liked to
have gone round the world.*
Note the expression **vouloir dire**: (to mean)

OTHER VERBS FOLLOWED BY A DIRECT INFINITIVE

The verbs **faire, laisser, faillir, voir, entendre, sentir,**
(and other verbs of perception) can also act as auxiliaries:

Faire

Faire + infinitive (to express the idea of making something happen, having something done, getting something
done):

(i) Le professeur a fait travailler ses élèves paresseux.
The teacher made his lazy pupils work.

If there is something acting as the direct object of the
infinitive, the object of **faire** becomes an indirect object:

(ii) Le douanier a fait ouvrir sa valise au voyageur.
The customs officer made the traveller open his case.

Note: When **faire** is used with a following infinitive, its
past participle does not agree. Thus (i) and (ii) in pronoun
form would read:

Le professeur les a fait travailler.
The teacher made them work.

Le douanier la lui a fait ouvrir.
The customs officer made him open it.

Il a fait écrire une lettre à son fils.
This means *either* 'He had a letter written to his son', *or* 'He had his son write a letter'. To avoid ambiguity of this kind, use **par**. The second rendering is clearly expressed thus:
Il a fait écrire une lettre par son fils.

Note: If compulsion is stressed in carrying out an action, then **obliger** or **forcer** could be used:
On l'a obligé à l'écrire.   They made him write it.

Reflexive verbs used with **faire** drop the reflexive pronoun:
On nous a fait asseoir sur le tapis.
They made us sit on the carpet.

Laisser, faillir, voir, entendre, sentir, sembler

These verbs have a similar construction to **faire** when followed by an infinitive. The construction differs in that the past participle of these verbs sometimes agrees:
Les douaniers ont laissé passer les voyageurs.
Les douaniers les ont laissés passer.

L'agent a laissé les enfants traverser la rue.
L'agent les a laissés traverser la rue.

Compare the constructions with **faire**: (the personal object is indirect) when the infinitive also has a direct object:
Le douanier lui a fait ouvrir ses bagages.

Laisse-moi voir tes photos. – Non je ne te laisserai pas les voir.

Learn: **laisser tomber; laisser passer**
Similarly for **voir**, **entendre** (and other verbs of perception)
Où sont mes enfants maintenant? Il y a quelques instants je les écoutais chanter. Je les regardais jouer. Vous ne les avez pas vus partir?
– Non, mais la dame là-bas a dit qu'elle les a vus traverser la rue.
La pauvre mère sentait son coeur battre. . .

Note how the present participle in English is used after a verb of perception where in French the infinitive is used:
I saw him coming. Je l'ai vu **venir**.

Learn: **entendre dire, entendre parler de . . .**

VERB CONSTRUCTIONS

An asterisk indicates that the verb has more than one construction.

1 Verbs taking a direct infinitive
(i.e. no preposition between the finite verb and the infinitive)

(a) *Verbs of motion*

aller	partir
arriver	passer
courir	rentrer
descendre	retourner
entrer	revenir
envoyer	sortir
monter	venir

To 'go and do', to 'come and do' is expressed using the direct infinitive:
Venez me voir demain
Allez lui dire 'bonjour'.

(b) *Modal verbs*
devoir
falloir
pouvoir
savoir
vouloir

(c) *Verbs of thinking, liking, preferring, hoping and daring*
aimer
aimer mieux
compter
croire
désirer
oser
penser
préférer

(d) *Verbs of perception*
entendre
regarder
sembler
sentir
voir

(e) *The verbs:* laisser
faillir
faire

(f) *Impersonal expressions*
il faut
il vaut mieux

2 Verbs and phrases taking à *before an infinitive*

(a)

aboutir à	s'habituer à
s'accoutumer à	hésiter à
aider à	s'intéresser à
aimer à★	inviter à
s'amuser à	se mettre à
apprendre à	obliger à
s'apprêter à	s'occuper à
arriver à	s'offrir à
aspirer à	parvenir à
autoriser à	passer son temps à
avoir à	perdre son temps à
chercher à	se plaire à
commencer à	se préparer à
consentir à	renoncer à
consister à	rester à
continuer à	réussir à
se décider à★	songer à
encourager à	tarder à/s'attarder à
être à	tenir à
forcer à★	

(b) être   assis à
           occupé à
           lent à
           prêt à
           le seul à
           le premier à
           le dernier à

3 Verbs and phrases taking **de** before an infinitive

(a) accuser de   menacer de
    achever de   mériter de
    s'arrêter de   offrir de
    cesser de   oublier de
    craindre de   parler de
    décider de★   persuader de
    se dépêcher de   se plaindre de
    s'efforcer de   prendre garde de
    empêcher de   prier de
    s'empresser de   proposer de
    être temps de   refuser de
    essayer de   regretter de
    s'étonner de   remercier de
    éviter de   se souvenir de
    s'excuser de   tâcher de
    faire semblant de   tenter de
    se garder de   terminer de
    finir de   venir de

(b) avoir besoin de
    la capacité de
    le droit de
    envie de
    l'honneur de
    l'occasion de
    la permission de
    peur de
    le plaisir de
    la possibilité de
    le temps de

(c) être fâché de
    certain de
    charmé de
    content de
    enchanté de
    en train de
    étonné de
    forcé de
    heureux de
    obligé de
    ravi de
    sur le point de
    surpris de

4 Verbs requiring no preposition in French to translate the English preposition when these verbs are followed by a noun

e.g. J'écoute la radio.

approuver   indiquer
attendre   mettre (son chapeau)
chercher   opérer
commenter   payer
compenser   pleurer
demander   présider
écouter   prier
envoyer chercher puer (l'ail)
essayer   regarder
habiter   sentir (la fumée)
ignorer   soigner

5 Verbs taking the preposition **à** before a noun (a thing)

e.g. J'ai renoncé à l'idée

assister à   penser à★
s'attendre à   plaire à
déplaire à   réfléchir à
désobéir à   renoncer à
se fier à   répondre à
s'intéresser à   résister à
jouer à   ressembler à
nuire à   survivre à
obéir à   téléphoner à
s'opposer à

6 Verbs taking an indirect personal object

apprendre à quelqu'un   permettre à
conseiller à   plaire à
demander à   présenter à
défendre à   prêter à
dire à   promettre à
donner à   raconter à
écrire à   refuser à
enseigner à   répondre à
envoyer à   reprocher à
montrer à   ressembler à
obéir à   succéder à
offrir à   souhaiter à
ordonner à   téléphoner à
pardonner à

7 Verbs which do not take a conjunctive personal pronoun object

These are verbs which take 'à' before a noun and use the pronouns **moi, toi, lui, elle, nous, vous, eux** and **elles** preceded by à when the object is personal:

    e.g. Je pense à vous. *Not:* Je vous pense.

s'accoutumer à
être à
faire attention à
se fier à
s'habituer à
s'intéresser à
s'opposer à
penser à

se présenter à
tenir à

When a thing, not a person, comes after these verbs, the pronoun substitution is **y**:

    e.g. Je m'habitue à ce bruit.   Je m'y habitue.

8 *Verbs taking the preposition* à *to express the idea of 'taking from', 'getting from' a person*

    e.g.   J'ai acheté le vélo au garagiste.
          Je lui ai acheté le vélo pour mon fils.

acheter à quelqu'un
arracher
emprunter
enlever
ôter
demander
prendre*
voler

    Je prends les clefs au veilleur de nuit.

*To express 'taking from a place', use 'prendre dans' 'prendre sur':
    Je prends la clef dans ma poche.
    Je prends le journal sur la table.

9 *Verbs taking an indirect object* + **de** + *infinitive*

commander à quelqu'un de faire quelque chose
conseiller
défendre
demander
dire
interdire
offrir
ordonner
permettre
promettre

10 *Verbs taking an indirect object* + à + *infinitive*

apprendre à quelqu'un à faire quelque chose
*demander à quelqu'un à faire quelque chose
(ask someone's permission to do something)
enseigner à

11 *Verbs taking a direct object* + **de** + *infinitive*

avertir quelqu'un de faire quelque chose
empêcher
persuader
prévenir
prier

12 *Verbs taking a preposition other than* à *or* **de** *before a noun or pronoun*

passer devant	se disputer avec
entrer dans	se diriger vers
lutter contre	se marier avec
pénétrer dans	se protéger contre
protester contre	
prendre dans	

13 *Prepositions other than* à *and* **de** *followed by an infinitive*

Pour réussir, il faut travailler.
Au lieu de bavarder, travaillez!
Il a commencé son travail **sans** hésiter.
Après avoir mangé, il . . .
       être arrivé, il . . .
Avant de partir, il est venu me voir.
Afin d'arriver à temps, il est parti de bonne heure.
A force de travailler, vous réussirez.

Verbs of beginning or ending up doing something:
commencer par; débuter par; finir par; terminer par
    J'ai commencé par rire, j'ai terminé par pleurer.

Note the difference in sense in the following examples:
    Elle commence à pleurer. *She starts to cry.*
    Elle a fini de manger. *She has finished eating.*

14 *Verbs with more than one construction (denoted by an* * *in the sections above.)*

apercevoir
s'apercevoir de
commencer à
commencer par
décider de + *infinitive*
se décider à + *infinitive*
demander à quelqu'un à faire
  quelque chose
demander à quelqu'un de faire
  quelque chose
douter
se douter de
échapper à
s'échapper de
finir de
finir par
forcer à faire quelque chose
être forcé de + *infinitive*
jouer
jouer à
jouer de
obliger à faire quelque chose
être obligé de
passer
se passer
se passer de

penser à
penser de
rappeler
se rappeler
rendre
se rendre

retourner
se retourner
servir
servir à + *infinitive*
servir de
se servir de
tenir à
tenir de
terminer de
terminer par
tromper
se tromper
tourner
se tourner vers
venir
venir de + *infinitive*
vouloir
en vouloir à

The adverb

THE FORMATION OF ADVERBS

(a) Some words are adverbs *in their own right and not formed from existing adjectives*:

alors, bien, combien, donc, puis, mal, mieux, peu, souvent etc.

(b) Some adverbs are formed from adjectives by adding **-ment** to the feminine form of the adjective:

Adjective		*Adverb*
Masculine	*Feminine*	
actif	active	activement
doux	douce	doucement
heureux	heureuse	heureusement
naturel	naturelle	naturellement
Exceptions		
bref	brève	brièvement
gentil	gentille	gentiment

(c) Adjectives ending in a vowel form the adverb by adding **-ment** to the masculine form of the adjective:

absolu, absolument; décidé, décidément

Exception: gai, gaiement **or** gaîment

(d) Some adjectives ending in **-e** change the **-e** to **-é**:

aveugle, aveuglément
commode, commodément
conforme, conformément
énorme, énormément

Some other adjectives whose *feminine* form ends in **-e**, change the **-e** to **-é**:

commun, commune, communément
confus, confuse, confusément
profond, profonde, profondément

(e) If the adjective ends in **-ent, -ant**, it changes to **-emment, -amment**:

récent, récemment; constant, constamment
Exception: **lent, lentement**

ADJECTIVES USED AS ADVERBS

Adjectives are sometimes used as adverbs. When so used, they are invariable:

s'arrêter net; coûter cher; chanter faux; parler haut; sentir bon; sentir mauvais; travailler dur

ADVERBIAL PHRASES

(a) using **avec** followed by a noun:
avec courage; avec inquiétude; avec patience; avec prudence; avec soin

(b) using **sur un ton ..., d'un ton ..., d'une voix ..., d'un air ..., d'une manière ... d'une façon ...**
Elle a répondu d'un ton sévère.
Le vieillard parlait d'une voix rauque.
Il me regardait d'un air méfiant

(c) Comparison and modification

As for adjectives, there are three degrees of comparison for adverbs.
The **comparative** is formed by using

$\left.\begin{array}{l}\textbf{plus} \\ \textbf{moins} \\ \textbf{aussi} \\ \textbf{si}\end{array}\right\}$ before the adverb + **que** to translate 'than' or 'as'

L'enfant marche plus lentement que son père.

When the verb is negative, **aussi** and **si** are usual:
Ce garçon n'est pas aussi/si doué que son frère aîné.

Note the following irregular comparatives:
bien ... mieux
mal ... pis *or* plus mal
peu ... moins
beaucoup ... plus
bientôt ... plus tôt

Do not confuse **plus que, moins que**, with **plus de, moins de**:
Il a gagné plus de mille francs. (in *excess of*)
Il a gagné plus que moi.

The **superlative** of the adverb is formed by placing **le**, which is invariable (unlike the situation with the superlative of adjectives) before **plus, moins**, or irregular comparative.
Elle parle le plus couramment.
Elle parle le mieux.

Note: Adjectives are frequently modified by an adverb of degree.
Il est **fort possible** que vous ayez raison.
Tu es **très aimable**.
Les devoirs sont **extrêment difficiles**.
Il faisait **tellement mauvais** qu'ils ont décidé de ne pas sortir.

191

Elle est **si intelligente**.

C'est une rue **peu fréquentée**.

Cela me semble **assez raisonnable**.

Je suis **trop fatigué** pour travailler.

Ils sont **bien heureux** de vous voir.

POSITION OF ADVERBS

When the verb in a sentence is in a simple tense, the adverb almost always follows the verb it modifies. In compound tenses, the adverb is commonly placed between the auxiliary and the past participle:

Je vais souvent en ville.

J'ai bien compris ce que tu veux dire.

Il n'est pas encore arrivé.

Adverbs of time and place such as **aujourd'hui, hier, tôt, tard, demain, ici, là, partout, ailleurs** are usually placed after the past participle in compound tenses. For emphasis, they may be placed at the beginning of the sentence:

Elle est partie tard.

Elle l'avait cherché partout, mais elle ne l'avait pas trouvé.

Aujourd'hui, je vais en ville.

Long adverbs and adverbial phrases are also placed after the verb:

Ils avaient attendu patiemment.

Il est venu tout de suite.

but say: Je n'ai absolument pas compris ce qu'il disait.

As in English, interrogative adverbs usually come at the beginning of a question:

Quand venez-vous me voir?

Combien d'élèves y a-t-il dans votre classe?

Most adverbs of quantity are placed before an infinitive:

Il ne veut pas trop révéler. (Similarly: **peu, beaucoup**.)

Short adverbs such as **bien, mal, mieux** and negative adverbs (for exceptions see **personne** p. 184) are usually placed in front of the infinitive:

J'essaie de mieux comprendre.

On m'a dit de ne pas le faire.

TOUT

Adverbs are invariable as a rule, but the adverb **tout** ('quite', 'completely') is an exception. It agrees with any feminine adjective beginning with a consonant or aspirate 'h' which it modifies:

Elle est tout étonnée.

Elle est tout heureuse. (**heureuse** does not begin with an 'h' aspirate)

but Elle est toute contente.

Appendix: verb tables

Infinitive	Imperative	Present	Imperfect	Future and Conditional	Subjunctive Present	Perfect	Past Historic
aller	va allons allez	vais vas va allons allez vont	allais	irai irais	aille ailles aille allions alliez aillent	suis allé(e)	allai
s'asseoir	assieds-toi asseyons-nous asseyez-vous	assieds assieds assied asseyons asseyez asseyent	asseyais	assiérai assiérais	asseye asseyes asseye asseyions asseyiez asseyent	suis assis(e)	assis
avoir	aie ayons ayez	ai as a avons avez ont	avais	aurai aurais	aie aies ait ayons ayez aient	ai eu	eus
boire	bois buvons buvez	bois bois boit buvons buvez boivent	buvais	boirai boirais	boive boives boive buvions buviez boivent	ai bu	bu
conduire	conduis conduisons conduisez	conduis conduis conduit conduisons conduisez conduisent	conduisais	conduirai conduirais	conduise conduises conduise conduisions conduisiez conduisent	ai conduit	conduisis
connaître	connais connaissons connaissez	connais connais connaît connaissons connaissez connaissent	connaissais	connaîtrai connaîtrais	connaisse connaisses connaisse connaissions connaissiez connaissent	ai connu	connus
craindre	crains craignons craignez	crains crains craint craignons craignez craignent	craignais	craindrai craindrais	craigne craignes craigne craignions craigniez craignent	ai craint	craignis
croire	crois croyons	crois crois	croyais	croirai croirais	croie croies	ai cru	crus

Infinitive	Imperative	Present	Imperfect	Future and Conditional	Subjunctive Present	Perfect	Past Historic
	croyez	croit			croie		
		croyons			croyions		
		croyez			croyiez		
		croient			croient		
cueillir	cueille	cueille	cueillais	cueillerai	cueille	ai cueilli	cueillis
	cueillons	cueilles		cueillerais	cueilles		
	cueillez	cueille			cueille		
		cueillons			cueillions		
		cueillez			cueilliez		
		cueillent			cueillent		
devoir	dois	dois	devais	devrai	doive	ai dû	dus
	devons	dois		devrais	doives		
	devez	doit			doive		
		devons			devions		
		devez			deviez		
		doivent			doivent		
dire	dis	dis	disais	dirai	dise	ai dit	dis
	disons	dis		dirais	dises		
	dites	dit			dise		
		disons			disions		
		dites			disiez		
		disent			disent		
dormir	dors	dors	dormais	dormirai	dorme	ai dormi	dormis
	dormons	dors		dormirais	dormes		
	dormez	dort			dorme		
		dormons			dormions		
		dormez			dormiez		
		dorment			dorment		
écrire	écris	écris	écrivais	écrirai	écrive	ai écrit	écrivis
	écrivons	écris		écrirais	écrives		
	écrivez	écrit			écrive		
		écrivons			écrivions		
		écrivez			écriviez		
		écrivent			écrivent		
envoyer	envoie	envoie	envoyais	enverrai	envoie	ai envoyé	envoyai
	envoyons	envoies		enverrais	envoies		
	envoyez	envoie			envoie		
		envoyons			envoyions		
		envoyez			envoyiez		
		envoient			envoient		
être	sois	suis	étais	serai	sois	ai été	fus
	soyons	es		serais	sois		
	soyez	est			soit		
		sommes			soyons		
		êtes			soyez		
		sont			soient		

Infinitive	Imperative	Present	Imperfect	Future and Conditional	Subjunctive Present	Perfect	Past Historic
faire	fais faisons faites	fais fais fait faisons faites font	faisais	ferai ferais	fasse fasses fasse fassions fassiez fassent	ai fait	fis
falloir		il faut	il fallait	il faudra il faudrait	il faille	il a fallu	il fallut
lire	lis lisons lisez	lis lis lit lisons lisez lisent	lisais	lirai lirais	lise lises lise lisions lisiez lisent	ai lu	lus
mettre	mets mettons mettez	mets mets met mettons mettez mettent	mettais	mettrai mettrais	mette mettes mette mettions mettiez mettent	ai mis	mis
mourir	meurs mourons mourez	meurs meurs meurt mourons mourez meurent	mourais	mourrai mourrais	meure meures meure mourions mouriez meurent	suis mort(e)	mourus
naître	nais naissons naissez	nais nais naît naissons naissez naissent	naissais	naîtrai naîtrais	naisse naisses naisse naissions naissiez naissent	suis né(e)	naquis
ouvrir	ouvre ouvrons ouvrez	ouvre ouvres ouvre ouvrons ouvrez ouvrent	ouvrais	ouvrirai ouvrirais	ouvre ouvres ouvre ouvrions ouvriez ouvrent	ai ouvert	ouvris
plaire	plais plaisons plaisez	plais plais plaît plaisons plaisez plaisent	plaisais	plairai plairais	plaise plaises plaise plaisions plaisiez plaisent	ai plu	plus

Infinitive	Imperative	Present	Imperfect	Future and Conditional	Subjunctive Present	Perfect	Past Historic
pleuvoir		il pleut	il pleuvait	il pleuvra il pleuvrait	il pleuve	il a plu	il plut
pouvoir		peux peux peut pouvons pouvez peuvent	pouvais	pourrai pourrais	puisse puisses puisse puissions puissiez puissent	ai pu	pus
prendre	prends prenons prenez	prends prends prend prenons prenez prennent	prenais	prendrai prendrais	prenne prennes prenne prenions preniez prennent	ai pris	pris
recevoir	reçois recevons recevez	reçois reçois reçoit recevons recevez reçoivent	recevais	recevrai recevrais	reçoive reçoives reçoive recevions receviez reçoivent	ai reçu	reçus
rire	ris rions riez	ris ris rit rions riez rient	riais	rirai rirais	rie ries rie riions riiez rient	ai ri	ris
rompre	romps rompons rompez	romps romps rompt rompons rompez rompent	rompais	romprai romprais	rompe rompes rompe rompions rompiez rompent	ai rompu	rompis
savoir	sache sachons sachez	sais sais sait savons savez savent	savais	saurai saurais	sache saches sache sachions sachiez sachent	ai su	sus
sentir	sens sentons sentez	sens sens sent sentons sentez sentent	sentais	sentirai sentirais	sente sentes sente sentions sentiez sentent	ai senti	sentis
servir	sers servons	sers sers	servais	servirai servirais	serve serves	ai servi	servis

Infinitive	Imperative	Present	Imperfect	Future and Conditional	Subjunctive Present	Perfect	Past Historic
	servez	sert			serve		
		servons			servions		
		servez			serviez		
		servent			servent		
sortir	sors	sors	sortais	sortirai	sorte	suis sorti(e)	sortis
	sortons	sors		sortirais	sortes		
	sortez	sort			sorte		
		sortons			sortions		
		sortez			sortiez		
		sortent			sortent		
suivre	suis	suis	suivais	suivrai	suive	ai suivi	suivis
	suivons	suis		suivrais	suives		
	suivez	suit			suive		
		suivons			suivions		
		suivez			suiviez		
		suivent			suivent		
valoir	vaux	vaux	valais	vaudrai	vaille	ai valu	valus
	valons	vaux		vaudrais	vailles		
	valez	vaut			vaille		
		valons			valions		
		valez			valiez		
		valent			vaillent		
venir	viens	viens	venais	viendrai	vienne	suis venu(e)	vins
	venons	viens		viendrais	viennes		vins
	venez	vient			vienne		vint
		venons			venions		vînmes
		venez			veniez		vîntes
		viennent			viennent		vinrent
vivre	vis	vis	vivais	vivrai	vive	ai vécu	vécus
	vivons	vis		vivrais	vives		
	vivez	vit			vive		
		vivons			vivions		
		vivez			viviez		
		vivent			vivent		
voir	vois	vois	voyais	verrai	voie	ai vu	vis
	voyons	vois		verrais	voies		
	voyez	voit			voie		
		voyons			voyions		
		voyez			voyiez		
		voient			voient		
vouloir	veuille	veux	voulais	voudrai	veuille	ai voulu	voulus
	veuillons	veux		voudrais	veuilles		
	veuillez	veut			veuille		
		voulons			voulions		
		voulez			vouliez		
		veulent			veuillent		